Meinolf Schlüter

Prüfungswissen kompakt

Industriekaufmann/Industriekauffrau

5. Auflage

Bestellnummer 27451

■ Bildungsverlag EINS

service@bv-1.de
www.bildungsverlag1.de

Bildungsverlag EINS GmbH
Ettore-Bugatti-Straße 6-14, 51149 Köln

ISBN 978-3-427-**27451**-3

Vorwort

Prüfungswissen kompakt für Industriekaufmann/Industriekauffrau hilft Ihnen bei der schnellen Prüfungsvorbereitung. Es liefert Ihnen eine strukturierte Übersicht über den aktuellen, prüfungsrelevanten Stoff.

Der Titel gliedert sich in die drei großen Teilbereiche **Geschäftsprozesse, Steuerung und Kontrolle – Rechnungswesen, Wirtschafts- und Sozialprozesse**. Jedem Kapitel innerhalb dieser Bereiche ist jeweils eine einleitende Übersichtsseite vorangestellt. Die grafische Aufbereitung dieser Übersichtsseiten verdeutlicht Abläufe und Zusammenhänge und bietet Ihnen die wichtigsten Lerninhalte auf einen Blick. Die einzelnen Lerninhalte finden Sie im jeweiligen Kapitel kurz und kompakt beschrieben.

Ein Stichwortverzeichnis ermöglicht eine schnelle Auffindung der entsprechenden Sachverhalte.

Mit *Prüfungswissen kompakt für Industriekaufmann/Industriekauffrau* bereiten Sie sich nicht nur schnell und zielgerichtet auf Ihre Prüfung vor, sondern auch auf den Unterricht. Verwenden Sie den Titel sowohl zur gezielten Wiederholung einzelner Themen als auch als Nachschlagewerk.

Zur Lernunterstützung finden Sie unter www.bildungsverlag1.de als BuchPlusWeb eine digitale Lernkartei. Sobald Sie sich mit dem Code von der vorderen Umschlaginnenseite eingeloggt haben, lässt sich das Programm runterladen. Nach dem klassischen Prinzip der Karteikarten können Sie damit Ihr Wissen abfragen bzw. optimieren. Einige Karteikarten sind bereits bespielhaft angelegt. Sie können die Lernkartei nach Belieben erweitern. Näheres erfahren Sie in der Lernkartei selbst unter der Option „Hilfe".

Meinolf Schlüter

Inhaltsverzeichnis

4 Unternehmensformen

5 Wirtschaftliches Handeln

Teil I Geschäftsprozesse

Geschäftsprozess

Zusammenfassung wesentlicher betriebswirtschaftlicher Inhalte in bestimmten Abwicklungsschritten

Kernleistungen des Unternehmens werden erkannt und gefördert.

Ökonomische Grundlagen

Materialwirtschaft
- Einkauf
- Planung
- Lager

Produktionswirtschaft
- Programmbreite/-tiefe
- Gliederung
- Auftragsabwicklung
- Rationalisierung

Personalwirtschaft
- Personalbeschaffung
- Personaleinsatz
- Personalverwaltung
- Personalführung

Absatzwirtschaft
- Marketing
- Absatzpolitische Instrumente

Investitionen
- Investitionsentscheidung
- Investitionsrechnungen

Finanzierung
- Kapitalherkunft/-beschaffung
- Kreditgewährung
- Finanzplanung

1 Ökonomische Grundlagen

Marktorientierte Geschäftsprozesse (Lernfeld 2)

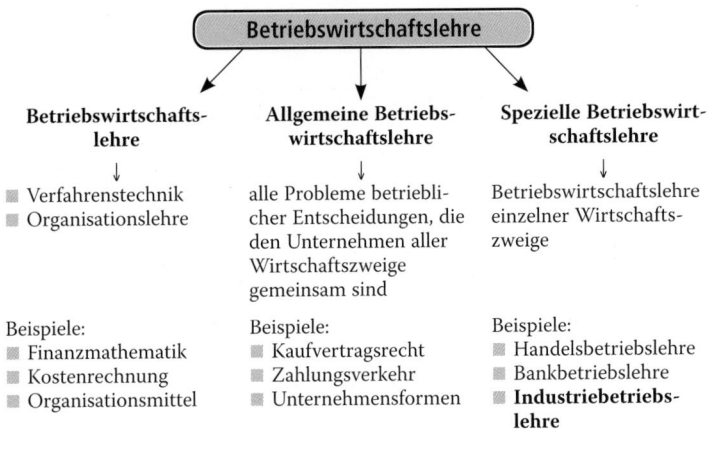

Betriebswirtschaftslehre

Betriebswirtschafts-lehre	Allgemeine Betriebs-wirtschaftslehre	Spezielle Betriebswirt-schaftslehre
↓	↓	↓
▨ Verfahrenstechnik ▨ Organisationslehre	alle Probleme betriebli-cher Entscheidungen, die den Unternehmen aller Wirtschaftszweige gemeinsam sind	Betriebswirtschaftslehre einzelner Wirtschafts-zweige
Beispiele: ▨ Finanzmathematik ▨ Kostenrechnung ▨ Organisationsmittel	Beispiele: ▨ Kaufvertragsrecht ▨ Zahlungsverkehr ▨ Unternehmensformen	Beispiele: ▨ Handelsbetriebslehre ▨ Bankbetriebslehre ▨ **Industriebetriebs-lehre**

Produktionsstufen der Wirtschaft

Urerzeugung	Veredelungsstufe	Verarbeitungsstufe
↓	↓	↓
Gewinnung des Urpro-duktes direkt aus der Natur	Aufbereitung des Urproduktes zum Zwischenprodukt	Herstellung des Endpro-duktes
Beispiele: ▨ Bergbau ▨ Land- und Forstwirt-schaft ▨ Fischerei ▨ Öl- und Gasgewinnung ▨ Steinbrüche	Grundstoff- und Produktionsgüterindust-rie Beispiele: ▨ Hüttenwerke ▨ Maschinenbau ▨ Raffinerien ▨ Spinnereien	Herstellung zum weiteren Produktions-einsatz ⇒ **Produktions- und Investitionsgüterin-dustrie** Herstellung zum endgültigen Verbrauch ⇒ **Konsumgüterindustrie**

Typologie von Industriebetrieben

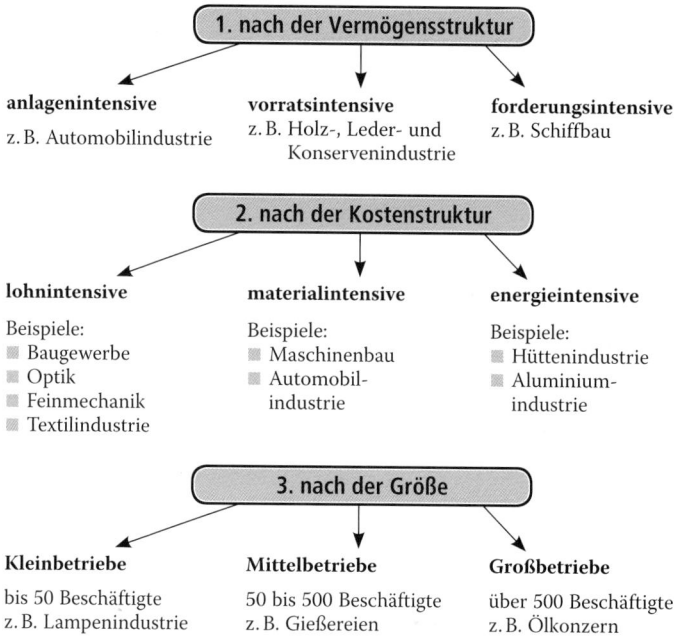

1. nach der Vermögensstruktur

anlagenintensive
z. B. Automobilindustrie

vorratsintensive
z. B. Holz-, Leder- und Konservenindustrie

forderungsintensive
z. B. Schiffbau

2. nach der Kostenstruktur

lohnintensive
Beispiele:
- Baugewerbe
- Optik
- Feinmechanik
- Textilindustrie

materialintensive
Beispiele:
- Maschinenbau
- Automobil-industrie

energieintensive
Beispiele:
- Hüttenindustrie
- Aluminium-industrie

3. nach der Größe

Kleinbetriebe
bis 50 Beschäftigte
z. B. Lampenindustrie

Mittelbetriebe
50 bis 500 Beschäftigte
z. B. Gießereien

Großbetriebe
über 500 Beschäftigte
z. B. Ölkonzern

Standortfaktoren der Industriebetriebe

- Standortfaktoren bezeichnen die geografische Lage eines Betriebes innerhalb einer Volkswirtschaft
- Standort = Ort der Niederlassung

1. Rohstoff-orientierung	Standort richtet sich nach vorhandenen Werkstoffen und den günstigsten Transportkosten für die Beschaffung der erforderlichen Werkstoffe
	z. B.: Bergwerke, Hüttenwerke, Zuckerfabriken
2. Arbeits-orientierung	Entscheidend für Betriebe mit hoher Beschäftigtenzahl sowie Bedarf an Spezialkräften
	z. B.: Lederwarenindustrie, Feinmechanik, Optik, Glaswaren-industrie

3. Abgaben-orientierung	Innerstaatliches Steuergefälle bzw. Unterschiede in den einzelnen Bundesländern
	z. B.: Gewerbesteuer, Subventionspolitik
4. Absatz-orientierung	Wenn ein ständiger und möglichst enger Abnehmerkontakt notwendig ist und die Transportkosten für die Fertigprodukte minimiert werden sollen
	z. B.: ▪ Zulieferbetriebe für größere Industrieunternehmen ▪ Industriebetriebe mit direktem Absatz an Endverbraucher
5. Verkehrs-orientierung	▪ Enger Zusammenhang mit Punkt 1 (Rohstofforientierung) ▪ Enge Anbindung an Verkehrsnetze (Schiene, Straße, Wasser, Luft)
	z. B.: massengüterverarbeitende Industrie, Kohlekraftwerke, Großmühlen
6. Umwelt-orientierung	Beachtung staatlicher Vorschriften, Maßnahmen und Sanktionen, die sich kostenungünstig auf die Produktion auswirken können
	z. B.: ▪ Luftfilteranlagen ▪ Lärmschutz ▪ Kläranlagen ▪ Kühlung von Abwasser an Flüssen durch Atomkraftwerke

Umweltschutz

Definition: Gesamtheit aller Maßnahmen zur gegenwärtigen und zukünftigen Sicherung eines lebensfähigen Raumes.

Integrierter Umweltschutz umfasst ökologisches Denken und Umweltschutzmaßnahmen vor Beginn eines Produktionsprozesses, in den Vor- und Folgestufen – von der Beschaffung, Lagerung, Herstellung, Verkauf, Distribution bis hin zum Recycling und zur Entsorgung von Abfällen.

Ökologisches Prinzip: alle wirtschaftlichen Aktivitäten so gestalten, dass die Umwelt geringstmöglich belastet wird.

Umweltkonflikte der Betriebe treten auf, wenn ökologisch sinnvolles Verhalten mit Nachteilen (Kosten) für den Betrieb verbunden sind; Wettbewerbsnachteile müssen durch gesetzliche Regelungen zum Umweltschutz und durch ein ausgeprägtes Bewusstsein zum Umweltschutz auf allen Mitarbeiterebenen minimiert werden.

Grundsätze des Umweltschutzes

Verursacherprinzip (Leitprinzip):
- Die Kosten für die Vermeidung, Verringerung und Kontrolle der Umweltverschmutzung werden dem Verursacher angelastet.
- Instrumente: Umweltauflagen, Umweltabgaben, Haftungsvorschriften

Vorsorgeprinzip:
- Bekämpfung der Umweltprobleme an den potenziellen Quellen ihrer Entstehung
- Bereiche: Gefahrenabwehr, Risikovorsorge, Zukunftsvorsorge

Gemeinlastprinzip (Notprinzip):
- Einsatz staatlicher Mittel, um Umweltschäden zu beseitigen.
- erforderlich immer dann, wenn Verursacher nicht feststellbar oder greifbar sind oder wenn die Existenz der Betriebe und damit auch der Mitarbeiter gefährdet ist, bei Altlasten u. Ä.

Allgemeine Prinzipien für Industriebetriebe:
- schonende Nutzung der Umweltressourcen
- Erstellung umweltfreundlicher Produkte
- Anwendung umweltfreundlicher („sanfter") Produktionstechniken
- umweltfreundliche Entsorgung von Abfällen
- umweltfreundliche Dienstleistungsgestaltung

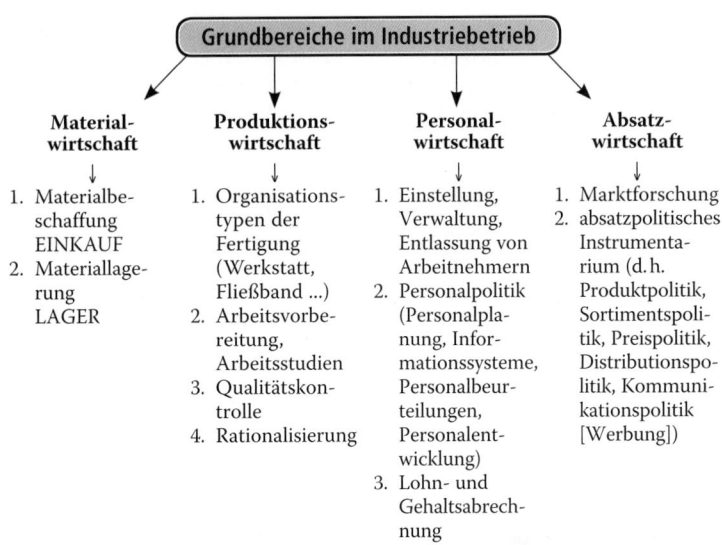

Grundbereiche im Industriebetrieb

Material-wirtschaft	**Produktions-wirtschaft**	**Personal-wirtschaft**	**Absatz-wirtschaft**
1. Materialbe-schaffung EINKAUF	1. Organisations-typen der Fertigung (Werkstatt, Fließband …)	1. Einstellung, Verwaltung, Entlassung von Arbeitnehmern	1. Marktforschung
2. Materiallage-rung LAGER	2. Arbeitsvorbe-reitung, Arbeitsstudien	2. Personalpolitik (Personalpla-nung, Infor-mationssysteme, Personalbeur-teilungen, Personalent-wicklung)	2. absatzpolitisches Instrumenta-rium (d.h. Produktpolitik, Sortimentspoli-tik, Preispolitik, Distributionspo-litik, Kommuni-kationspolitik [Werbung])
	3. Qualitätskon-trolle	3. Lohn- und Gehaltsabrech-nung	
	4. Rationalisierung		

Rechtliche Rahmenbedingungen	**Finanz- und Investitionswirtschaft**
1. Verträge (WiSo) 　■ Vertragsrecht 　■ Arbeitsrecht 2. Unternehmensformen (WiSo)	1. Arten der Investition 2. Finanzierungs-Formen 3. Zahlungsformen (WiSo) 4. Notleidende Unternehmen (Sanierung, Liquidation, Vergleich, Insolvenz) (WiSo)

2　Materialwirtschaft

Beschaffungsprozesse planen, steuern und kontrollieren (Lernfeld 6)

Ziele der Materialwirtschaft

Die Materialwirtschaft umfasst den **Einkauf** von Werkstoffen und Betriebs-mitteln, die für die Leistungserstellung (Produkterstellung) notwendig sind. Ferner gehören zum Bereich der Materialwirtschaft die **Lagerung** und die

Bereitstellung von Werkstoffen, um einen ordnungsgemäßen Produktionsablauf zu sichern.

Spezielle Ziele

- Kostenminderung:
  - Beschaffungs- und Lagerkosten
  - Fehlmengenkosten (Störungen aufgrund mangelhafter Lieferbereitschaft)
- Qualitätssicherung
- Lieferbereitschaft (Versorgungssicherstellung)
- Liquiditätserhaltung (niedrige Kapitalbindung)
- Umweltschutz (Rückstandsvermeidung, Recycling und Entsorgung)

2.1 Einkauf

Aufgaben/Elemente der Beschaffungsplanung

Die Beschaffungsplanung umfasst die planvolle, zielgerichtete und langfristige Versorgung einer Unternehmung mit Betriebsmitteln und Werkstoffen:
1. Sortimentsplanung
2. Mengenplanung
   - Stücklistenverfahren
   - ABC-Analyse
   - Verbrauchsverfahren
   - optimale Bestellmenge
   - Nettobedarfsermittlung
3. Zeitplanung
   - Bestellpunktverfahren
   - Bestellrhythmusverfahren
4. Beschaffungsmarktforschung (Bezugsquellenplanung)
5. Angebotsvergleich (Preisplanung)

2.1.1 Sortimentsplanung

Industrieller Einkauf

Entwicklung und Konstruktion erstellen Stücklisten, d. h. Teilelisten, in denen alle Baugruppen, Einzelteile und Materialien (d. h. Werkstoffe und Betriebsmittel) eines herzustellenden Produktes enthalten sind.

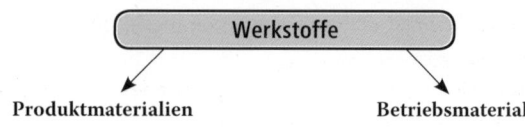

Produktmaterialien	**Betriebsmaterialien**

- Rohstoffe, d. h. wesentliche Bestandteile eines Produktes (z. B. Stahl, Lack)
- Hilfsstoffe, d. h. Nebenbestandteile eines Produktes, verbindende Elemente (z. B. Schrauben, Leim)
- bezogene Fertigteile, d. h. Einbauteile (z. B. Motoren)

- Betriebsstoffe, d. h. Stoffe, die zur Produktion benötigt werden, die jedoch nicht in das Produkt eingehen (z. B. Strom, Schmierfette)
- Reparaturmaterialien, d. h. Ersatzteile für Maschinen

Umweltverträglichkeit der Werkstoffe

Der Bereich der Entsorgung wird zunehmend Gegenstand der Materialwirtschaft (Kreislaufwirtschafts- und Abfallgesetz).

Ziele:
- Vermeidung von umweltbelastendem Materialverbrauch in Menge und Art
- Vermeidung von Rückständen (z. B. nicht mehr verwertbare Verpackungen)
- Verwertung von Sekundärrohstoffen (optimale Materialausnutzung)
- Sachgerechte Entsorgung von Abfällen
- Recycling, d. h. Rückführung von Wertstoffen in den Produktionsprozess durch Wiederverwendung, um natürliche Ressourcen zu schonen

Recyclingstrategien
- Wiederverwendung („Upcycling", z. B. Runderneuerung von Reifen)
- Weiterverwendung („Downcycling", z. B. Putzlappen aus Alttextilien)
- Wiederverwertung (z. B. Glasabfall)
- Weiterverwertung (z. B. Granulierung von Plastikmüll für geringwertigere Produkte)

2.1.2 Mengenplanung

Bedarfsarten
- Primärbedarf: Anzahl der zu fertigenden Endprodukte
- Sekundärbedarf: Menge der benötigten Roh- u. Hilfsstoffe und Vorprodukte
- Zusatzbedarf: Ausschussersatz und Ersatzteilbevorratung
- Tertiärbedarf: Menge der benötigten Betriebsstoffe

Stücklistenverfahren (Ziel: Bruttobedarfsermittlung)

⇨ **plangesteuerte** Bedarfsermittlung

▪ Unternehmensleitung legt Erzeugnisprogramm fest (z. B. Herstellung von Sonnendächern, Aschenbechern usw.).

▪ Arbeitsvorbereitung erstellt Fertigungsprogrammplanung, Stücklisten und Konstruktionszeichnungen.

▪ Unternehmensleitung legt Produktionszahlen für den Primärbedarf, i. d. R. für zwölf Monate im Voraus, fest.

⇨ **Rollende Planung**, bei der aus Verlaufsgründen die ersten drei Monate immer verbindlich und die weiteren Monate hinsichtlich des Bruttobedarfs noch veränderbar sind.

▪ EDV ermittelt aufgrund der festgelegten Produktionszahlen durch Multiplikation mit den Stücklisten den Sekundärbedarf, Zusatzbedarf und Tertiärbedarf (jeweils den Bruttobedarf).

▪ i. d. R. angewandt bei Serienfertigung für den anonymen Markt

Verbrauchsverfahren (Ziel: Bruttobedarfsermittlung)

⇨ **verbrauchsgesteuerte** Bedarfsermittlung

▪ angewandt bei Industriebetrieben, deren Fertigungsprogramm nicht genau mengenmäßig von der Unternehmensleitung festgelegt werden kann (z. B. Saisonartikel, Wohnzimmerschränke)

⇨ stark schwankende Nachfrage

▪ Orientierung an den Verbrauchswerten des Vorjahres, den jetzt aktuell vorliegenden Kundenaufträgen und der Einschätzung von Zukunftstrends

⇨ Ergebnis: zukünftiger Bruttobedarf

▪ Unterstellung: Zukunftsverbrauch entspricht dem Trend der Vergangenheitswerte.

▪ i. d. R. angewandt von Betrieben mit fallweiser Auftragsfertigung

Anmerkung: PPS-System

Das Produktplanungs- und -steuerungssystem ist ein Software-System (Computeranwendungsprogramm) mit dem Ziel optimaler Planung und Steuerung des Produktionsgeschehens und damit auch geeignet für die Ermittlung des Brutto- und Nettobedarfs an Werkstoffen für eine Unternehmung, sowohl bei plangesteuerter Bedarfsermittlung als auch bei verbrauchsgesteuerter Bedarfsermittlung.

Eine Datenbank enthält

- Teilestammdaten (Materialnummer, Mengeneinheit, ABC-Klassifizierung usw.)
- Erzeugnisstrukturdaten (Daten über konstruktive Zusammensetzung aus Baugruppen und Werkstoffen)
- Bewegungsdaten (Auftragsdaten)

Nettobedarfsermittlung

$\quad$ Bruttobedarf
− Lagerbestand
+ eiserner Bestand
+ Reservierungen
− offene Bestellungen
− Restmaterialien im Fertigungsumlauf

= **Nettobedarf** (für jede Materialart)
$\quad$ (= die Menge, die der Einkauf entsprechend bestellen muss)

ABC-Analyse

Definition: Verfahren zur Schwerpunktbildung (in Einkauf und Lager) durch Dreiteilung der zu beschaffenden und zu lagernden Güter hinsichtlich ihres Verbrauchswertes (Menge · Preis) in A-, B- und C-Teile:

Wichtiges Klassifizierungskriterium ist das **Mengen-Wert-Verhältnis der Materialien**:

Modell:

A-Teile = ca. **70 % des Einkaufsvolumens**, aber nur ca. 10 % des mengenmäßigen Produktanteils

B-Teile = ca. **20 % des Einkaufsvolumens** und ca. 20 % des mengenmäßigen Produktanteils

C-Teile = ca. **10 % des Einkaufsvolumens**, aber ca. 70 % des mengenmäßigen Produktanteils

Lösungsschritte zur Erstellung der ABC-Analyse:

1. Rechnerisches Schema erstellen
2. Materialarten listen
3. Jahresverbrauchsmengen feststellen
4. Einzelpreise ermitteln
5. Verbrauchswerte ermitteln (Jahresverbrauchsmenge · Einkaufspreis = Jahresverbrauchswert)
6. Summe der Verbrauchswerte ermitteln = Einkaufsvolumen

7. Rangfolge der Verbrauchswerte erstellen
8. jeden Verbrauchswert prozentual ins Verhältnis setzen zum Einkaufs-volumen (= 100 %)
9. Addition der ermittelten Prozentsätze: ca. 70 % = A-Teile, 20 % = B-Teile, 10 % = C-Teile
10. evtl. Mengenprozentsätze ermitteln: jede Jahresverbrauchsmenge ins Verhältnis setzen zur Gesamtjahresverbrauchsmenge aller Teile

ABC-Analyse rechnerisch

Materialart	Jahresverbrauchs-mengen	Einkaufspreis (in EUR) pro Mengeneinheit	Einkaufsvolumen[1]
M1	5.000	4,00	20.000
M2	1.000	200,00	200.000
M3	500	30,00	15.000
M4	2.000	12,00	24.000
M5	4.000	3,00	12.000
M6	1.000	100,00	100.000
M7	300	150,00	45.000
M8	8.000	1,00	8.000
M9	1.500	4,00	6.000
ges.	23.300		ges. 430.000

Ordnung der Materia-lien nach ihrem Anteil am Einkaufsvolumen		Wertanteil: Prozentualer Anteil am Einkaufsvolumen			Mengenanteil: Prozentualer Anteil an der Jahresverbrauchsmenge		
M2	200.000	46,51	A		4,29		
M6	100.000	23,26	A	69,77 %	4,29	A	8,58 %
M7	45.000	10,47	B		1,29		
M4	24.000	5,58	B		8,58		
M1	20.000	4,65	B	20,70 %	21,46	B	31,33 %
M3	15.000	3,49	C		2,15		
M5	12.000	2,79	C		17,17		
M8	8.000	1,86	C		34,33		
M9	6.000	1,40	C	9,54 %	6,44	C	60,09 %
				100,00 %			100,00 %

[1] *Einkaufsvolumen = Addition der Verbrauchswerte (Jahresmengen · Einkaufspreis je Mengeneinheit)*

ABC-Analyse grafisch

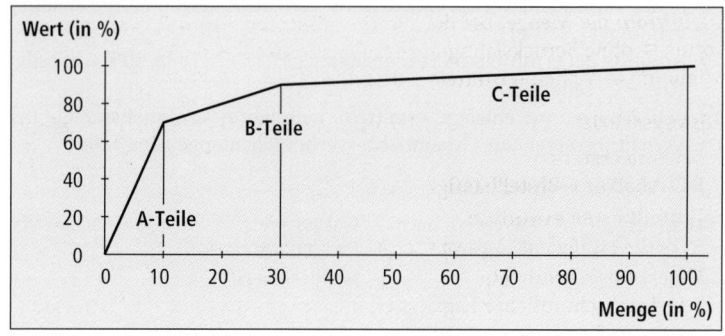

A-Teile   70 %/ 10 %
B-Teile   90 %/ 30 %   (mit A-Teilen addiert)
C-Teile 100 %/100 % (mit A- und B-Teilen addiert)

Ziele und Auswirkungen der ABC-Analyse: zielgerichtete, effektive Konzentration der Einkaufs- und Lageraktivitäten auf die Materialien, die im Sinne der Kostensenkung besonders zu beachten sind

A- und B-Teile = 90 % des Einkaufsvolumens

Folgen:
- sorgfältiger Angebotsvergleich
- langfristige Lieferverträge (günstige Festpreise)
- optimale (niedrige) Bestellmengen
- minimale Risikobestände (eiserne Bestände)
- genaue Kontrolle der Materialentnahmen
- Kauf auf Abruf
- Substitution (Materialersatz)

C-Teile = 10 % des Einkaufsvolumens

Folgen:
- höhere Bestellmengen/Lagermengen, um Produktionsstockungen zu verhindern
- i. d. R. keine Angebotsvergleiche
- keine kostenintensiven Kontrollen von Materialentnahmen und Lagerbeständen
- evtl. Lagerselbstbedienung

Optimale Bestellmenge

Definition: die Menge, bei der die **Bestellkosten** (= i.d.R. Verwaltungskosten ⇨ ohne Berücksichtigung des Einkaufspreises) und Lagerkosten ein Minimum erreichen (ermittelt insbesondere für A-Teile)

Lösungsschritte: Berechnung der optimalen Bestellmenge (OpBeMe)

1. **Schema erstellen**
   Jahresbedarf = Bestellhäufigkeit 1 eintragen

2. **Bestellkosten ermitteln**
   ⇨ Bestellhäufigkeit · Verwaltungskosten je Bestellung

3. **Lagerkosten ermitteln**
   3.1 durchschnittlicher Lagerbestand in Menge

$$\text{Eiserner Bestand} + \frac{\text{Bestellmenge}}{2}$$

   3.2 Lagerkosten in EUR
   entweder Variante a) ∅ Lagerbestand in Menge · Lagerkosten je Mengeneinheit
   oder Variante b) ∅ Lagerbestand in Menge · Einkaufspreis, davon Lagerzinssatz berechnen

4. **Gesamtkosten ermitteln**
   Bestellkosten + Lagerkosten = Gesamtkosten

5. **optimale Bestellhäufigkeit ermitteln**
   Bestellhäufigkeit so oft variieren, bis die Gesamtkosten ein Minimum erreichen

Tabellarische Lösung (Angaben s. Seite 26)

Bestellhäufigkeit	Bestellmenge	Bestellkosten	∅ Lagerbestand	Lagerkosten	Gesamtkosten
1	5.000	50,00	2.700	1.350,00	1.400,00
2	2.500	100,00	1.450	725,00	825,00
3	1.667	150,00	1.033	516,66	666,66
4	1.250	200,00	825	412,50	612,50
5	1.000	250,00	700	350,00	600,00
6	833	300,00	617	308,33	608,33
7	714	350,00	557	278,57	628,57
8	625	400,00	513	256,25	656,25
9	556	450,00	478	238,89	688,89
10	500	500,00	450	225,00	725,00

Angaben zur tabellarischen Lösung Seite 25

- ▨ Jahresbedarf = 5.000 Stück
- ▨ eiserner Bestand = 200 Stück
- ▨ Lagerkosten je Mengeneinheit 0,50 EUR
- ▨ Bestellkosten je Bestellung 50,00 EUR
- ▨ Preis pro ME = 2,50 EUR
- ▨ Lagerzinssatz 20 %

Schwierigkeiten/Probleme bei der Verwirklichung der optimalen Bestellmenge

- ▨ Mindestmengenvorgaben des Lieferers
- ▨ vorgeschriebene, feste Verpackungseinheiten
- ▨ beschränkte Lagerfähigkeit der Güter
- ▨ beschränkte Lagerkapazität
- ▨ beschränkte Liquidität
- ▨ bei Saisonartikeln
- ▨ bei Sonderangeboten
- ▨ bei großen Bedarfsschwankungen
- ▨ in Krisenzeiten
- ▨ vor Preiserhöhungen

2.1.3 Zeitplanung

Ziel: rechtzeitige Bereitstellung von Gütern für die Produktion

Bestellpunktverfahren

- ▨ Nach jeder Materialentnahme wird der Lagerbestand (= Sollbestand laut Lagerkartei) überprüft.
- ▨ Erreicht der Lagerbestand einen festgelegten Bestand (= Meldebestand), so ist der interne Bestellzeitpunkt erreicht.
  - ⇨ Folge: Bedarfsmeldung vom Lager an den Einkauf
  - ⇨ angewandt insbesondere für A-Teile

> **Meldebestand = Eiserner Bestand +**
> **(Tagesverbrauch · Wiederbeschaffungszeit)**

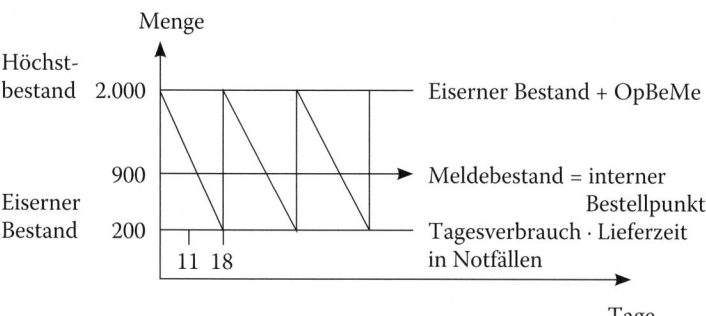

Beachte: Der Zeitpunkt des Einkaufs ist nicht unbedingt an den Meldebestand gebunden.
⇨ Er ist evtl. abhängig von
- besonderen Angeboten,
- Preisentwicklungen,
- der Lagerfähigkeit der Güter.

Vorteile	Nachteile
▦ Niedrige Lagerbestände (da ständige Sollbestandskontrolle erfolgt, insbesondere bei A-Teilen) ▦ Minimierung der Lagerkosten	▦ Lagerkontrolle des Sollbestandes erfasst nur Güter mit Lagerbewegung (Ladenhüter werden nicht erkannt)

Bestellrhythmusverfahren

Der Sollbestand wird nicht nach jeder Lagerentnahme, sondern in festen Zeitabständen, z. B. monatlich, überprüft ⇨ angewandt insbesondere für B- und C-Teile.

Bestellrhythmusverfahren	
Vorteil	**Nachteil**
▦ Systematische Erfassung aller Güter/Sollbestände, d. h. auch wenig bewegte Teile und Ladenhüter	▦ Höhere Mindestbestände, da periodische Prüfungsspannen überbrückt werden müssen

2.1.4 Beschaffungsmarktforschung (Bezugsquellenplanung)

Die Beschaffungsmarktforschung liefert Daten über mögliche Lieferanten; Dafür eignen sich die Methoden der Marktforschung (Marktanalyse, -beobachtung, Primär- und Sekundärforschung) in gleicher Weise wie für den Absatzmarkt (vgl. Absatzwirtschaft).

Daten über Beschaffungsmarkt

- allgemeine Branchen- und Länderinformationen
- Informationen über die Beschaffungsgüter
- Informationen über die Beschaffungspolitik der Konkurrenten
- Lieferanteninformationen

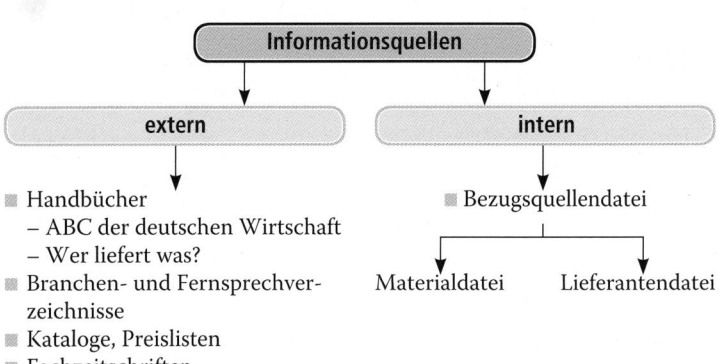

2.1.5 Preisplanung (Angebotsvergleich)

Ermittlung der günstigsten Bezugsquellen

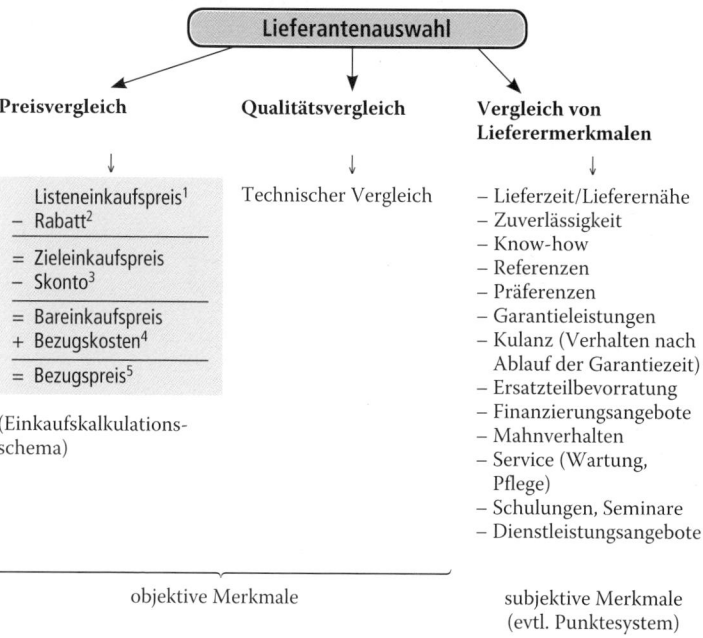

Lieferantenauswahl

Preisvergleich

↓

Listeneinkaufspreis[1]
– Rabatt[2]

= Zieleinkaufspreis
– Skonto[3]

= Bareinkaufspreis
+ Bezugskosten[4]

= Bezugspreis[5]

(Einkaufskalkulations-
schema)

Qualitätsvergleich

↓

Technischer Vergleich

**Vergleich von
Lieferermerkmalen**

↓

– Lieferzeit/Lieferernähe
– Zuverlässigkeit
– Know-how
– Referenzen
– Präferenzen
– Garantieleistungen
– Kulanz (Verhalten nach
  Ablauf der Garantiezeit)
– Ersatzteilbevorratung
– Finanzierungsangebote
– Mahnverhalten
– Service (Wartung,
  Pflege)
– Schulungen, Seminare
– Dienstleistungsangebote

objektive Merkmale

subjektive Merkmale
(evtl. Punktesystem)

---

[1] *Listeneinkaufspreis = Bruttoeinkaufspreis ohne MwSt. laut Preisliste des Lieferers*

[2] *sofort gewährter Preisnachlass (z. B. Mengenrabatt)*

[3] *Skonto = Vergütung für schnelles Zahlen (vom Lieferer gewährt, um seine
Liquidität/Zahlungsbereitschaft zu stärken)*

[4] *z. B. Fracht, Versicherung, Verpackung, Rollgeld, Fundamentierungskosten u. Ä.*

[5] *auch Einstandspreis genannt; auf dieser Basis werden alle Angebote verglichen.*

2.1.6 Organisation/Aufbau des Einkaufs

Äußere Organisation

zentral
Beschaffung für eine Unternehmung durch eine zentrale Einkaufsabteilung

dezentral
Beschaffung innerhalb einer Unternehmung durch selbstständige Einkaufsabteilungen der Zweigstellen

Vorteile
- Preisvorteil durch Großeinkauf
- besserer Überblick über den Gesamtbedarf
- verstärkte Einkäuferposition
- weniger, dafür qualifiziertere Einkäufer (Facheinkäufer)

  ⇨ Personalkostenersparnis
  ⇨ bessere Markttransparenz

Vorteile zentral
= Nachteile dezentral

Nachteile
- Überlastung der Zentralstelle
- Umständliche Informations- und Entscheidungswege, insbesondere bei dringendem Bedarf

Nachteile zentral = Vorteile dezentral

Innere Organisation

Art und Struktur der Einkaufsabteilung an sich

Funktionsprinzip
(Verrichtungszentralisation)

↓

Aufgliederung des Einkaufs in Funktionsabteilungen:

- Marktanalysen
- Angebotsbearbeitung
- Bestellwesen
- Terminüberwachung
- Rechnungsprüfung

Objektprinzip
(Objektzentralisation)

↓

Einkauf, gegliedert nach zu beschaffenden Materialien:

Beispiele:
- Rohstoffeinkauf
- Betriebsmitteleinkauf
- allgemeiner Einkauf

2.2 Lager

2.2.1 Funktionen/Aufgaben der Lagerhaltung

Lagerhaltung: notwendige Bevorratung, um reibungslosen Ablauf von Produktion und Absatz zu sichern

Überbrückungsfunktion	▪ Ausgleich von Unregelmäßigkeiten auf dem Beschaffungsmarkt ▪ Überbrückung von Transport- und Lieferschwierigkeiten, saisonalen Schwankungen und Preisschwankungen
Sicherungsfunktion	▪ Sicherung eines gleichmäßigen Arbeitsflusses ▪ Sicherung einer gleichmäßigen Beschäftigung von Mensch und Maschine durch Vorratslager ▪ Sicherung einer jederzeitigen Lieferbereitschaft
Ausgleichsfunktion	▪ Ausgleich auf einzelnen Fertigungsstufen durch Zwischenlager ▪ Ausgleich von Absatzschwankungen
Bereitstellungsfunktion	▪ Bereitstellung von Sortimenten
Umformungsfunktion	▪ Ausreifung von Stoffen durch Lagerung (z. B. Bananen, Holz, Wein)

2.2.2 Einflussfaktoren auf optimalen Lagerstandort

▪ Nähe zum Verbrauchsort (kürzeste innerbetriebliche Transportwege)
▪ Gewicht der Güter
▪ Volumen der Güter
▪ Wert der Güter
▪ Umschlagshäufigkeit
▪ Bestellhäufigkeit
▪ Anforderungen an sachgemäße Lagerung der Güter
▪ Sicherheitserfordernisse (z. B. Gefahrengut)
▪ Umwelterfordernisse

2.2.3 Merkmale sachgerechter Lagerung

▪ optimale Größe des Lagerraumes (abhängig von Lagerdauer und Gütervolumen)
▪ optimale Lagervorrichtungen (Regale, Paletten, Kisten, Normbehälter)

- optimale Beförderungsmittel
- Lagereinteilungen
- Sicherungs- und Spezialeinrichtungen
- Länge der Transportwege zum Verbrauchsort
- Lagereinteilung, z. B. geordnet nach Materialarten = **sortierte Lagerhaltung (Festplatzsystem)**
- Grad der Technisierung, z. B. EDV-gesteuertes Hochregallager = **chaotische Lagerhaltung (Freiplatzsystem)**

2.2.4 Eigenlager und/oder Fremdlager

Eigenlager	<ul><li>Unmittelbare Verfügungsgewalt über Güter</li><li>Kurze Zugriffszeiten</li><li>I. d. R. kostengünstiger als Fremdlager</li></ul>
Fremdlager	So nennt man die Inanspruchnahme von Diensten selbstständiger Lagerhalter, i. d. R. Speditionen, die u. a. die gewerbsmäßige Lagerung und Aufbewahrung von Gütern übernehmen. <ul><li>Häufig Absatzlager/Lagerhäuser in Häfen, großen Umschlagsplätzen, Knotenpunkten</li><li>Einlagerer erhält Lagerempfangsschein/Lagerschein (Quittung für eingelagerte Güter) = Warenwertpapier ⇨ kann durch Indossament (Übertragungsvermerk) auf eine andere Person rechtlich übertragen werden.</li></ul>
Notwendigkeit einer eventuellen Fremdlagerung	<ul><li>Eigene Lagerkapazität reicht nicht aus.</li><li>Lagergüter erfordern besondere Art der Lagerung (z. B. Kühlhäuser).</li><li>Große Gütermengen werden unverändert weiterveräußert.</li></ul>

Fremdlagerung	
Vorteile	**Nachteile**
<ul><li>Kapazitätsersparnis (eigene Lagerinvestition entfällt)</li><li>evtl. Ersparnis von Lagerkosten</li><li>höhere Liquidität</li><li>bequeme Verfügungsmöglichkeit durch Lagerschein</li><li>geringes Lagerrisiko</li></ul>	<ul><li>keine unmittelbare Verfügungsmöglichkeit über Güter</li><li>längere Transportwege/-kosten</li></ul>

⇨ **Kritische Lagermenge:** Kosten Eigenlagerung = Kosten Fremdlagerung

Kvar/Me x + Kfix = Kvar/Me x

└─➤ Die Menge, bis zu der die Kosten der Fremdlagerung günstiger sind

2.2.5 Lagerarten

Hauptlager	⇨ alle für die normale Fertigung erforderlichen Werkstoffe
Nebenlager	⇨ vorhanden in einzelnen Werkstätten, wichtige und häufig benötigte Werkstoffe (Nähe zum Verbrauchsort/kurze Transportwege)
Außenlager	⇨ Nähe zum Verbrauchsort/kurze Lieferzeiten im Verkauf
Zentrallager	
Dezentrallager	
Rohwarenlager	⇨ Lager zwischen Beschaffung und Produktion (Rohstoff- und Hilfsstofflager)
Fertigteilelager	⇨ bezogene Fertigteile/Einbauteile
Zwischenlager	⇨ ungenügende Austaktung des Produktionsprozesses führt zu unfreiwillig entstehenden Lägern (Ausgleich von Kapazitätsengpässen, häufig bei Werkstattfertigung)
Handlager	⇨ Lager unmittelbar am Arbeitsplatz
Halbfabrikatelager	
Fertigerzeugnislager	⇨ fertige Erzeugnisse in Produktverpackung
Absatzlager	⇨ versandbereite Fertigerzeugnisse inklusive Versandverpackung
Zubehörlager	
Handelswarenlager	⇨ d.h. bezogene Güter, die unverarbeitet/unverändert weiterverkauft werden
Hochregallager	⇨ i.d.R. zentrales EDV-gesteuertes Lager, sogenannte chaotische Lagerhaltung
Kühllager	
Tanklager	
Werkzeuglager	⇨ Maschinenteillager
Betriebsmittellager	⇨ allgemeine Materialien, die für den Betrieb benötigt werden
Betriebsstofflager	
Büromittellager	

2.2.6 Organisation/Aufbau des Lagers

Äußere Organisation

zentral
↓
Vorteile
- weniger Personalkosten
- bessere Übersichtlichkeit
- bessere Kontrollmöglichkeiten
- einheitliche organisatorische Vorgehensweise
- optimale betriebliche Ausstattung

dezentral
↓
Vorteile
- kürzere Zugriffszeiten
- Spezialisierung in der Lagerhaltung möglich
- Risikominderung bei Schadensfällen
- Lagerabläufe werden beschleunigt (Ein- und Auslagerung).
- kurze Transportwege

Innere Organisation

Holsystem
↓
Vorteile
- schnelle Zugriffszeit für die Verbrauchsstellen, insbesondere bei dringendem Bedarf
- Bedarfsänderungswünsche am Lagerort möglich

Bringsystem
↓
Vorteile
- keine Produktionsunterbrechung an der Produktionsstelle
- keine Wartezeiten am Lager
- gleichmäßige Auslastung des Lagerpersonals
- kostensparender innerbetrieblicher Transport
- Fahrplanorganisation möglich

2.2.7 Wirtschaftlichkeit der Lagerhaltung

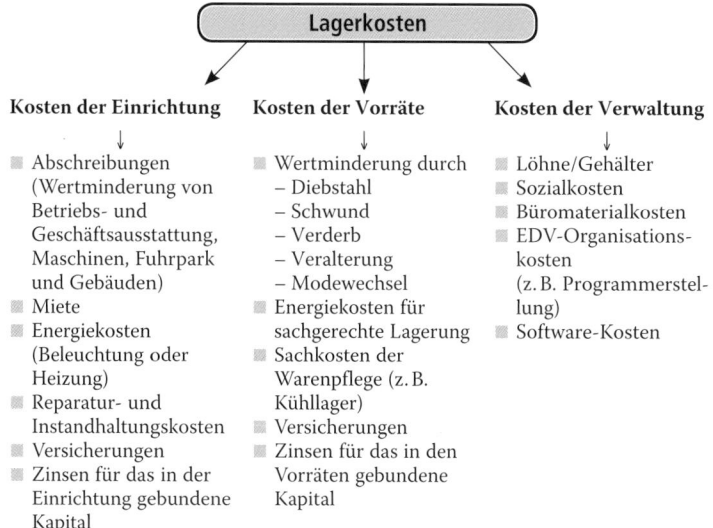

Probleme der Lagergröße/Lagerbestandshöhe

zu klein/niedrig

- Gefahr der Produktionsstockung
- Gefahr der Absatzstockung
- keine Flexibilität bei steigendem Bedarf
- Kundenverluste
- Verluste von Mengenrabatten
- hohe Bestellkosten
- Abhängigkeit von aktuellen Preisschwankungen

zu groß/hoch

- hohe Lagerkosten (Einrichtung, Vorräte, Verwaltung)
- Wertminderung der Lagerbestände durch Schwund, Verderb, Diebstahl, Veralten, Modewechsel
- höheres Lagerrisiko
- Verluste durch Preisrückgänge auf dem Beschaffungsmarkt
- hohe Kapitalbindung (totes Kapital)
  ⇨ hohe Zinskosten
  ⇨ Schwächung der Liquidität

Lagerkosten

Kosten der Einrichtung

- Abschreibungen (Wertminderung von Betriebs- und Geschäftsausstattung, Maschinen, Fuhrpark und Gebäuden)
- Miete
- Energiekosten (Beleuchtung oder Heizung)
- Reparatur- und Instandhaltungskosten
- Versicherungen
- Zinsen für das in der Einrichtung gebundene Kapital

Kosten der Vorräte

- Wertminderung durch
  – Diebstahl
  – Schwund
  – Verderb
  – Veralterung
  – Modewechsel
- Energiekosten für sachgerechte Lagerung
- Sachkosten der Warenpflege (z. B. Kühllager)
- Versicherungen
- Zinsen für das in den Vorräten gebundene Kapital

Kosten der Verwaltung

- Löhne/Gehälter
- Sozialkosten
- Büromaterialkosten
- EDV-Organisations-kosten (z. B. Programmerstellung)
- Software-Kosten

Formeln und Faktoren der Wirtschaftlichkeit

Bestandsgrößen

Eiserner Bestand (⇨ **Mindestbestand/Risikobestand**): So wird der Bestand bezeichnet, der ständig auf Lager sein muss und nicht unterschritten werden darf, um Produktionsstockungen zu vermeiden.

Bestimmungsgrößen:
- Verbrauchsmenge
- Bestellhäufigkeit
- Beschaffungszeit
- A-, B-, C-Teile
- Wert des Gutes
- vorhandene Liquidität

> **Eiserner Bestand = Tagesverbrauch · Lieferzeit in Notfällen**
> **(bzw. festgelegter Mindestbestand in Tagen)**

Höchstbestand: der Bestand, der aus Kosten- und Kapazitätsgründen nicht überschritten werden darf

Bestimmungsgrößen:
- vgl. die des Mindestbestandes
- Lagerkapazität
- besondere Preisvorteile bei Großeinkauf
- Berücksichtigung regionaler und konjunktureller Preisschwankungen

> **Höchstbestand = eiserner Bestand + optimale Bestellmenge**

Meldebestand: Bestandsgröße, die internen Bestellvorgang auslöst

> **Meldebestand = eiserner Bestand + Tagesverbrauch · Lieferzeit**

Lagerkennziffern

Definition: Messzahlen zur Beurteilung wirtschaftlicher Lagerhaltung

Durchschnittlicher Lagerbestand: Wie viele Einheiten (Vorräte) sind durchschnittlich auf Lager?

Mengenmäßige Betrachtung (bei gleichmäßigem Lagerabgang)

$$\varnothing \text{ Lagerbestand} = \text{eiserner Bestand} + \frac{\text{Bestellmenge}}{2}$$

Wertmäßige Betrachtung (bei Jahresinventuren)

$$\varnothing \text{ Lagerbestand} = \frac{\text{Jahresanfangsbestand} + \text{Jahresendbestand}}{2}$$

Wertmäßige Betrachtung (bei vorliegenden monatlichen Lagerbeständen/Lagerkartei)

$$\varnothing \text{ Lagerbestand} = \frac{\text{Jahresanfangsbestand} + 12 \text{ Monatsendbestände}}{13} \quad \begin{array}{l} (+ x) \\ (x + 1) \end{array}$$

Umschlagshäufigkeit: Messzahl, die angibt, wie oft der komplette Lagerbestand in einem bestimmten Zeitraum (meist ein Jahr) gewechselt bzw. umgeschlagen wurde.

Beachte: Je größer die Umschlagshäufigkeit, desto geringer die Lagerkosten und die Kapitalbindung

$$\text{Umschlagshäufigkeit} = \frac{\text{Jahresverbrauch/Wareneinsatz}}{\varnothing \text{ Lagerbestand}}$$

Ermittlung des Jahresverbrauchs:

```
   Anfangsbestand
+  Zugänge
–  Endbestand
_____
=  Jahresverbrauch
```

Durchschnittliche Lagerdauer: durchschnittliche Verweildauer der Güter auf dem Lager

$$\varnothing \text{ Lagerdauer} = \frac{360}{\text{Umschlagshäufigkeit}}$$

Lagerzins
Lagerzinssatz: Ermittlung der durchschnittlichen Zinskosten in Prozent für das in den Vorräten investierte Kapital

$$\text{Lagerzinssatz} = \frac{\text{Jahreszinssatz} \cdot \varnothing \text{ Lagerdauer (in Tagen)}}{360}$$

oder

$$\text{Lagerzinssatz} = \frac{\text{Jahreszinssatz*}}{\text{Umschlagshäufigkeit}}$$

* Jahreszinssatz = durchschnittlicher Marktzinssatz der Banken für Kredite

Lagerzinsen/Kapitalbindungskosten (in EUR)
(Jahreszinssatz auf durchschnittlichen Lagerbestand beziehen)

$$\text{Lagerzinsen} = \frac{\varnothing \text{ Lagerbestand in EUR} \cdot \text{Jahreszinssatz}}{100}$$

3 Produktionswirtschaft

Leistungserstellungsprozesse planen, steuern und kontrollieren (Lernfeld 5)

3.1 Grundlagen der Produktionswirtschaft

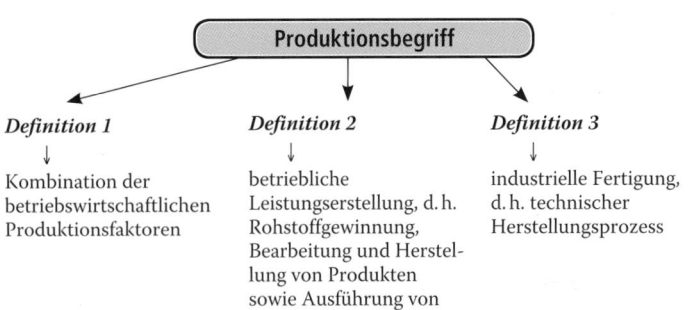

Produktionsbegriff

Definition 1
↓
Kombination der betriebswirtschaftlichen Produktionsfaktoren

Definition 2
↓
betriebliche Leistungserstellung, d. h. Rohstoffgewinnung, Bearbeitung und Herstellung von Produkten sowie Ausführung von Dienstleistungen

Definition 3
↓
industrielle Fertigung, d. h. technischer Herstellungsprozess

Produktionsfaktoren

makroökonomische
(volkswirtschaftliche)
Produktionsfaktoren
↓

- Boden
- Arbeit
- Kapital
- Bildung
- Umwelt

mikroökonomische
(betriebswirtschaftliche)
Produktionsfaktoren
↓

1. Rechte, Patente, Lizenzen

2. sachliche Mittel, d. h. Werkstoffe, Betriebsmittel (z. B. Maschinen)

3. menschliche Arbeitsleistung:
   dispositive (leitende)
   – Planung
   – Organisation
   – Kontrolle
   exekutive (ausführende)
   – Vollzug
   – Ausführung

Aufgaben und Phasen der Produktionswirtschaft

Produktions-planung ⇨ **Produktionsdurch-führung** ⇨ **Produktions-kontrolle**

- Produktfeld
- Programmbreite
- Programmtiefe
- Produktionsmenge
- Kapazitätsplanung

- Fertigungssteuerung:
  – Maschinenbelegung
  – Arbeitsverteilung
  – kurzfristige Zeit-planung
- Fertigungsvollzug

- Qualitätskontrolle
- Auslastungsüber-wachung
- Sicherheitsüber-wachung
- Terminüberwachung
- Überwachung der technischen Anlagen
- Überwachung der Wirtschaftlichkeit

3.2 Programmbreite/Programmtiefe

Definition: Zahl, Art und Ausführungsformen der in einem Industriebetrieb herzustellenden Produkte

Bestimmungsgründe:
- Absatz
- Kostenüberlegungen
- technische Gegebenheiten

Breites Produktionsprogramm

Vorteile
- Verteilung des Absatzrisikos
- Stärkung des Absatzes komplementärer (sich ergänzender) Güter

Nachteile
- mehrmalige, häufige Maschinenumrüstungen
- Einsatz kostenungünstiger Universalmaschinen
  - relativ niedriger Anschaffungswert/Kapitalbindung, da in größeren Stückzahlen für den Markt produziert
  - vielseitige Einsetzbarkeit im Betrieb

  aber:
  - häufige Umrüstungen
    = hohe Rüstkosten, schneller Verschleiß
  - für einseitige Dauerbelastung ungeeignet
    ⇨ hoher Abnutzungsgrad
  - Einsatz spezieller Fachkräfte
    ⇨ hohe Personalkosten

Enges Produktionsprogramm

Vorteile
- Einsatz produktiver Spezialmaschinen (Umkehr der Anmerkungen zu Universalmaschinen)
- Einsatz angelernter Arbeiter
  ⇨ niedrige Personalkosten

Nachteile
- Erhöhung des Absatzrisikos
- relativ großer absatzpolitischer Aufwand

3.3 Fertigungstiefe

Definition: Zahl und Art der Fertigungsstufen, die ein Produkt in einem Unternehmen durchläuft, z. B.: „vom Schaf zum Pullover"

Entscheidungsgrundlagen:
- Know-how
- Fertigungstechnik
- Kosten
- Sicherheits- und Umweltaspekte
- Finanzierung

Tiefe (maximale) Fertigungstiefe

Vorteile
- Optimale Gesamtplanung
- geringe Abhängigkeit von Zulieferern
- erhöhte Anpassungsfähigkeit bei schwankender Nachfrage
- Eigenproduktion eventuell kostengünstiger als Fremdproduktion

Nachteile
- hohe Kapitalbindung
- Bindung teurer Fachkräfte auf jeder Produktionsstufe = hohe Personalkosten

Flache Fertigungstiefe

Vorteile
= Nachteile tiefe Fertigungstiefe

Nachteile
= Vorteile tiefe Fertigungstiefe

3.4 Produktionsmengenplanung

Produktionsmengenplanung = Abstimmung von Produktions- und Absatzmenge

1. Absatzsynchrone Fertigungsmengenplanung

Anpassung: 1. intensitätsmäßig
2. zeitlich
3. kapazitätsmäßig

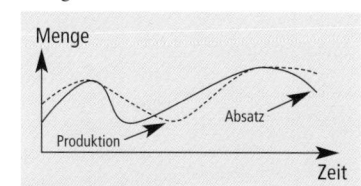

2. Konstante Fertigungsmengen-planung

Auswirkung: hohe Lagerkosten,
keine Leerkosten

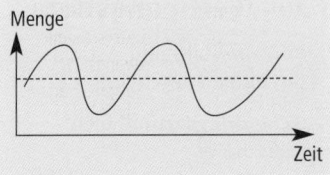

3. Stufenweise Anpassung

Auswirkung: relativ geringe
Lagerkosten,
relativ geringe
Leerkosten
Instrument: zeitliche Anpassung
(Arbeitszeit)

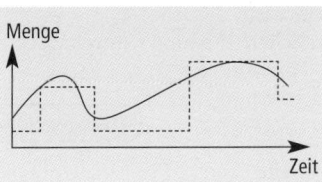

3.5   Einteilungsmöglichkeiten der Fertigung

3.5.1   Einteilung der Fertigung in Abhängigkeit von der Produktionsmenge

Einzelfertigung	▪ Individuelle Herstellung eines Produktes (Unikat) ▪ Typische Auftragsfertigung i.d.R. für einen bekannten oder bestimmten Kunden Beispiele: Modellkleid, Brückenbau, Schiffsbau, Plastiken
Serienfertigung	Produktion größerer Mengeneinheiten gleicher Erzeugnisse über einen längeren Zeitraum i.d.R. für den anonymen Markt Beispiele: Autos, Möbel, Heizkörper, Bekleidung
Massenfertigung	Gleiches Endprodukt in großen Mengen über einen langen Zeitraum für den anonymen Markt Beispiele: Schrauben, Nägel, Lebensmittel
Sonderformen	
Sortenfertigung	Aus einem Rohstoff (exakt gleiches Ausgangsmaterial) werden verschiedene Erzeugnisse hergestellt. Beispiele: Tupperware, verschiedene Schrauben, Reifenproduktion, Porzellan, Eis. (Varianten des gleichen Grundproduktes, Unterscheidung nur bezüglich einzelner Merkmale wie z.B. Maße, Materialzusätze)

Partiefertigung	Eine Rohstofflieferung (und damit technisch gleichzeitig unterschiedliches Fertigungsmaterial) führt technisch bedingt zwangsläufig zu verschiedenen Erzeugnissen. Beispiele: ägyptische oder amerikanische Baumwolle, schwedisches oder lothringisches Eisenerz (Produktvarianten entstehen (un-)gewollt durch die verschiedenen Rohstoffe.)
Chargenfertigung	Charge = Füllmenge für einen Produktionsvorgang, d.h., der gelieferte und nun weiter zu verarbeitende Rohstoff stammt aus einem Behälter bzw. aus einem Fertigungsgang. Beispiele: Filme, Destillierprozesse, helleres bzw. dunkleres Brot, Lackherstellung (Bedingungen des Produktionsprozesses werden nicht vollständig beherrscht.)
Kuppelproduktion	Bei der Herstellung eines Gutes entstehen zwangsläufig (verfahrensbedingt) während des Produktionsprozesses Nebenprodukte. Beispiele: Koksherstellung (Wärme, Dampf, Teer, Benzol, Gase), Benzingewinnung (Heizöl) (Erzeugnisse, die im selben Produktionsprozess zwangsläufig nebeneinander anfallen)

3.5.2 Einteilung der Fertigung nach dem Technisierungsgrad

Handarbeit	Ein Produkt wird überwiegend manuell gefertigt, z.T. mit einfachen Werkzeugen (i.d.R. handwerkliche Betriebe an der Schwelle zur industriellen Produktion). Beispiele: ▪ Arbeiten am handbetriebenen Schleifbock ▪ Töpferei ▪ Glasbläserei ▪ Maßschneiderei
Mechanisierung	Wesentliche Teile des Arbeitsvorganges werden durch Maschinen ersetzt (Ersatz der Muskelkraft) Beispiele: ▪ Arbeiten am durch Wasserkraft angetriebenen Schleifbock ▪ Kran ▪ Bohrmaschine ▪ Drehbank ▪ Hobelbank

Automation	Produktion mit Maschinen, die den Arbeitsvorgang selbst steuern (Mensch führt Material zu und ab, Mensch übt Kontrollfunktion aus)
	Beispiele: ▪ Schleifautomat ▪ Glasblaseautomat
Vollautomation	Der gesamter Produktionsablauf läuft nach EDV-Programm ab: ⇨ Verkettung mehrerer Automaten, die sich selbst steuern und kontrollieren ⇨ Robotereinsatz
	Beispiele: ▪ Walzstraße ▪ Flaschenproduktion in der Glashütte
	Robotereinsatz sinnvoll bei ▪ sich ständig wiederholenden Tätigkeiten, ▪ körperlich schweren Tätigkeiten, ▪ Präzisionsarbeiten (Punktschweißen), ▪ gefährlichen Tätigkeiten (Lackiererei), ▪ umweltgefährdenden Tätigkeiten (Chemie).
NC-Anlagen	Steuerungsmaschinen steuern beispielsweise Industrieroboter, Montagestraßen, kunststoffbearbeitende Maschinen.
	▪ Ein einmal über Datenträger eingegebener Bearbeitungsvorgang an einem Werkstück wird immer wieder abgerufen. ▪ Funktionen des Menschen werden von der Maschine übernommen.
CNC-Anlagen	Frei programmierbare Prozessrechner werden zur Steuerung von NC-Maschinen eingesetzt. Vorteil gegenüber NC-Anlagen: Programmierung des Rechners – z. T. vor Ort/am Arbeitsplatz – bedeutet große Flexibilität.
DNC-Anlagen	Mehrere von einem Zentralcomputer gesteuerte CNC-Anlagen

3.5.3 Einteilung der Fertigung nach der Organisationsform

Organisationsform	Merkmale	Vorteile	Nachteile
Werkstattfertigung/Werkstättenfertigung	▪ Maschinen und Arbeitsplätze gleichen Typs werden in Werkstätten zusammengefasst, z. B. Stanzerei, Fräserei. ▪ Orientierung der Werkstoffe zu den Maschinen ▪ Fertigung nach dem Verrichtungsprinzip	▪ Relativ geringe Kapitalbindung (weniger Maschinen) ▪ Relativ geringe Fixkosten ▪ Arbeitskräfte (Facharbeiter) vielseitig einsetzbar, z. B. Produktion verschiedener Drehteile ▪ Gute Anpassungsfähigkeit bei Produkt- oder Modeänderungen	▪ Lange innerbetriebliche Transportwege ▪ Lange Wartezeiten ▪ Notwendigkeit von Zwischenlägern ▪ Großer Raumbedarf ▪ Langsamer Durchlauf der Werkstücke ▪ Geringer Überblick über Fertigungsablauf (Abhilfe: Netzplantechnik) ▪ Aufwendige Arbeitsvorbereitung, Steuerung ▪ Hohe Lohnkosten für Facharbeiter
Fließfertigung/Reihenfertigung	▪ Werkstücke durchlaufen in ununterbrochener Reihenfolge die Bearbeitungsphasen ▪ Genaue zeitliche Festlegung des Arbeitsablaufes (Zeittakt) ▪ **Beachte:** fehlt Zeittakt, spricht man von Reihenfertigung	▪ Kurze innerbetriebliche Transportwege ▪ Gleichmäßiger Durchlauf der Werkstücke ▪ Gute Übersicht über Fertigungsablauf ▪ Leistungssteigerung durch Spezialisierung von Mensch und Maschine (weitestgehende Arbeitsteilung)	▪ Hohe Kapitalbindung (Spezialmaschinen/Fertigungsstraße) ▪ Hohe Fixkosten ⇨ Zwang zur Massenproduktion ▪ Angelernte Arbeitskräfte mit geringer Erfahrung/Kenntnis ▪ Geringe Anpassungsfähigkeit bei Nachfrageschwankungen

Organisationsform	Merkmale	Vorteile	Nachteile
Fließfertigung/ Reihenfertigung	▪ Maschinen und Arbeitsplätze sind entsprechend der Bearbeitungsfolge links und rechts an einem Transportband angeordnet. ▪ Fertigung nach dem **Objektprinzip**, d. h. Orientierung der Betriebsmittel (Maschinen) zum Werkstoff	▪ Relativ geringe Personalkosten (auf den einzelnen Arbeitnehmer bezogen, da Anlernarbeit)	▪ Notwendigkeit einer umfangreichen Arbeitsvorbereitung/Arbeitsplanung ▪ Monotonie (Entseelung der Arbeit)
Gruppenfertigung	▪ **Kombination von Werkstattfertigung und Fließfertigung** ⇨ Teilweise gleichartige Verrichtungen in Werkstätten und teilweise Fertigung entsprechend der Bearbeitungsfolge ⇨ Meist angewandt als Zulieferung für die eigentliche Fließfertigung (Endmontage)	▪ Vollständige Zielorientierung der Arbeitsabläufe und Ergebnisse ▪ Kürzere Durchlaufzeiten ▪ Höhere Produktivität ▪ Hohe Eigenverantwortlichkeit ▪ Verbesserungsvorschläge	▪ Verselbstständigung der Inseln ▪ Schwierige Außenkontrolle ▪ Erheblicher Leistungsdruck durch ständige Suche nach Verbesserung und Kosteneinsparung

Organisationsform	Merkmale	Vorteile	Nachteile
Gruppenfertigung	▪ **Ziel:** Ausgleich der jeweiligen Vor- und Nachteile von Werkstatt- und Fließfertigung		
Fertigungsinseln	▪ Weiterentwicklung einer Gruppenstruktur räumliche Zusammenfassung der Maschinen nach dem Fließprinzip zu einer Fertigungsgruppe, Organisation der Fertigungsinseln erfolgt kundenbezogen oder produktorientiert. ▪ Arbeitsabläufe und Arbeitsverteilung eines Fertigungsauftrages werden von den Mitarbeitern autonom geplant. ▪ Fertigung kompletter Baugruppen	▪ eigenständige Erledigung aller erforderlichen Arbeitsgänge innerhalb einer Arbeitsgruppe führt zu höherer Arbeitsidentifikation und Motivation ▪ qualifizierte Facharbeiter	▪ Gruppendruck bei Leistungsschwäche ▪ höhere Lohnkosten wegen Facharbeitern
KANBAN	▪ ein dezentrales, fertigungssynchrones Steuerungssystem ▪ es regelt den Materialfluss in der Produktion ▪ ein Materialverbrauch an irgendeiner Produktionsstelle im Fertigungsprozess löst automatisch eine Anforderung an die vorgelagerte Produktionsstelle aus ▪ Informationsträger ist dabei KANBAN, eine Anforderungskarte mit Stammdaten des Fertigungsauftrages	▪ leicht zu durchschauendes Prinzip: keine aufwendigen Software-Lösungen ▪ Vermeidung unnötiger Vorratshaltung/Zwischenläger	▪ sinnvolle Eignung nur für Großserien und Massenfertigung ▪ Praxis zeigt: rein dezentrale Beschaffungssteuerung nur bis ca. 8 Arbeitsgänge möglich

3.6 Auftragsabwicklung und Computereinsatz

Anwendungen für den Computereinsatz

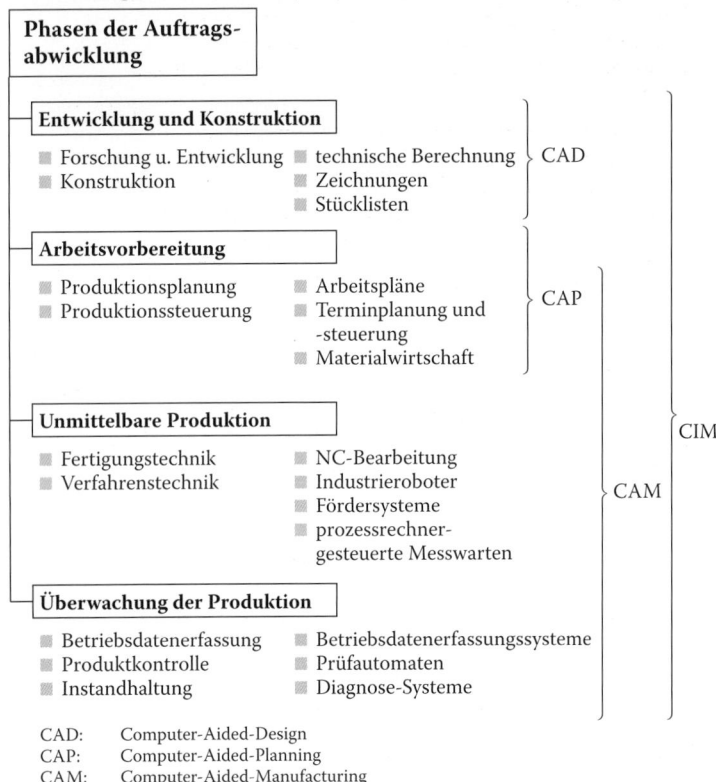

Phasen der Auftrags-abwicklung

Entwicklung und Konstruktion
- Forschung u. Entwicklung
- Konstruktion
- technische Berechnung
- Zeichnungen
- Stücklisten

⎱ CAD

Arbeitsvorbereitung
- Produktionsplanung
- Produktionssteuerung
- Arbeitspläne
- Terminplanung und -steuerung
- Materialwirtschaft

⎱ CAP

Unmittelbare Produktion
- Fertigungstechnik
- Verfahrenstechnik
- NC-Bearbeitung
- Industrieroboter
- Fördersysteme
- prozessrechner-gesteuerte Messwarten

⎱ CAM

Überwachung der Produktion
- Betriebsdatenerfassung
- Produktkontrolle
- Instandhaltung
- Betriebsdatenerfassungssysteme
- Prüfautomaten
- Diagnose-Systeme

⎱ CIM

CAD: Computer-Aided-Design
CAP: Computer-Aided-Planning
CAM: Computer-Aided-Manufacturing
CIM: Computer-Integrated-Manufacturing

Struktur eines PPS-Systems

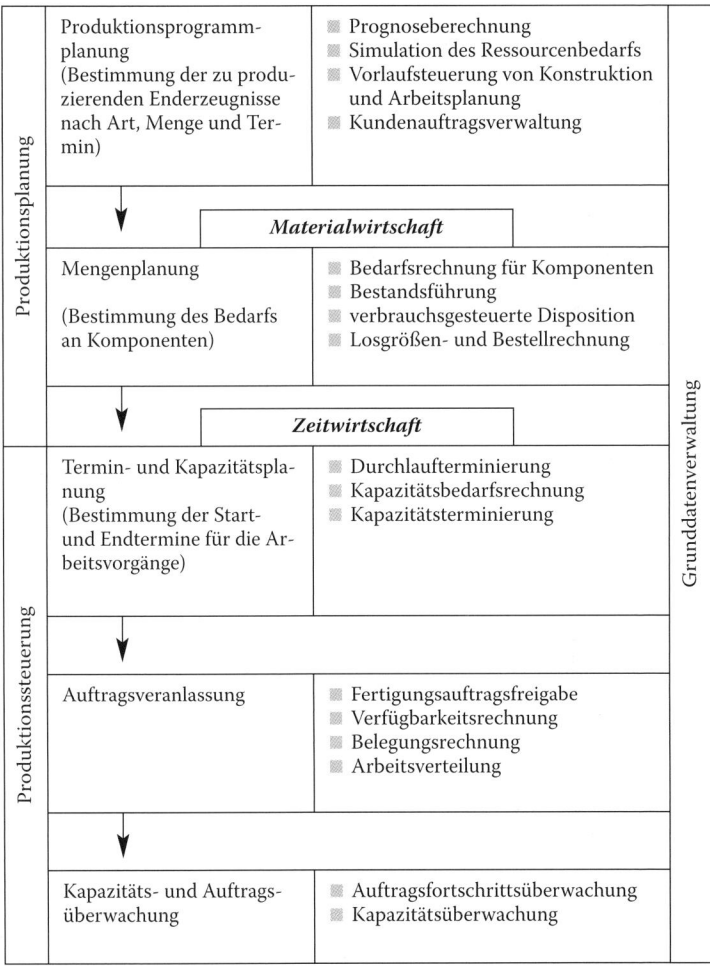

PPS-Systeme und Leitstandsysteme: In vielen Betrieben sind Leitstandsysteme meistens Datenverwaltungssysteme, die Betriebs- und Maschinendaten erfassen und bei Bedarf bereitstellen können. Leitstandsysteme können aber auch intelligente Einheiten eines fortschrittlichen PPS-Systems sein, wenn über einen vernetzten Datenaustausch betriebliche Funktionen, wie z. B. Auftragsplanung und Auftragsüberwachung integriert ablaufen.

3.7 Materialbereitstellung: Just in time

Damit ist die Bereitstellung von Materialien in
- der richtigen Menge,
- zur richtigen Zeit,
- am richtigen Ort

gemeint.

Die Güter sollen genau zu dem Zeitpunkt bereitgestellt werden, an dem der Bedarf besteht:

- Qualitätsgarantie des Lieferanten
- Lagerung der benötigten Einzelteile beim Lieferanten
- bei Bedarf Abruf der Teile durch den Kunden
- sofortiger Transport zur Produktionsstätte
- Verarbeitung der Güter am gleichen Tag

Beispiel: Automobilindustrie

Voraussetzungen:
- reibungslose und enge Zusammenarbeit zwischen Lieferanten und Kunden
- schnellstmöglicher Austausch von Daten

⇨ Rechnerkommunikation, d. h. direkte Verbindung zwischen Computern des Lieferanten und des Kunden

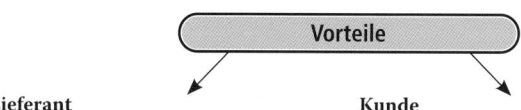

Vorteile

Lieferant
- langfristig gesicherte Auftragslage
- Verringerung der Lieferzeiten
- partnerschaftliches Logistikkonzept
- langfristige Geschäftsverbindung

Kunde
- Abbau von Lagerbeständen
- Einsparung von Lagerfläche und Lagerpersonal
- niedrige Kapitalbindung
- flexible Zulieferung
- Kostensenkung
- Verkürzung von Produktionszeiten
- schnellere Reaktion auf Kunden- wünsche bzw. Konkurrenz

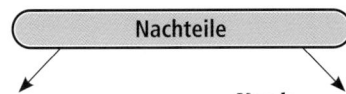

Nachteile

Lieferant

- Qualitätsdruck
- evtl. aufwendige Qualitätskontrolle während des Produktionsprozesses
- Zeitdruck durch termingenaue Anlieferung
- Gefahr des Qualitätsverlustes, beschädigte Teile können nicht vom Lager ausgewechselt werden

Konsequenz:

⇨ gesteigertes Verantwortungs- und Qualitätsbewusstsein der Mitarbeiter notwendig
⇨ Optimierung des Arbeitsablaufes erforderlich, evtl. hohe Personalkosten durch Mehrarbeit

- größere Abhängigkeit von Kunden
- evtl. höhere Kosten durch abnehmerorientierte EDV-Organisation und Lagereinrichtung
- stärkere Schwankungen der Nachfrage bewirken unzureichende Kapazitätsauslastung

Mögliche Lösung:

⇨ flexible Fertigungsstruktur
⇨ Große Fertigungsanlagen werden durch kleinere Maschinen mit niedrigeren Rüstzeiten und -kosten ersetzt.

- Produktionsstockungen können dazu führen, dass Liefertermine nicht eingehalten werden.

Mögliche Lösung:

⇨ schneller computergesteuerter Datenaustausch im Betrieb mit Kunden/Lieferanten
⇨ Absicherung der Unternehmung durch enge Bindungen und Verträge mit den Kunden/Lieferanten
 – feste Reservierung von Kapazitäten
 – u. U. Aufkauf von Zulieferunternehmen

Kunde

- größere Abhängigkeit von Lieferanten
- Güter können oftmals nicht kurzfristig von einem anderen Lieferanten geliefert werden.
- i. d. R. langfristige Bindung an Lieferanten
- Kosteneinsparungen bei der Lagerung können durch häufigere und kleinere Bestellungen wieder verloren gehen.

Mögliche Lösung:

⇨ Spediteur bündelt die Lieferungen aller Lieferanten eines Einzugsgebietes in einem zentralen Auslieferungslager (Zusammenstellung der benötigten Güter zu kostengünstigen Ladungen und schnelle Auslieferung).

Auswirkungen:

■ Verbesserung der Flexibilität der Unternehmung
  – schnelle Einstellung auf Kundenbedarf
  – verbesserte Leistungsfähigkeit am Markt
  – besserer Lieferservice
■ betriebliche Kapazitäten werden weniger stark gebunden, da Vorratsproduktion entfällt.
■ Beschleunigung des Materialflusses, daher geringere Kapitalbindung
■ Einsparung von Lager- und Transportkosten

3.8 Arbeitsvorbereitung

⇨ Die AV ist die zentrale Abteilung in einem Unternehmen, die für die Koordination aller Fertigungsprobleme und deren Lösungen zuständig ist.

3.8.1 Arbeitsvorbereitung – Planung

Ziel: alle Maßnahmen treffen (im Vorfeld des eigentlichen Produktionsbeginns, also bis zur Nullserie), die einen späteren reibungslosen Fertigungsablauf gewährleisten

Aufgaben

Forschung und Entwicklung

⇨ Unterteilen sich in Definitionsphase, Entwicklungsphase und Prototypphase.

Erstellung von Konstruktionszeichnungen

Zwei- oder dreidimensionale, maßstabgerechte Darstellung von Produktteilen, Produktformen, Produktmaßen, Fertigungstoleranzen, Materialarten, Qualitäten und Funktionen eines Produktes ⇨ Gesamtzeichnung

↓

■ Einzelteilzeichnungen
■ Teilbearbeitungszeichnungen
■ Schaltpläne

Stücklistenerstellung

Tabellarische Darstellung des Erzeugnisses in seinen Einzelteilen mit Angabe der Werkstoffe, Abmessungen, Mengen und Gütegraden ⇨ Gesamtstückliste

↓

■ Materialstückliste (Mengenübersichtsstückliste)
■ Einkaufsstückliste (Roh- und Hilfsstoffe der Eigenfertigung, Fremdbauteile)

- Lagerstückliste
- Fertigungsstückliste (welches Bauteil für welchen Arbeitsschritt?)
- Terminstückliste (Netzplan)
- Kalkulationsstückliste

Bereitstellungsplanung

Hier geht es um die Vorgabe der betriebswirtschaftlichen Produktionsfaktoren nach Art, Menge, Qualität und Zeit.

- Maschinenplanung ⎫
- Arbeitskräfteplanung ⎭ Zahl, Art und Leistungsfähigkeit
- Werkstoffe
- Transportplanung
- Fremd- und Eigenleistungen

Fertigungsablaufplanung

- Festlegung einer optimalen Fertigungsreihenfolge
- Festlegung optimaler Fertigungsarbeitsschritte (detaillierte Arbeitsteilung)
- Festlegung optimaler Arbeitsverfahren (Techniken)
- Festlegung der theoretisch erforderlichen Arbeitszeiten (REFA)
- Gestaltung von Arbeitsanweisungen/Arbeitsplatzbeschreibungen
- Anfertigung von Sicherheitsvorschriften (Umweltverträglichkeitsprüfungen)
- Gestaltung der Organisationsmittel für den Produktionsablauf

Beispiele:	– Arbeitspläne	– Fertigungslaufkarten
	– Entnahmescheine	– Lohnzettel
	– Fehlmengenscheine	– Rückmeldescheine

3.8.2 Arbeitsvorbereitung – Steuerung

Ihre Arbeit beginnt nach der Nullserie, also mit der eigentlichen Fertigung.

Aufgaben

Erstellen von Maschinen- und Stellenbesetzungsplänen

Ziele:

- Koordination von Mensch und Maschine, und zwar so, dass keine Leerläufe entstehen bzw. Engpässe überbrückt werden
- optimale Auslastung der Kapazitäten
- Minimierung der Durchlaufzeiten
- Minimierung der Rüstkosten

Hilfsmittel:
- Plantafeln
- Balkendiagramme
- Netzpläne

Terminplanung und Terminkontrolle

Ziel: interne Liefertermine bestimmen und einhalten
- Materialdisposition
- Auftragsumwandlung

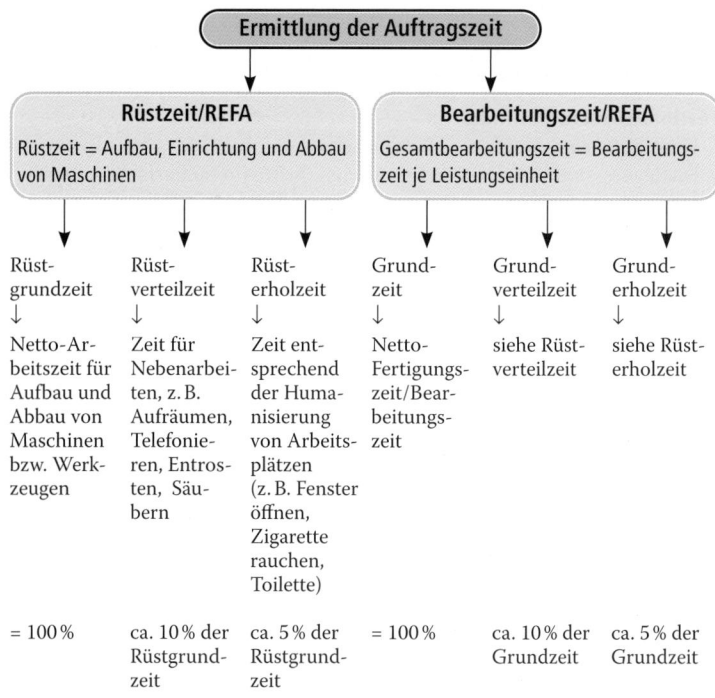

Ermittlung der Auftragszeit					
Rüstzeit/REFA Rüstzeit = Aufbau, Einrichtung und Abbau von Maschinen			**Bearbeitungszeit/REFA** Gesamtbearbeitungszeit = Bearbeitungszeit je Leistungseinheit		
Rüstgrundzeit ↓	Rüstverteilzeit ↓	Rüsterholzeit ↓	Grundzeit ↓	Grundverteilzeit ↓	Grunderholzeit ↓
Netto-Arbeitszeit für Aufbau und Abbau von Maschinen bzw. Werkzeugen	Zeit für Nebenarbeiten, z. B. Aufräumen, Telefonieren, Entrosten, Säubern	Zeit entsprechend der Humanisierung von Arbeitsplätzen (z. B. Fenster öffnen, Zigarette rauchen, Toilette)	Netto-Fertigungszeit/Bearbeitungszeit	siehe Rüstverteilzeit	siehe Rüsterholzeit
= 100 %	ca. 10 % der Rüstgrundzeit	ca. 5 % der Rüstgrundzeit	= 100 %	ca. 10 % der Grundzeit	ca. 5 % der Grundzeit

Vorwärts- bzw. Rückwärtsterminierung

- Durchlaufzeit = Rüst- + Ausführungs- + Transport- + Lager- + technische Prüfzeiten

Vorwärtsterminierung
(progressive Methode)

- Terminierung erfolgt vom frühestmöglichen Starttermin zum Endtermin des Auftrages/Vorganges
  - unwirtschaftliche Liegezeiten
  - höhere Kapitalbindung
  - Auslieferungssicherheit

Rückwärtsterminierung
(retrograde Methode)

- Terminierung erfolgt vom spätestmöglichen Endtermin zum Starttermin des Auftrages/Vorganges
  - hoher Termindruck
  - Gefahr bei Produktionsstörungen

Steuerung, Überwachung und Instandhaltung der Betriebsmittel

⇨ Integration und Kontrolle der Maschinen
⇨ Wartung
⇨ technische Überholung

Dazu erforderlich:
- Verantwortlichkeit festlegen
- Wartungsintervalle bestimmen
- Wartungsverträge abschließen
- Ersatzteile bevorraten
- Wartungskontrolle

Ziel: ungestörter Fertigungsablauf

Verwirklichung wirtschaftlicher Fertigung

Ziele:
- Einhaltung der wirtschaftlichen Kapazität
- optimale Betriebsmittelauslastung
- Verwirklichung der optimalen Losgröße

3.9 Wirtschaftlichkeit der Fertigung

3.9.1 Kapazitäten

Definition: betriebliches Leistungsvermögen innerhalb einer bestimmten Zeitspanne

Technische Kapazität (über 100 %)	Oberstes Leistungsvermögen einer Anlage bei Höchstbelastung ohne begrenzende Einflüsse, also Arbeit an 365 Tagen im Jahr, 3-Schicht-Betrieb, ⇨ z. B. 500.000 Stück
Maximalkapazität (Kann-Leistung) (über 100 %)	Leistungsvermögen einer Anlage unter Berücksichtigung aller begrenzenden Einflüsse wie Sonn- und Feiertage, Nachtarbeitsverbote, Reparatur- und Wartungsdienste ⇨ z. B. 400.000 Stück
Optimale Kapazität (Wirtschaftliche Kapazität) (= 100 %)	Unter wirtschaftlichen Aspekten kostengünstigste Ausbringungsmenge, weil optimale Arbeitsgeschwindigkeit und optimale Beanspruchungszeit berücksichtigt werden ⇨ z. B. 300.000 Stück

Kapazitätsausnutzungsgrad (= Beschäftigungsgrad)

Definition: der Grad der Ausnutzung der Kapazität (Ist-Leistung, tatsächlich genutzte Kapazität) im Verhältnis zur optimalen/wirtschaftlichen Kapazität von 100 %

$$\text{Beschäftigungsgrad} = \frac{\text{Ist-Leistung} \cdot 100}{\text{Optimale Kapazität}}$$

Beipiel: Ist-Leistung   = 250.000 Stück
Optimale Kapazität = 300.000 Stück

⇨ Beschäftigungsgrad = 83,3 %

3.9.2 Produktivität

Definition: mengenmäßige Ergiebigkeit in Relation zu den eingesetzten Produktionsfaktoren

$$\text{Produktivität} = \frac{\text{Output}}{\text{Input}} = \frac{\text{Ausbringungsmenge}}{\text{Einsatzmenge}}$$

Arbeitsproduktivität = Ausbringungsmenge : Arbeitsstunden
Kapitalproduktivität = Ausbringungsmenge : Kapitaleinsatz

Beispiel: 200 Stück Messgeräte in 100 Arbeitsstunden ⇨ Produktivität = 2

Ziel: durch Rationalisierung und technischen Fortschritt das mengenmäßige Produktionsergebnis steigern

Unbefriedigende Produktivitätsergebnisse

Gründe für unbefriedigende Produktivitätsergebnisse	Konsequenzen
↓	↓
Gesamtproduktivität knappe Ressourcen Ausschuss Führungsfehler	Suche nach anderen Ressourcen Erhöhung der Qualifikation, technische Änderungen anderes Management
Arbeitsproduktivität niedriges Qualifikationsniveau Fehlende Motivation Absenz, Fluktuation	Schulungsmaßnahmen Mitbestimmung, Unternehmenskultur Verbesserung des Betriebsklimas
Kapitalproduktivität alte Produktionsanlagen fehlerhafte Programmierung veraltete Produktionsstrategie	Modernisierungsinvestition Software-Investition Einführung moderner Produktionsverfahren, z. B. Just-in-time-Produktion

3.9.3 Optimale Losgröße

Definition:

- Fertigungsmenge, bei der die Stückkosten des aufgelegten Loses (= geplante Stückzahl einer Sorte oder Serie ohne Umrüstung) am geringsten sind
- Menge, bei der die stückfixen und stückvariablen Kosten ein Minimum erreichen
- unter wirtschaftlichen Gesichtspunkten kostengünstigste Fertigungsmenge

Auflagefixe Kosten
↓

= Kosten, die bei der Umstellung der Produktion entstehen, d. h. Einrichtekosten und Stillstandskosten der Rüstzeit (Rüstkosten)

Beispiele: ■ Löhne
■ Zinsen für die Betriebsmittel
■ Mieten
■ Abschreibungen
■ Strom

Kosten, die von der **Losgröße unabhängig** sind

Auflagevariable Kosten
↓

= Kosten, die zu Beginn der neuen Produktion entstehen

Beispiele: ■ Zinsen für in Vorräten gebundenes Kapital
■ Lagerkosten
■ Versicherungen
■ Kosten für Verderb, Veralten,
■ Beschädigungen

Kosten, die von der **Losgröße abhängig** sind

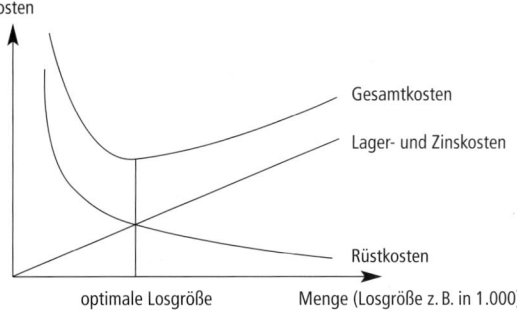

3.9.4 Wirtschaftlichkeit

Definition: Ausdruck des Handelns nach dem ökonomischen Prinzip:

1. mit gegebenem Aufwand einen maximalen Ertrag erzielen → Maximalprinzip

2. einen gegebenen Ertrag mit minimalem Aufwand erzielen → Minimalprinzip

$$\text{Kennziffer der Wirtschaftlichkeit:} \quad \frac{\text{Leistungen in EUR (ME} \cdot \text{Marktpreis)}}{\text{Kosten in EUR}}$$

3.9.5 Rentabilität

Definition:

■ effektive Verzinsung des eingesetzten Kapitals

oder

■ der Erfolg (Gewinn) im Verhältnis zum Einsatz (Kapital)

⇨ Wenn keine Arbeitsmarktprobleme auftreten, steigt die Rentabilität i. d. R.

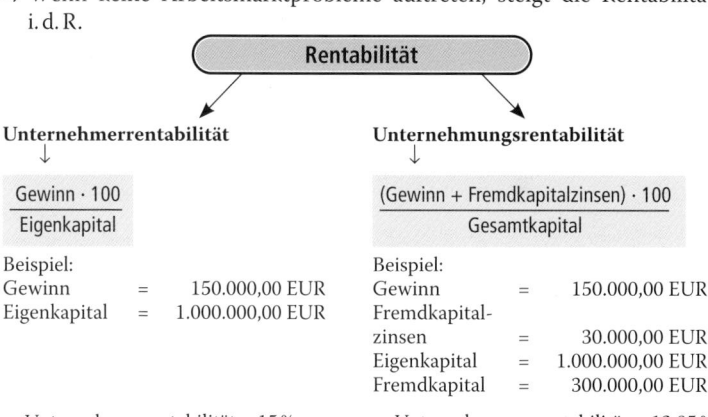

Rentabilität

Unternehmerrentabilität
↓

$$\frac{\text{Gewinn} \cdot 100}{\text{Eigenkapital}}$$

Beispiel:
Gewinn	=	150.000,00 EUR
Eigenkapital	=	1.000.000,00 EUR

⇨ Unternehmerrentabilität = 15 %

Unternehmungsrentabilität
↓

$$\frac{(\text{Gewinn} + \text{Fremdkapitalzinsen}) \cdot 100}{\text{Gesamtkapital}}$$

Beispiel:
Gewinn	=	150.000,00 EUR
Fremdkapital-zinsen	=	30.000,00 EUR
Eigenkapital	=	1.000.000,00 EUR
Fremdkapital	=	300.000,00 EUR

⇨ Unternehmungsrentabilität = 13,85 %

Umsatzrentabilität
↓

$$\frac{\text{Gewinn} \cdot 100}{\text{Umsatz}}$$

z. B. Gewinn = 150.000,00 EUR
Umsatz = 1.200.000,00 EUR

⇨ Umsatzrentabilität = 12,5 %

3.10 Rationalisierung

Ziele:

■ durch vernünftigen Einsatz von wirtschaftlichen, technischen, finanziellen und organisatorischen Mitteln die Fertigung verbilligen, steigern und verbessern

■ Vereinfachungen in allen betrieblichen Bereichen mit dem Ziel der Kostenminimierung

Ansätze:
- Ablauforganisation
- Personaleinsatz
- Sachkapitaleinsatz
- Werkstoffeinsatz

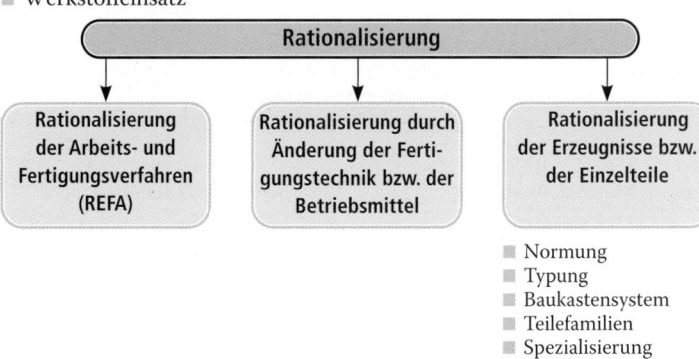

Rationalisierung

| Rationalisierung der Arbeits- und Fertigungsverfahren (REFA) | Rationalisierung durch Änderung der Fertigungstechnik bzw. der Betriebsmittel | Rationalisierung der Erzeugnisse bzw. der Einzelteile |

- Normung
- Typung
- Baukastensystem
- Teilefamilien
- Spezialisierung

3.11 Fertigungskontrolle

Während und nach der Fertigung wird kontrolliert, ob alle angestrebten Daten der Fertigungsplanung eingehalten und die gesetzten Ziele erreicht wurden.

Die Fertigungskontrolle umfasst:
- Kontrolle der Termine
- Kontrolle der Kapazitätsauslastung
- Kostenkontrolle
- Qualitätskontrolle

3.11.1 Qualitätskontrolle

Methode	Zeitpunkt	Prüfer
↓	↓	↓
Stichprobe	**Qualitätssteuerung**	**Selbstkontrolle**
▪ Geringe Prüfkosten	⇨ Während der Fertigung werden bereits Teile der Herstellungsmängel abgestellt.	⇨ durch den Ausführenden selbst
▪ Spätere Folge- /Fehlerkosten werden in Kauf genommen		

Methode	Zeitpunkt	Prüfer
■ Sinnvoll bei technisch wenig anspruchsvollen Massengütern, z. B. Schrauben, Glühlampen, Textilien	**Qualitätssicherung** ⇨ Fertigungsendkontrolle	**Innerbetriebliche Fremdkontrolle** ⇨ durch Kontrolleure bzw. Vorgesetzte
Vollprobe	Bereiche:	
■ Höhere Prüfkosten	■ Qualitätsplanung: Anforderungen an das Produkt, Qualitätsmerkmale und Toleranzen	
■ Geringere Fehlerkosten aufgrund der hundertprozentigen Kontrolle	■ Qualitätslenkung: Fehleranalyse und Änderung der Arbeitstechniken	
■ Sinnvoll bei technisch hochwertigen Gütern, evtl. mit Schutz- und Abnahmevorschriften, z. B. Messgeräten, optischen und elektrischen Geräten, Autos, Flugzeugen	■ Qualitätsförderung: Mitarbeiter zu qualitätsförderndem Eigenhandeln motivieren	

Der Grad der Qualitätskontrolle wird bestimmt von den Prüfkosten einerseits und den Folgekosten andererseits, d. h., hohe Prüfkosten verursachen geringe Folgekosten und umgekehrt.

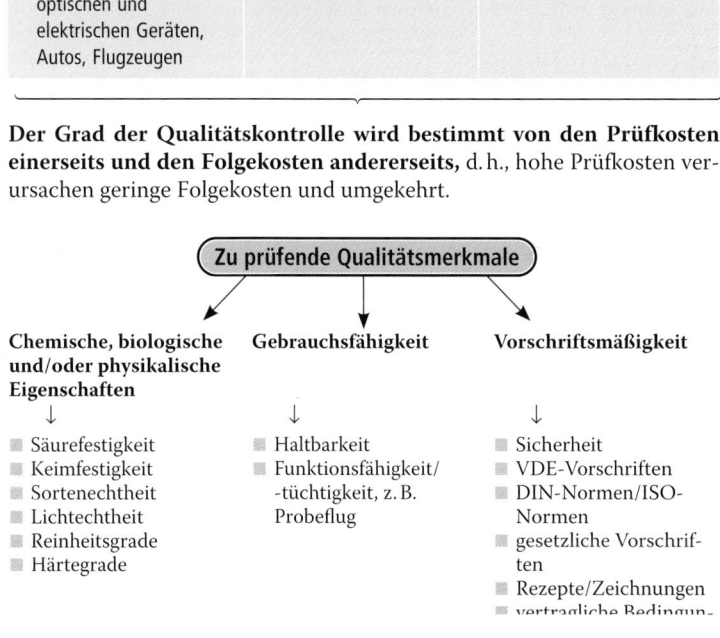

Zu prüfende Qualitätsmerkmale

Chemische, biologische und/oder physikalische Eigenschaften	**Gebrauchsfähigkeit**	**Vorschriftsmäßigkeit**
↓	↓	↓
■ Säurefestigkeit ■ Keimfestigkeit ■ Sortenechtheit ■ Lichtechtheit ■ Reinheitsgrade ■ Härtegrade	■ Haltbarkeit ■ Funktionsfähigkeit/-tüchtigkeit, z. B. Probeflug	■ Sicherheit ■ VDE-Vorschriften ■ DIN-Normen/ISO-Normen ■ gesetzliche Vorschriften ■ Rezepte/Zeichnungen ■ vertragliche Bedingun-

3.11.2 Qualitätsmanagement

Definition Qualität: Grad der Erfüllung von Kundenanforderungen unter Beachtung geltender Vorschriften nach dem neuesten Stand der Technik (= Zweckeignung)

Gründe für die Entwicklung des Qualitätsbewusstseins:	▪ Erhöhte Kundenanforderungen ▪ Verschärfung rechtlicher Anforderungen in Bezug auf Produkt- und Produzentenhaftung ▪ Rationalisierungsbestreben der Unternehmen bei gleichzeitigem Verzicht auf Qualitätsprüfungen im Materialeingang: Just-in-time ▪ Hohe Produktqualität, ein internationaler Erfolgsfaktor ▪ Sicherung der Arbeitsplätze
Entwicklungsstufen des Qualitätsmanagements (QM)	1. Inspection System (Endqualität prüfen) 2. Quality Control System (Qualität „hineinproduzieren", In-Prozess-Kontrollen) 3. Total Quality Management System (TQM) (Unternehmensweites QM)
Maßnahmen:	▪ Formulierung einer Qualitätspolitik ▪ Vorgabe von Qualitätszielen ▪ System der Qualitätssicherung ▪ Definition der Verantwortlichkeiten ▪ Qualitätsmanagementhandbuch

3.12 REFA

Definition: Verband für Arbeitsgestaltung, Betriebsorganisation und Unternehmensentwicklung; u. a. zuständig für die Erstellung von Arbeitsstudien. Arbeitsstudien sind aus Arbeitserfahrung gewonnene arbeitswissenschaftliche Methoden zur Untersuchung von Arbeitsvorgängen/Arbeitsabläufen.

Ziel: Rationalisierung durch optimale Arbeitsgestaltung

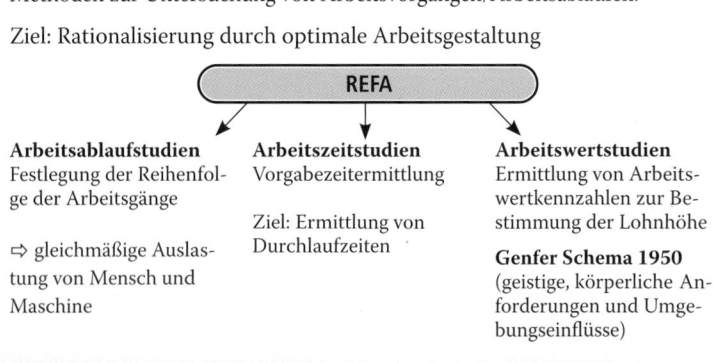

REFA

Arbeitsablaufstudien
Festlegung der Reihenfolge der Arbeitsgänge

⇨ gleichmäßige Auslastung von Mensch und Maschine

Arbeitszeitstudien
Vorgabezeitermittlung

Ziel: Ermittlung von Durchlaufzeiten

Arbeitswertstudien
Ermittlung von Arbeitswertkennzahlen zur Bestimmung der Lohnhöhe

Genfer Schema 1950
(geistige, körperliche Anforderungen und Umgebungseinflüsse)

4 Personalwirtschaft

Personalwirtschaftliche Aufgaben wahrnehmen (Lernfeld 7)

Grundlagen der Personalwirtschaft

Definition: Gewährleistung von Beschaffung und Einsatz geeigneter Mitarbeiter in richtiger Zahl zum richtigen Zeitpunkt

1. Personalplanung	▪ Arten des Personalbedarfs ▪ Einflussfaktoren auf den Personalbedarf	▪ Fluktuation ▪ Modelle quantitativer Personalbedarfsplanung
2. Personalbeschaffung	▪ Personalanwerbung ▪ Kosten der Personalbeschaffung ▪ Ablauf einer Personalbeschaffungsmaßnahme	▪ Verfahren der Personalauswahl ▪ Personaleinweisung
3. Personaleinsatz	▪ Arbeitszeitregelungen ▪ Urlaubszeitregelungen	▪ Stellenbeschreibungen
4. Personalverwaltung	▪ Organisatorischer Aufbau ▪ Arbeiten des Personalbüros – Personalakte – Lohn- und Gehaltsabrechnung	▪ Personalstatistik
5. Personalführung	▪ Führungsstile ▪ Managementtechniken	▪ Unternehmenskultur ▪ Corporate Identity
4. Personalentwicklung	▪ Maßnahmen der Berufsbildung ▪ Personalentwicklungsmaßnahmen	▪ Personalbeurteilungen ▪ Zeugnisse
7. Personalbetreuung	▪ Ziele ▪ Sozialwesen	
8. Arbeitsbewertung und Arbeitsentlohnung	▪ Arbeitsbewertung ▪ Bestimmungsfaktoren der Lohnfindung	▪ Formen des Arbeitsentgeltes ▪ Personalzusatzkosten

4.1 Personalplanung

Aufgaben der Personalplanung:

- den Personalbedarf für einen bestimmten Zeitraum feststellen sowie die benötigten Mitarbeiter beschaffen, einsetzen und unter Umständen freisetzen
- innerbetrieblichen Nachwuchs gezielt aufbauen
- Personalbedarfsplanung (kann kurz-, mittel- und langfristig sein)

4.1.1 Arten des Personalbedarfs

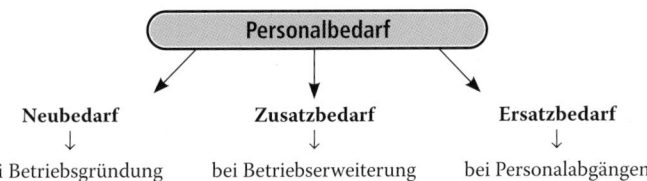

Neubedarf	**Zusatzbedarf**	**Ersatzbedarf**
↓	↓	↓
bei Betriebsgründung	bei Betriebserweiterung	bei Personalabgängen

4.1.2 Einflussfaktoren auf den Personalbedarf

- Fertigungsprogrammplanung
- Aufnahme neuer Produktionszweige
- Absatz- und Umsatzentwicklung
- Entwicklung der Arbeitsbedingungen (z. B. 35–40-Stunden-Woche)
- Rationalisierungsvorhaben (z. B. Automation, stärkerer EDV-Einsatz)
- Situation auf dem Arbeitsmarkt
- Zahl, Alter, Leistungsfähigkeit der Arbeitnehmer
- bevorstehende Kündigungen, Mutterschaften, Pensionierungen, Wehrdienstleistende
- durchschnittlicher Arbeitsausfall (Krankheitsstand, Urlaubszeiten, Freistellungen)
- Zahl der Auszubildenden

4.1.3 Fluktuation

Definition:
- Personalbeschäftigungswechsel
- beschreibt die Anzahl der Wechsel von Stelleninhabern

durch die Person bedingt   durch das Unternehmen bedingt   konjunkturell bedingt

Folgen:
- hohe Personalbeschaffungskosten
- Kosten durch immer neue Einarbeitung
- sinkende Produktivität
- wenig Eigenverantwortlichkeit
- fehlende Unternehmensidentifikation
- schlechtes Betriebsklima
- keine kontinuierlichen Geschäftspartnerkontakte

Maßnahmen zur Verringerung der Fluktuation:
1. sorgfältige Auswahl des Personals
2. realistische Angaben zum Arbeitsplatz und den Entwicklungsmöglichkeiten
3. gerechte Entlohnung
4. Maßnahmen der Personalbetreuung:
   - Mitarbeitergespräche
   - Fort- und Weiterbildung
   - Arbeitsschutz
   - optimale Arbeitsplatzgestaltung
   - soziale Einrichtungen (z. B. Kantine, Werkskindergarten, Werkswohnungen)

4.2 Personalbeschaffung

Vorläufer der Personalbeschaffung ist die interne Personalanforderung. Sie enthält:
- Stellenaufgaben
- Stellenanforderungen
- Arbeitsort und -zeit
- Entgelteinstufung
- Bedarfszeitpunkt

4.2.1 Personalanwerbung

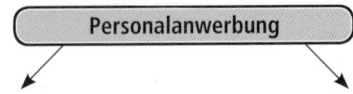

Personalanwerbung

Intern

- Schwarzes Brett
- Betriebszeitung
- Rundschreiben
- Mundpropaganda
- Versetzung
- Mehrarbeit

Einspruchsrecht des Betriebsrates gem. BetrVG § 5

Vorteile

- Mitarbeitermotivation
- Nutzung betriebsinternen Sachverstandes
- keine Anwerbekosten

Nachteile

- Betriebsblindheit
- Demotivation abgelehnter Bewerber
- „Fortloben"

Extern

- Anfrage bei der Arbeitsagentur
- Zeitungsanzeige
  ⇨ Inhalt des Inserates:
    – Unternehmensgegenstand
    – Kurzform der Stellenbeschreibung
    – Vorbildung des Bewerbers
    – Aufstiegschancen
    – Aufforderung zur Bewerbung
- Anfrage bei Zeitarbeitsunternehmen
- Außenwerbung
- stille Anwerbung, bewirkt durch Firmenzeichen oder PR (Public Relations)

Vorteile

- Fremdbetriebskenntnis
- neues Ideen- und Leistungspotenzial

Nachteile

- Anwerbekosten
- Einarbeitung
- Demotivation eigener Mitarbeiter

4.2.2 Kosten der Personalbeschaffung

- Inseratskosten
- Reisekosten
- Testkosten
- Verwaltungskosten
- ärztliche Untersuchungskosten
- Umzugskosten
- Einarbeitungskosten
- Schulungskosten

4.2.3 Ablauf einer Personalbeschaffungsmaßnahme

- Bedarfsermittlung der Fachabteilungen
- Meldung an die Personalabteilung
- Genehmigung und Entscheidung für Ausschreibung
- Vergabe des Inserats

- Auswertung der Bewerbungsunterlagen (Grobauswahl)
- Entscheidung für einen Bewerber (Feinauswahl)
- ärztliche Untersuchung
- Abschluss des Arbeitsvertrages
- Personaleinweisung

4.2.4 Verfahren der Personalauswahl

- Analyse der Bewerbungsunterlagen:
  mangelhafte Bewerbung/unzureichende Qualifikation = Absage
- Tests oder andere Überprüfungen
  (z. B. Leistungs-, Intelligenz- und Persönlichkeitstests, Beurteilungsseminare, Assessment-Center)
- Vorstellungsgespräch, Interview:
  Lösung von Praxisfällen, Befragungen, evtl. Geschäftsessen
- vorläufige Einstellung/Arbeitsvertrag schließen (Zustimmung Betriebsrat)
- endgültige Einstellung nach Bewährung in der Probezeit

4.3 Personaleinsatz

4.3.1 Arbeitszeitregelungen

Grundlagen:

- Arbeitszeitgesetz
- Jugendarbeitsschutzgesetz
- Berufsbildungsgesetz
- Mutterschutzgesetz
- Betriebsverfassungsgesetz
- Arbeitszeitordnung

Arbeitszeit: die Zeit vom Beginn bis zum Ende der täglichen Beschäftigung
(ohne Ruhepausen)
Schichtzeit: Arbeitszeit + Ruhepausen

Gestaltung der Arbeitszeit

Bei der Gestaltung der Arbeitszeit spielen nicht nur Arbeitnehmer und Betrieb eine Rolle, sondern auch gesetzliche und tarifvertragliche Vorgaben.

Grundlegende Arbeitszeitmodelle

- Normalarbeitszeit (Regelarbeitszeit) 7–8-Stunden-Tag, Montag bis Freitag zwischen 07:00 und 19:00 Uhr (Arbeitszeitordnung max. 48 Std./Woche)
- Schichtarbeit: Wechselschicht, Dauerschicht, Teilschicht

- **Flexible Arbeitszeitmodelle**
  - täglich gleichmäßig verkürzte Arbeitszeit
  - täglich ungleichmäßig verkürzte Arbeitszeit
  - Wechselschichtsystem mit gleichmäßiger oder ungleichmäßiger Wochenarbeitszeit
  - Teilzeit im Schichtbetrieb
  - Langzeitarbeit („Sabbat-Jahr": längere Auszeit bei durchlaufendem Arbeitsvertrag)
  - Job-Sharing: zwei oder mehr Mobilzeitkräfte besetzen abwechselnd den gleichen Arbeitsplatz.
- Arbeit auf Abruf (KapoVAz: Kapazitätsorientierte variable Arbeitszeit)
- Gleitzeit

4.3.2 Gestaltung von Arbeitsplatz und Arbeitsablauf

Job-Enrichment: qualitative Verbesserung des Arbeitsinhaltes, Einräumung größerer Verantwortungs- und Entscheidungsbereiche

Job-Rotation: systematischer Arbeitsplatzwechsel, Einarbeitung der Arbeitnehmer an mehreren Arbeitsplätzen, vielseitige Einsetzbarkeit, Abbau monotoner Arbeit

Job-Enlargement: quantitative Erweiterung des Arbeitsgebietes, stärkere Identifikation mit dem Produkt

Job-Sharing: Arbeitsplatzteilung, Berücksichtigung individueller Wünsche hinsichtlich der Arbeitszeit, beschäftigungspolitische Maßnahme, wenig Aufstiegsmöglichkeiten, keine qualifizierte Tätigkeit

4.3.3 Stellenbeschreibung

Der Personaleinsatz findet entsprechend der Stellenbeschreibung statt:

- fest abgegrenzter Aufgabenbereich
- Eingliederung in Stellenplan
- aktive und passive Stellenvertretung
- Eingliederung in Hierarchie
- Teilaufgaben der Stelle
- Besetzung der Stelle
- notwendige Qualifikation
- Arbeitsplatzbeschreibung
- Vollmachten
- tarifliche Eingruppierung

4.4 Personalverwaltung

Die Personalverwaltung erledigt alle Verwaltungsarbeiten, die beim Beginn, während und am Ende von Arbeitsverhältnissen anfallen.

4.4.1 Organisatorischer Aufbau

Organisatorischer Aufbau			
Personalabteilung	**Aus- und Weiterbildung**	**Sozialwesen**	**Arbeitstechnik**
↓	↓	↓	↓
▪ Personalplanung und -entwicklung ▪ Personalbüro Einstellung Lohn- und Gehaltsabrechnung Entlassung	▪ gewerbliche und kaufmännische Ausbildung ▪ Werksschule ▪ interne und externe Seminare	▪ Einführung, Überwachung und Verwaltung freiwilliger sozialer Leistungen ▪ Betriebskrankenkassen	▪ Arbeitsstudien (REFA) ▪ Unfallschutz ⇨ vgl. Produktionswirtschaft

4.4.2 Personalstatistik

Definition: Teilbereich der Betriebsstatistik, erfasst das zahlenmäßige Geschehen zwischen dem Betrieb und seinen Mitarbeitern; Erfassung, Auswertung und Darstellung von Sachverhalten des Personalbereichs

Ziel: Veränderungen, Fehlentwicklungen, Schwachstellen aufdecken, Maßnahmen zur Behebung einleiten

Die wichtigsten Personaldaten werden regelmäßig in einem Kennzahlenspiegel ausgewiesen: Krankheitsquote, Urlaubsquote, Überstundenquote, Anwesenheitsquote, Istarbeitsquote (vgl. dazu auch Formelsammlung Personalwirtschaft, Seite 174)

$$\text{Arbeitsproduktivität} = \frac{\text{Umsatz}}{\text{durchschnittliche Mitarbeiterzahl}}$$

$$\text{Lohn-/Gehaltsquote} = \frac{(\text{Löhne/Gehälter} + \text{Sozialabgaben}) \cdot 100}{\text{Gesamtkosten}}$$

$$\text{Angestelltenanteil} = \frac{\text{Zahl der Angestellten} \cdot 100}{\text{Gesamtbelegschaft}}$$

$$\text{Fehlzeitquote} = \frac{(\text{Krankheits- und Fehlstunden}) \cdot 100}{\text{bezahlte Arbeitsstunden}}$$

$$\text{Fluktuationsquote} = \frac{\text{Personalabgänge} \cdot 100}{\text{aktueller Personalbestand}}$$

4.5 Personalführung/Unternehmenskultur

4.5.1 Führungsstile

Autorität
↓
- Zentralisierung der Entscheidungen
- Anweisungen werden in hierarchischer Folge weitergegeben.
- lückenlose Kontrolle auf jeder Ebene
- häufig bürokratisch geprägte Führung durch Dienstanweisungen, Verfahrensvorschriften u. Ä.

↓
- völlige Unterordnung
- Entscheidungen werden vorgegeben.
- materielle Anreize zur Motivation

Kooperativ
↓
- Entscheidungen werden im Zusammenwirken mit den betroffenen Mitarbeitern gefällt.
- dezentralisierte Aufgabenerfüllung
- Eigenständigkeit der Mitarbeiter
- verstärkte Anforderungen an Selbstkontrolle

↓
- Mitarbeiter werden an Entscheidungen beteiligt.
- Motivation durch Anerkennung
- viel eigene Arbeitskraft (Kreativität)
- Führung durch Anerkennung und Überzeugung
- Delegation von Verantwortung

Der kooperative Führungsstil erfordert aufgrund der Delegation von Verantwortung eine Stellenbeschreibung.

4.5.2 Corporate Identity (CI)

Definition: ganzheitliche Unternehmenspolitik, die alle Aktivitäten beinhaltet, mit denen sich die Unternehmung vor ihren Mitarbeitern, Lieferanten, Kunden und der Öffentlichkeit präsentiert; ganzheitliche Darstellung von Kommunikation, Verhalten und Design der Unternehmung

Ziele: Verbesserung der Identität, der Arbeitsqualität und des Images des Unternehmens

4.6 Personalentwicklung

4.6.1 Betriebliche Maßnahmen der Berufsbildung

Ausbildung	Fortbildung	Weiterbildung	Umschulung
↓	↓	↓	
Vermittelt umfassende Grundkenntnisse im Ausbildungsberuf	Fördert die Eignung für Neuerungen bei der Ausführung der bisherigen Tätigkeit	Schafft Eignungsvoraussetzungen für höher qualifizierte Tätigkeiten	Befähigung zu anderer beruflicher Tätigkeit

Entwicklungsplan ⇨ Ziele, Maßnahmen und Termine

↓

Kenntnisziele, Berufsziele, Stellenziele

Mitbestimmungsrechte Betriebsrat gem. BetrVG §§ 96–98

4.6.2 Personalentwicklungsmaßnahmen

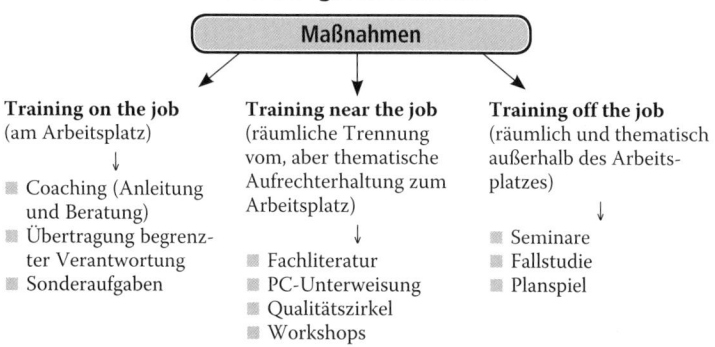

Training on the job (am Arbeitsplatz)

↓

- Coaching (Anleitung und Beratung)
- Übertragung begrenzter Verantwortung
- Sonderaufgaben

Training near the job (räumliche Trennung vom, aber thematische Aufrechterhaltung zum Arbeitsplatz)

↓

- Fachliteratur
- PC-Unterweisung
- Qualitätszirkel
- Workshops

Training off the job (räumlich und thematisch außerhalb des Arbeitsplatzes)

↓

- Seminare
- Fallstudie
- Planspiel

4.7 Personalbetreuung

Ziele: ■ optimale Gestaltung des Betriebsklimas
■ Verhinderung von Fluktuation
■ Humanisierung der Arbeitswelt durch Sozialkomponenten

Sozialleistungen/Personalzusatzkosten

Gesetzlich
↓

■ Arbeitgeberanteil (KV, RV, ALV, PflV)
■ Berufsgenossenschaftsbeiträge
■ Lohnfortzahlung im Krankheitsfall (max. sechs Wochen)
■ Leistung für gesetzlich geschützte Personenkreise (z. B. Schwangere)
■ Lohnfortzahlung während der Urlaubszeit (Urlaubsentgelt)

Tariflich
↓

■ Urlaubsgeld
■ Weihnachtsgeld
■ Weiter- und Fortbildung
■ Vermögensbildung

Freiwillige Sozialleistungen

Geldleistungen
↓

■ zusätzliches Weihnachtsgeld
■ betriebliche Altersversorgung
■ Essenszuschüsse
■ Gewinnausschüttung
■ Arbeitgeberdarlehen
■ Beteiligung am Betriebsvermögen
■ Familienzuschläge
■ Prämien für Verbesserungsvorschläge
■ Treueprämien
■ Anwesenheitsprämien
■ Fahrtkostenerstattung
■ Urlaubsgeld
■ Betriebskrankenkassen

Sachleistungen
↓

■ Personalkauf zu Selbstkosten
■ Personalrabatt
■ Jubiläumsgeschenke
■ Betriebsausflug

Dienstleistungen
↓

■ Werkskindergarten
■ Betriebsbücherei
■ Sport- und Freizeitangebote
■ Kantine
■ Werkverkehr für An- und Abfahrt
■ Werksarzt
■ Weiterbildungsmaßnahmen

Nutzungsleistungen
↓

■ Werkswohnungen
■ betriebliche Erholungseinrichtungen

4.8 Arbeitsentlohnung

4.8.1 Formen des Arbeitsentgeltes

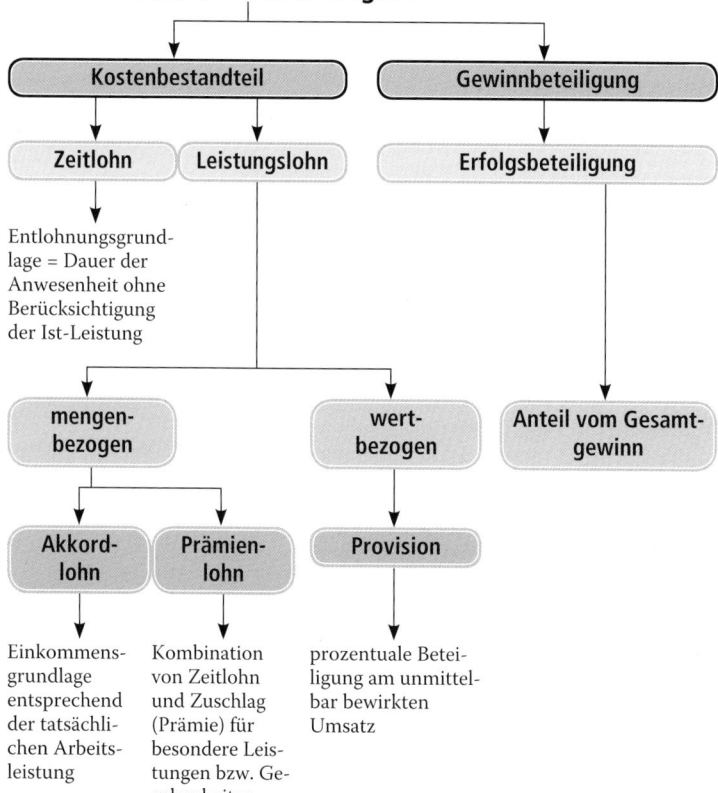

Zeitlohn

Berechnungsgrundlage

Dauer der abgeleisteten Arbeitszeit unabhängig von der dabei erbrachten Leistung, d. h. auch unabhängig davon, ob Normalleistung über- oder unterschritten wird.

Formen
- Stundenlohn
- Wochenlohn
- Monatslohn
- Gehalt

Einsatzbereiche
Arbeiten,
1. deren Arbeitstempo vom Arbeitnehmer nicht beeinflusst werden können, z. B. Fließbandarbeit, Maschinenbedienung;
2. deren Ergebnis nicht oder schwer messbar ist, z. B. Büroarbeit, Forschung, Einarbeitung;
3. die besondere Sorgfalt erfordern, z. B. Präzisionsarbeiten.

> ## Zeitlohn

Vorteile	**Nachteile**
- einfache Lohnberechnung	- kein Anreiz zu Leistungssteigerungen
- Schonung von Mensch und Maschine	- geringe Auslastung betrieblicher Anlagen
- geringer Ausschuss	- Leerlaufzeiten
- bessere Qualität	- kein Anreiz zur Sorgfalt
- Fortfall der Leistungsermittlung	- keine Zeitvorgaben
- gleichbleibendes, regelmäßiges Einkommen der Arbeitnehmer ⇨ soziale Sicherheit	- erschwerte Kalkulation (benötigt Arbeitnehmer fünf oder neun Stunden für eine bestimmte Tätigkeit?)

Leistungslohn/Akkordlohn
Entlohnungsgrundlage: die vom Arbeitnehmer in einer bestimmten Zeit erbrachte mengenmäßige Leistung
- Lohnkosten pro Mengeneinheit konstant
- Akkordlohn/Verdienst ändert sich proportional zur Leistung

Einsatzbereiche
Arbeiten,
1. deren Arbeitstempo vom Arbeitnehmer beeinflusst werden können;
2. deren Ergebnis messbar ist (Zeitvorgaben ermöglichen);
3. die sich über einen längeren Zeitraum ständig wiederholen.

Beispiele für Einsatzmöglichkeiten
- Ausstanzen von Blechteilen
- Verlegen von Fliesen
- Tapezieren von Räumen

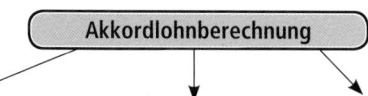

Akkordlohnberechnung

Begriffe

Tariflohn
(Mindestlohn,
Ecklohn)   10,00 EUR
+ Akkordzuschlag,
i.d.R. 20%   2,00 EUR
Grundlohn
(Akkordricht-
satz)   12,00 EUR

Normalleistung
= die Leistung, die ein normaler Arbeitnehmer unter normalen Umständen nach normaler Einarbeitung innerhalb einer bestimmten Zeiteinheit, i.d.R. 1 Std., erbringt

Leistungsgrad
= erbrachte Ist-Leistung im Verhältnis zur Normalleistung

Vorgabezeit
= Normalzeit für eine Leistungseinheit

Stück-Geld-Akkord-Berechnung

a) Stück-Geld-Akkord

$$\frac{\text{Akkordzinssatz}}{\text{Normalleistung}} \quad \frac{12,00\ \text{EUR}}{4\ \text{Stck.}} = 3,00\ \text{EUR}$$

b) Tages-Wochen-Monats-Lohn

Stück-Geld-Akkord · TWM-Menge
3,00 EUR · 50 Stck. = 150,00 EUR

c) Ist-Stundenlohn

$$\frac{\text{TWM-Lohn}}{\text{Ist-Arbeitsstunden}} \quad \frac{150,00\ \text{EUR}}{7,5\ \text{Std.}} = 20,00\ \text{EUR/Std.}$$

d) Ermittlung des Beschäftigungs-/Leistungsgrades

Ermittlung über Std.-Löhne:
12,00 EUR = 100%
20,00 EUR = x%
x = 166,67%

Ermittlung über Std.-Mengen:
4 Stck. = 100%
6,67 Stck. = x%
x = 166,67%

$$\frac{\text{Ist-Leistung gesamt}}{\text{geleistete Arbeitsstd.}} \quad \frac{50\ \text{Stck.}}{7,5\ \text{Std.}} = 6,67\ \text{Stck./Std.}$$

Stück-Zeit-Akkord-Berechnung

a) Ermittlung der Vorgabezeit

$$\frac{60\ \text{Min. (100 dmin.)}}{\text{Normalleistung}} \quad \frac{60\ \text{Min.}}{4\ \text{Stck.}} = 15\ \text{Min./Stck.}$$

⇨ Minutenfaktor, d.h. das Entgelt für jede Minute der Vorgabezeit

$$\frac{\text{Akkordrichtsatz}}{60\ \text{Min. (100 dmin.)}} \quad \frac{12,00\ \text{EUR}}{60} = 0,20\ \text{EUR}$$

b) Tages-Wochen-Monats-Lohn

Vorgabezeit · Minutenfaktor · TWM-Menge
15 · 0,20 · 50 = 150,00 EUR

c) Ist-Stundenlohn

wie bei der Stück-Geld-Akkordberechnung

d) Ermittlung des Beschäftigungs-/Leistungsgrades

wie bei der Stück-Geld-Akkordberechnung

In der Praxis wird fast ausschließlich der Stück-Zeit-Akkord angewandt, da bei Tarifänderungen nur der Minutenfaktor zu ändern ist (beim Stück-Geld-Akkord müssten alle Akkorde neu berechnet werden).

4.8.2 Bewertung von Einzel- und Gruppenakkord

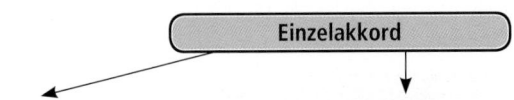

Vorteile
- Anreiz zur Leistungssteigerung
- größere Lohngerechtigkeit (fleißige Arbeiter verdienen mehr)
- Vermeidung von Leerlaufzeiten
- bessere Auslastung der Betriebsanlagen
- kein Risiko der Minderleistung für den Betrieb
- fixe Lohnkosten je Mengeneinheit ⇨ einfache Kalkulation

Nachteile
- Vorbereitung zur Lohnberechnung aufwendig (REFA)
- Gefahr der Überlastung von Mensch und Maschine
- übersteigertes Tempo
- erhöhter Verschleiß
- erhöhter Ausschuss
- Qualitätsminderung
- verstärkte Qualitätskontrollen notwendig
- hoher Krankenstand

Gruppenakkord

- Vorgabezeit und Minutenfaktor gelten für eine Gruppe von Arbeitnehmern
- Mehrverdienst der Gruppe wird an die Mitglieder verteilt

Vorteile
- starke Gruppengemeinschaft
- gegenseitige Kontrolle
- vereinfachte Abrechnung

Nachteile
- Überforderung der Gruppe durch den Stärksten
- mögliche physische Überbelastung des Einzelnen

5 Absatzwirtschaft

Absatzprozesse planen, steuern und kontrollieren (Lernfeld 10)

Definition Absatz: Menge der verkauften Güter
Definition Umsatz: Wert der verkauften Güter

5.1 Marketing

Definition: Gesamtheit aller marktorientierten Maßnahmen eines Unternehmens, um den Absatz zu steigern

Ausrichtung aller Aktivitäten (unternehmenspolitische Entscheidungen → Ziele, Mittel, Planung, Organisation) am Absatzmarkt entsprechend den Bedürfnissen aktueller und potenzieller Kunden

5.1.1 Instrumente des Marketings

Instrumente der Marktforschung	Absatzpolitische Instrumente
▪ Marktanalyse	▪ Produktpolitik
▪ Marktbeobachtung	▪ Sortimentspolitik
▪ Marktprognose	▪ Preispolitik
	▪ Distributionspolitik
	▪ Kommunikationspolitik

Marketingstrategien
- ▪ Produkt-Marktstrategie
- ▪ Marktsegmentierungsstrategie
- ▪ Positionierungsstrategie (z. B. sportlich, konservativ, hoher oder niedriger Preis)
- ▪ Internationalisierungsstrategie (Erschließung ausländischer Märkte)
- ▪ Markteintrittsstrategie (Pionier, Nachfolger, Späteinsteiger)

Marketingkonzept
Marktforschung ⇨ Marktprognose ⇨ Marketingziele ⇨ Marketingstrategie ⇨ Marketingmaßnahmen ⇨ Absatzcontrolling

5.1.2 Marketing-Mix

Kombination und gegenseitige Abhängigkeit der absatzpolitischen Instrumente:

wird beein-flusst ⇨ ⇩ beeinflusst	Produkt- und Sortiments-politik	Distributions-politik	Preis- und Konditionen-politik	Kommunika-tionspolitik
Produkt- und Sortiments-politik	–	Produktart und -sortiment beeinflussen Distributions-entscheidungen.	Produktart und -sortiment bedingen Anpassung an branchenübliche Konditionen.	Produktart und -sortiment beeinflussen Werbeeinsatz und Zielgruppe.
Distributions-politik	Etablierte Absatzwege beschränken die Möglichkeiten der Sortiments-änderung.	–	Wahl des Absatzweges beeinflusst die Preiskalkula-tion.	Wahl des Ab-satzweges bestimmt die Zielgruppe und Art der Werbung.
Preis- und Konditionen-politik	Produkte, die einen bestimm-ten Preis erzie-len sollen, bedürfen einer adäquaten Ausstattung.	Mit der Wahl des Preisbe-reichs legt sich das Unter-nehmen auch auf bestimmte Absatzformen und -wege fest.	–	Der Preis muss den Käufern als angemessen vermittelt werden.
Kommunika-tionspolitik	Der Ruf als „billiger Jakob" beeinflusst die Sortimentsaus-wahl.	Der Ruf eines Unternehmens öffnet oder verschließt bestimmte Absatzwege.	Erfolgreiche Werbung ermöglicht Durchsetzung höherer Preise.	–

5.1.3 Portfolio-Technik

Der Versuch eines Unternehmens, mindestens ein Produkt in jeder Phase des Produktlebenszyklus zu führen, führt zum Konzept der Portfolio-Technik. Sie unterscheidet nach den Kriterien des Marktwachstums und des

Marktanteils zwischen Nachwuchsprodukten, Stars, Problemfällen („dogs") und Cash-Kühen. Ziel der Sortimentspolitik ist eine ausgewogene Mischung von Nachwuchs (Fragezeichen/Hoffnungen), Stars und Cash-Kühen bei möglichst wenigen Problemfällen.

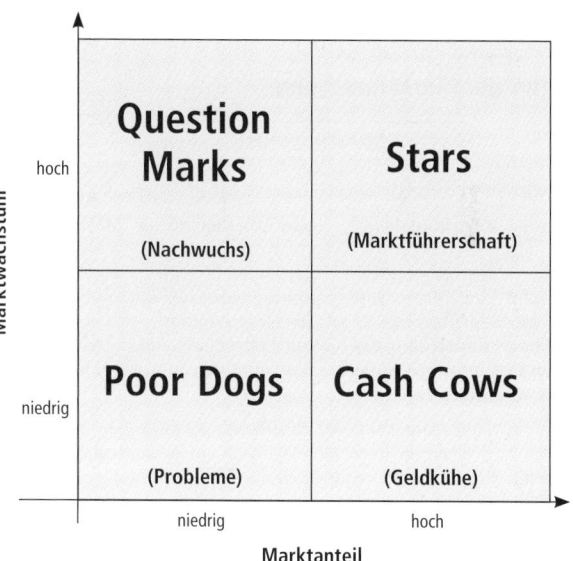

Grundlegende Strategien		
	Beibehaltung der alten Produkte	**Entwicklung/Aufnahme neuer Produkte**
Weiterbearbeitung der bisherigen Märkte	**Marktdurchdringung:** ◼ neue Kunden gewinnen ◼ Marktanteil erhöhen ◼ Konkurrenten abwehren ◼ Markenimage entwickeln	**Produktentwicklung:** Innovationen entwickeln ◼ Ersatzprodukte ◼ Systemlösungen (aufeinander abgestimmte Produkte, z. B. Bausätze, Kollektionen)
Erschließung neuer Märkte	**Marktentwicklung:** neue Zielgruppen finden, dabei ggf. die vorhandenen Produkte variieren	**Diversifikation:** völlig neue, andersartige Leistungsbereiche erschließen

5.2 Marktforschung

Definition: einmalige oder fortlaufende Untersuchung des Marktes/Informationssammlung nach wissenschaftlich fundierten, systematischen Methoden mit dem Ziel, unternehmerische Entscheidungen zu erleichtern und das Absatzrisiko zu verringern

5.2.1 Arten der Marktforschung

Marktforschung

Markterkundung	**Marktanalyse**	**Marktbeobachtung**	**Marktprognose**
zufälliges, unsystematisches, **nicht** nach wissenschaftlichen Methoden vorgehendes Sammeln von Marktinformationen	einmalige wissenschaftliche Untersuchung zur Feststellung des augenblicklichen Marktzustandes	fortlaufende Beobachtung über einen längeren Zeitraum zur Feststellung von Veränderungen im Marktgeschehen	▨ Voraussagen über die Entwicklung von Märkten
(keine Marktforschung im eigentlichen Sinne)	⇨ Zeitpunktanalyse	⇨ Zeitraumanalyse („Panel-Erhebung")	▨ Erkennen von Trends auf der Basis wissenschaftlicher Informationsgewinnung

5.2.2　Methoden der Marktforschung

Primärforschung (field-research)

↓

- Marktdaten werden ausschließlich für eigene, betriebliche Zwecke exklusiv direkt am Objekt/ Marktteilnehmer ermittelt.
- Umfragen durch eigene Marktforschungsabteilungen
  oder
- Umfragen durch eigens beauftragte Markt- und Meinungsforschungsinstitute, z. B. Infas, Nielsen, DFK, Divo

↓

Auswahlverfahren der Probanden

Randomverfahren

↓

Zufallsauswahl, z. B. jeder Fünftausendste aus dem Telefonbuch

Quotaverfahren

↓

repräsentative Auswahl der Zielgruppe, d. h. nach
- Alter
- Geschlecht
- Einkommen
- Bildungsstand
- sozialer Schicht
entsprechend der Marktrepräsentanz (mindestens 1.600 Probanden)

Sekundärforschung (desk-research)

↓

- Informationen werden aus bereits gesammeltem Datenmaterial zusammengestellt.

intern

↓

- Umsatzstatistiken
- Erfahrungsberichte
- Ergebnisse von Betriebsvergleichen
- Ergebnisse eigener Datenerhebungen aus früherer Zeit

extern

↓

- Veröffentlichungen von Branchenverbänden
- Zeitschriften
- Bundesamt für Statistik

Erhebungsmethoden
- Fragebogen
- Interview
- Produkttest
- Dauerbeobachtung
- apparative Tests

5.2.3 Bereiche der Marktforschung

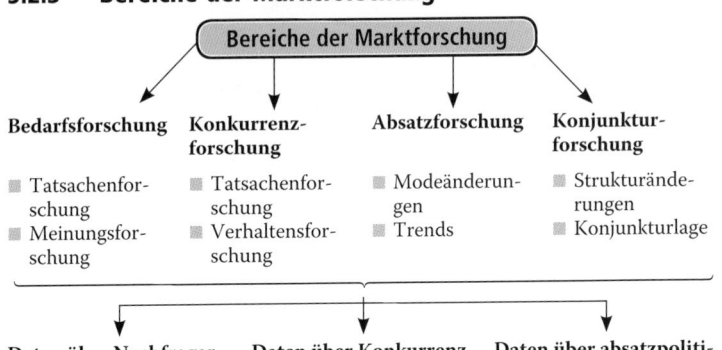

Bereiche der Marktforschung

Bedarfsforschung
- Tatsachenforschung
- Meinungsforschung

Konkurrenzforschung
- Tatsachenforschung
- Verhaltensforschung

Absatzforschung
- Modeänderungen
- Trends

Konjunkturforschung
- Strukturänderungen
- Konjunkturlage

Daten über Nachfrager

- Marktgröße
  - Verbraucherzahl
  - Kaufkraft (Einkommen)
- Verbraucher
  - Alter/Geschlecht
  - Wer kauft zurzeit?
  - Wer kauft in Zukunft?
  - Spezielle Zielgruppen
- Konsumverhalten
  - Warum und wann werden Produkte gekauft?
- Bedürfnisstruktur bei unterschiedlichem Einkommen
- Reaktionen der Nachfrager auf Neuerungen, z. B. Wein in Plastiktüten
- Entwicklungen und Tendenzen
  - Wie verändert sich die Verbraucherzahl?
  - Alter
  - Einkommen
  - Kaufverhalten in der Zukunft

Daten über Konkurrenz

- Zahl und Identifikation der Konkurrenz
- Marktanteile
  - Stärke und Größe der Konkurrenz
- Konkurrenzprodukte
  - Vergleichbarkeit
  - Vor- und Nachteile
- Verhalten der Konkurrenz
  - Einsatz absatzpolitischer Instrumente dort, z. B. Werbung, Preisverhalten
- Entwicklung
  - Verschiebung der Marktanteile im Zeitablauf
  - neue Konkurrenten

Daten über absatzpolitische Instrumente

- Produktpolitik
  - Entsprechen Produkte den Kundenbedürfnissen?
- Sortimentspolitik
  - Welche Produkte fehlen?
  - Wie kommt das Sortiment an?
- Preispolitik
  - Eigene Produktionskosten zu hoch?
  - Wird Kauf größerer Mengen richtig honoriert?
- Distributionspolitik
  - Beschaffung der Produkte für Kunden zu umständlich?
  - Zeit von der Bestellung bis zur Auslieferung zu lang?
- Kommunikationspolitik
  - Wer erkennt (erinnert sich an ...) Werbung?

5.3   Absatzpolitische Instrumente

5.3.1   Produktpolitik

Definition: zielgerichtetes, planvolles Handeln in Bezug auf die hergestellten und damit zu vertreibenden Produkte

- Produktentscheidungen haben zentrale Bedeutung
- Entsprechen Produkte nicht den Kundenwünschen, so ist es kaum möglich (auch nicht durch Werbung), potenzielle Kunden zum Kauf zu veranlassen.

Einflussfaktoren bei Produktentscheidungen

- Kundenbedürfnisse
- Konkurrenzprodukte
- Unternehmensziele/-strukturen
- Produktlebenszyklus

Produktlebenszyklus

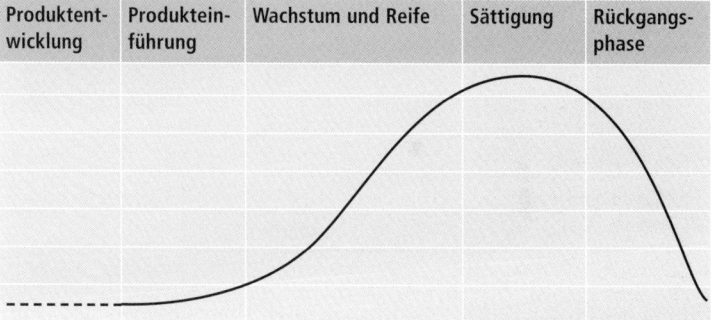

Produktent-wicklung	Produktein-führung	Wachstum und Reife	Sättigung	Rückgangs-phase

Produktpolitische Maßnahmen

Produkt-innovation	Produktvariation/ Produktdifferenzierung	Produkt-elimination	Produkt-diversifikation
Entwicklung, Konstruktion, Produktion und Einführung völlig neuer Produkte	**Produktvariation:** Veränderung bereits eingeführter Produkte, z. B. Skianzüge – Gore-Tex, Videogeräte – Hifi/Stereo, PKW – Allradantrieb VW-Golf **Produktdifferenzierung:** Aufnahme vielfältiger Abwandlungen der Produktgattung entsprechend bestimmter Zielgruppen, z. B. Schuhe → Herrenschuhe, Wanderschuhe, Hausschuhe, Sportschuhe	Sortimentsbereinigung durch Einstellung der Produktion und des Verkaufs bestehender Produkte	Aufnahme zusätzlicher, bisher unternehmensfremder, fremdartiger Produkte in das Produktions- und Verkaufsprogramm einer Unternehmung, bedingt z. T. Aufkauf anderer Firmen, um deren Know-how auszunutzen und eigene Entwicklungskosten zu sparen **Beispiel:** Aral Shop ⇨ Eiscreme

```
                    Produktdiversifikation
```

Horizontale Diversifikation

↓

Diversifikation auf gleicher Wirtschaftsstufe

Beispiele: ■ Nahrungsmittel- und Haushaltswarenverkauf
■ Waren- und Versandhandel

Vertikale Diversifikation

↓

Diversifikation auf vor- oder nachgelagerten Wirtschaftsstufen

Beispiele: ■ Papierfabrik erstellt auch Druckmaschinen
■ Weberei erwirbt eine Kleiderfabrik

Ziele: Risikostreuung, mehr Umsatz, mehr Gewinn

5.3.2 Sortimentspolitik

Definition: ein nach dem Bedarf des Absatzmarktes und der Produktions-
möglichkeiten (einschließlich Handelswaren) zusammengestelltes Angebot
verschiedenartiger Produkte

Einflussfaktoren
- Betriebsgröße
- Distributionswege
- Kosten
- Produktart

Ziel: durch optimale Sortimentsgestaltung die einzelnen Artikel so geschickt
zu einer Produktpalette zusammenzustellen, dass die Absatzchancen aller
Artikel gefördert werden

Sortimentsarten

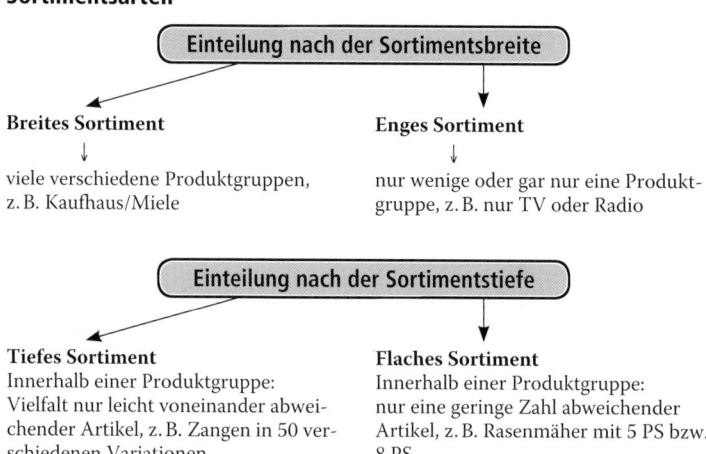

Einteilung nach der Sortimentsbreite

Breites Sortiment
↓
viele verschiedene Produktgruppen,
z. B. Kaufhaus/Miele

Enges Sortiment
↓
nur wenige oder gar nur eine Produktgruppe, z. B. nur TV oder Radio

Einteilung nach der Sortimentstiefe

Tiefes Sortiment
Innerhalb einer Produktgruppe:
Vielfalt nur leicht voneinander abweichender Artikel, z. B. Zangen in 50 verschiedenen Variationen

⇨ Unterscheidung durch Funktion,
   Größe, Farbe und Gewicht

Flaches Sortiment
Innerhalb einer Produktgruppe:
nur eine geringe Zahl abweichender
Artikel, z. B. Rasenmäher mit 5 PS bzw.
8 PS

5.3.3 Preispolitik

Definition: Alle Maßnahmen, die darauf abzielen, Preise, Konditionen und Serviceleistungen so zu gestalten, dass ein hoher Umsatz und ein möglichst hoher Marktanteil erreicht werden.

Maßnahmen der Preispolitik/Kontrahierungspolitik/Konditionenpolitik

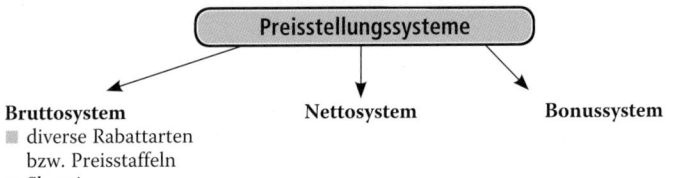

Bruttosystem
- diverse Rabattarten bzw. Preisstaffeln
- Skonti

Nettosystem

Bonussystem

Verstärkungen/Ergänzungen der Preisstellungssysteme
- Mindestabnahmemengen
- Mindermengenzuschläge
- Frankogrenzen (z. B. ab 5.000,00 EUR Auftragswert Lieferung frei Haus)

Preisdifferenzierungen
- mengenmäßige Preisdifferenzierung
- saisonale Preisdifferenzierung (z. B. Heizöl im Sommer)
- zeitliche Preisdifferenzierung (z. B. „Mondscheintarif")
- regionale Preisdifferenzierung (z. B. Parkplatzpreise Wuppertal-Schwelm)
- verwendungsmäßige Preisdifferenzierung (z. B. Kochsalz, Streusalz)
- persönliche Preisdifferenzierung
- soziale Preisdifferenzierung (z. B. Schüler-/Studenteneintrittspreise)

Preisstrategien
- hohe Einführungspreise (Skiming)
  ⇨ Ziel: Ansprache kaufkräftiger Käuferschichten (Erweckung eines besonderen Qualitätsanspruches)
  ⇨ Anschließende Preissenkung sichert später größere Käuferschichten.
- Marktdurchdringungsphase/Penetration: zunächst niedrige Einführungspreise
  ⇨ Ziel: unmittelbare Gewinnung größerer Käuferschichten
  ⇨ sukzessive Preiserhöhung nach Einführungskarenzzeit

5.3.4 Distributionspolitik

⇨ Planvolle, zielgerichtete betriebliche Entscheidungen über die Verteilung der Güter treffen

Absatzorganisation

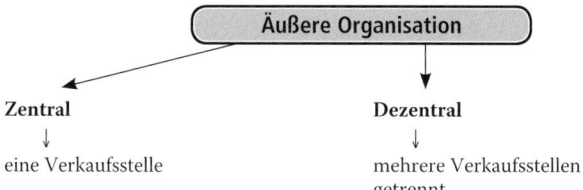

Äußere Organisation

Zentral
↓
eine Verkaufsstelle

Dezentral
↓
mehrere Verkaufsstellen räumlich getrennt

Vorteile
- wenig Verkaufspersonal
  - ⇨ niedrige Personalkosten
  - ⇨ niedrige Sach- und Raumkosten für Verkaufsniederlassungen
- sinnvoll in relativ begrenzten Absatzgebieten (Marktnähe), z. B. Dorfbrauerei

Vorteile
= Nachteile zentral

Nachteile
- z. T. fehlende Kundennähe
- Verhinderung intensiver Bearbeitung des Gesamtmarktes
- besondere Behandlung einzelner Kundengruppen insbesondere bei umfangreicher Produktpalette nicht möglich

Nachteile
= Vorteile zentral

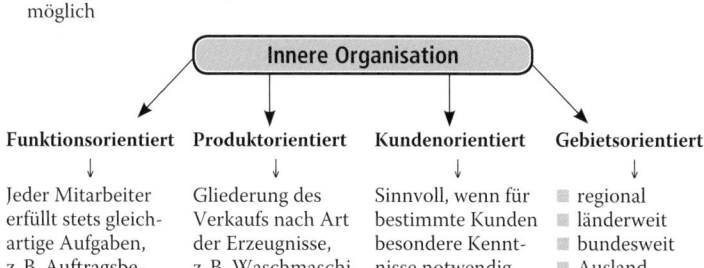

Innere Organisation

Funktionsorientiert
↓
Jeder Mitarbeiter erfüllt stets gleichartige Aufgaben, z. B. Auftragsbearbeitung oder Versand oder Mahnwesen für alle Produkte.

Produktorientiert
↓
Gliederung des Verkaufs nach Art der Erzeugnisse, z. B. Waschmaschinen, Geschirrspüler, Kühlschränke

Kundenorientiert
↓
Sinnvoll, wenn für bestimmte Kunden besondere Kenntnisse notwendig sind oder bei Großkunden

Gebietsorientiert
↓
- regional
- länderweit
- bundesweit
- Ausland

Absatzwege/Vertriebssysteme

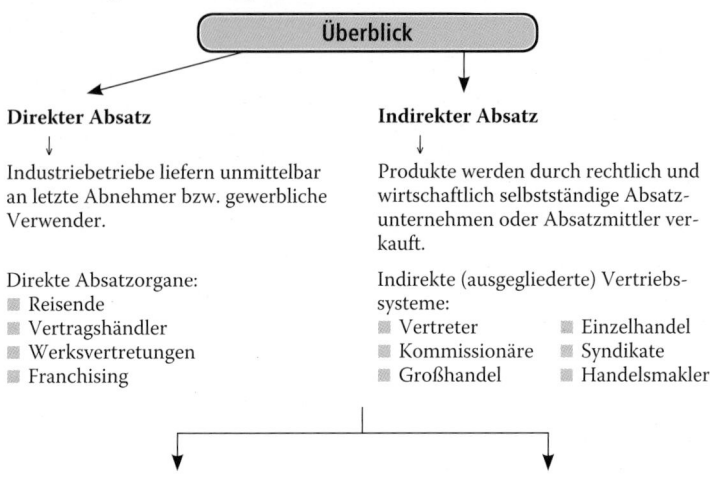

Direkter Absatz

↓

Industriebetriebe liefern unmittelbar an letzte Abnehmer bzw. gewerbliche Verwender.

Direkte Absatzorgane:
- Reisende
- Vertragshändler
- Werksvertretungen
- Franchising

Indirekter Absatz

↓

Produkte werden durch rechtlich und wirtschaftlich selbstständige Absatzunternehmen oder Absatzmittler verkauft.

Indirekte (ausgegliederte) Vertriebssysteme:
- Vertreter
- Kommissionäre
- Großhandel
- Einzelhandel
- Syndikate
- Handelsmakler

Vorteile
- unmittelbare(r) Kundenkontakt/-beeinflussung
- schnelle Reaktion auf Kundenwünsche
- schnelle Belieferung des Kunden
- Einsparung der Händlerkosten und -gewinne
- direkter Einfluss auf alle Aktivitäten der Absatzorgane (Sortimentsgestaltung, Preise, Konditionen, Raumgestaltung, Werbung)

Nachteile
- gegliederte und kostenintensive Absatzorganisation
- hohe Kosten für Lager und Transporte
- hohe Kapitalbindung
- mangelhafte Anpassung an Nachfrageänderungen

Beachte: Vor- und Nachteile des direkten Absatzes sind in der Umkehrung die Vor- und Nachteile des indirekten Absatzes

Reisender (direkter Absatz)

Definition: Reisender ist, wer als Angestellter (Dienstvertrag) mit der Artvollmacht ausgestattet ist, für seinen Dienstherren Geschäfte zu vermitteln oder in dessen Interesse/Namen abzuschließen.

Aufgaben	▪ Kundenwerbung
	▪ Kundenbetreuung
	▪ Kundenbesuche
	▪ Geschäfte vermitteln (evtl. Einschränkungen, z. B. durch Vermerk auf Bestellformularen „Bestätigung durch die Geschäftsleitung")
	▪ Kreditwürdigkeitsprüfungen
Pflichten	▪ Bemühungspflicht
	▪ Weisungsgebundenheit
	▪ Benachrichtigungspflicht
	▪ Treue- und Verschwiegenheitspflicht
	▪ Wettbewerbsverbot
	▪ Keine Verträge mit Änderungen von Zahlungsbedingungen schließen
	▪ Entgegennahme von Mängelrügen (aber keine Entscheidungen treffen darüber)
	▪ evtl. Inkassovollmacht
Rechte	▪ Gehalt
	▪ Provision (Leistungsanreiz)
	▪ Spesenersatz (Aufwandsvergütung)
Einsatz des Reisenden sinnvoll	▪ bei wenigen Großkunden, da besonders kostengünstige, intensive Kundenbetreuung möglich
	▪ hohe Motivation des Reisenden, das „eigene Unternehmen" zu vertreten

Franchising (direkter Absatz)

Merkmale	▪ Vertrag zwischen Franchisenehmer und -geber
	▪ Franchisenehmer erhält Rechte/Lizenz, Produkte mit dem Markenzeichen des Franchisegebers herzustellen, zu führen oder zu vertreiben.
	▪ Franchisenehmer bezahlt Gebühr, die meist vom Umsatz abhängig ist.
	▪ Franchisenehmer rechtlich selbstständig
Franchise-geber	▪ erteilt Lizenz
	▪ überlässt sein Markenzeichen
	▪ überlässt Know-how
	▪ unterstützt den Absatz durch Marketingmaßnahmen (Werbung, Verkaufsförderungen, Einrichtung der Verkaufsräume)
	▪ schreibt i. d. R. Bezugsquellen vor
Franchise-nehmer	▪ wendet die Lizenz entsprechend dem Franchisevertrag an
	▪ zahlt Lizenzgebühr
	▪ lässt Kontrollen des Franchisegebers zu
Beispiele	▪ Coca Cola, OBI, McDonald's

Vertreter (indirekter Absatz)

Definition: Handelsvertreter ist, wer als selbstständig Gewerbetreibender ständig damit beauftragt ist, für einen anderen Unternehmer Geschäfte zu vermitteln oder in dessen Namen abzuschließen (= selbstständiger Kaufmann, HGB § 84).

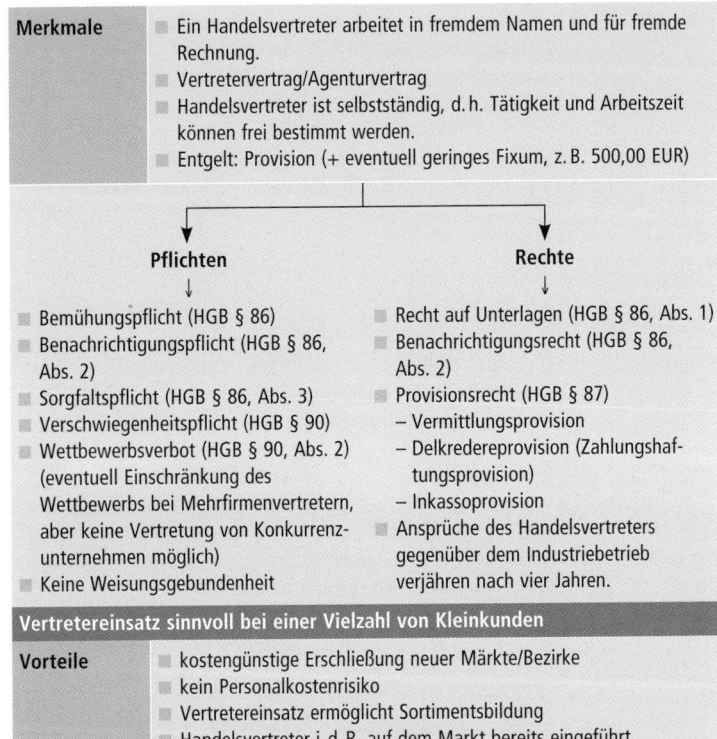

Merkmale	
	■ Ein Handelsvertreter arbeitet in fremdem Namen und für fremde Rechnung.
	■ Vertretervertrag/Agenturvertrag
	■ Handelsvertreter ist selbstständig, d. h. Tätigkeit und Arbeitszeit können frei bestimmt werden.
	■ Entgelt: Provision (+ eventuell geringes Fixum, z. B. 500,00 EUR)

Pflichten

- Bemühungspflicht (HGB § 86)
- Benachrichtigungspflicht (HGB § 86, Abs. 2)
- Sorgfaltspflicht (HGB § 86, Abs. 3)
- Verschwiegenheitspflicht (HGB § 90)
- Wettbewerbsverbot (HGB § 90, Abs. 2) (eventuell Einschränkung des Wettbewerbs bei Mehrfirmenvertretern, aber keine Vertretung von Konkurrenzunternehmen möglich)
- Keine Weisungsgebundenheit

Rechte

- Recht auf Unterlagen (HGB § 86, Abs. 1)
- Benachrichtigungsrecht (HGB § 86, Abs. 2)
- Provisionsrecht (HGB § 87)
  – Vermittlungsprovision
  – Delkredereprovision (Zahlungshaftungsprovision)
  – Inkassoprovision
- Ansprüche des Handelsvertreters gegenüber dem Industriebetrieb verjähren nach vier Jahren.

Vertretereinsatz sinnvoll bei einer Vielzahl von Kleinkunden

Vorteile	
	■ kostengünstige Erschließung neuer Märkte/Bezirke
	■ kein Personalkostenrisiko
	■ Vertretereinsatz ermöglicht Sortimentsbildung
	■ Handelsvertreter i. d. R. auf dem Markt bereits eingeführt

Abwägung des Einsatzes von Reisenden oder Vertretern

⇨ **kritischer Umsatz:** bis zu dieser Größe ist der Vertreter kostengünstiger, ab dieser Größe ist der Reisende kostengünstiger.

Beispiel/Handlungsreisender: fixe Kosten jährlich 60.000,00 EUR, 2,5 % Provision vom Umsatz

Beispiel/Handelsvertreter: 10 % Provision vom Umsatz

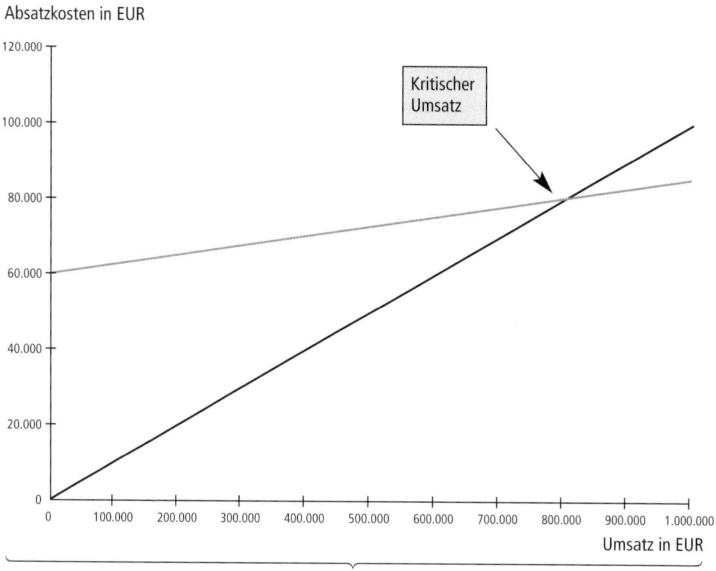

Absatzkosten in EUR
120.000
100.000
80.000
60.000
40.000
20.000
0
Kritischer Umsatz
0
100.000
200.000
300.000
400.000
500.000
600.000
700.000
800.000
900.000
1.000.000
Umsatz in EUR

Kostenvergleich für den Einsatz von Handlungsreisenden und Handelsvertretern

Kommissionäre (indirekter Absatz)

Definition: Kommissionär ist, wer gewerbsmäßig in eigenem Namen für die Rechnung eines anderen (= Kommittent/Industriebetrieb) Waren oder Wertpapiere kauft oder verkauft (= Kaufmann kraft Grundhandelsgewerbe, kann in einem dauernden Vertragsverhältnis stehen oder von Fall zu Fall beauftragt werden).

Abwicklung eines Kommissionsgeschäftes
Kommittent
Kommissionär
Kunde
1.
2.
3.
4.
5.

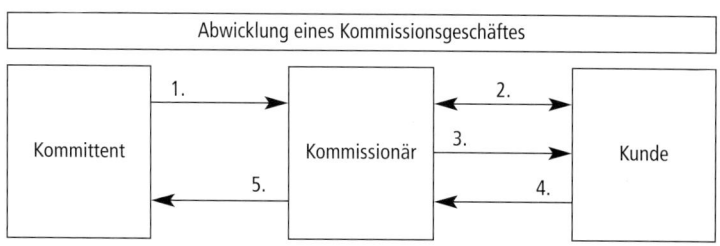

1. Lieferung von Erzeugnissen	▪ Der Kommittent stellt dem Kommissionär Produkte unter Eigentumsvorbehalt zur Verfügung.
	▪ Häufig richtet der Kommittent dem Kommissionär ein Konsignationslager bzw. Kommissionslager ein.
	▪ Kommittent trägt Lagerkosten und i. d. R. einen Teil sonstiger Aufwendungen, z. B. Werbekosten.
2. Kaufvertrag	▪ Der Kommissionär schließt Geschäfte mit Kunden in eigenem Namen für fremde Rechnung ab, wobei dem Kunden dies i. d. R. nicht bekannt wird.
	▪ Der Kommissionär hat Gehorsamspflicht, insbesondere in Bezug auf die Preise.
	▪ Mehrerlöse aus höheren Verkaufspreisen stehen Kommittenten zu.
3. Lieferung	▪ Der Kommissionär hat Sorgfaltspflicht bei Lieferung.
	▪ Der Kommissionär trägt Verantwortung für Verlust oder Schaden am Kommissionsgut in seinem Besitz.
4. Bezahlung	▪ Der Kunde zahlt lt. Kaufvertrag an Kommissionär.
5. Abrechnung	▪ Der Kommissionär muss den Kommittenten über Verkäufe unverzüglich unterrichten.
	▪ Der Kommissionär ist zur Kommissionsabrechnung mit Belegen verpflichtet.
	▪ Der Kommissionär zieht seine Kosten und seine Provision ab.
	▪ Die Abrechnung erfolgt in der Praxis meist halbjährlich.

Kommissionär

Pflichten
- Sorgfaltspflicht
- Gehorsamspflicht (Weisungs- und Befolgungspflicht)
- Benachrichtigungspflicht
- Rechenschaftspflicht (Abrechnungspflicht)
- Haftungspflicht
- Delkrederehaftung

Rechte
- Provision (HGB § 396, Abs. 1)
- Aufwandsvergütung (HGB § 396, Abs. 2)
- Pfandrecht am Kommissionsgut (HGB § 397)
- Selbsteintrittsrecht (HGB § 400), d. h., Kommissionär kann Waren auch für sich selbst kaufen.

Vorteile des Kommissionskaufes

Für Kommittenten
- Kommissionär kennt Absatzgebiet und regionale Verhältnisse
- Kommissionär stellt Verkaufsorganisation zur Verfügung
- Kommission verursacht relativ geringe Kosten

Für Kommissionär
- kann sein Sortiment vergrößern, da er nichts eingekauft hat und damit auch nicht verkaufen muss
- Kosten des Kommissionärs trägt Kommittent
- da Abrechnung meist halbjährlich:
  - Liquiditätsvorteil
  - zinsloses Darlehen

Großhandel (indirekter Absatz)

Definition: selbstständige Absatzbetriebe zwischen Industriebetrieb und Einzelhandel

Formen:
- verteilender Großhandel
- aufkaufender Großhandel
- Import-/Export-Handel

Vertrieb über Großhandel

Vorteile
- Nutzung einer bereits vorhandenen Verkaufsorganisation
- kostengünstige Markterschließungsmöglichkeit
- geringeres Absatzrisiko
- Möglichkeit zur Sortimentsbildung beim Handel
- hohes Auftragsvolumen
- Wagenladungsversand (niedrige Transportkosten)
- geringerer Verwaltungsaufwand/Personalkosten (Verkauf, Versand, Buchhaltung)
- Verlagerung des Lagerrisikos
- Verlagerung eines Teils der Werbekosten
- Verlagerung des Forderungsausfallrisikos bei einer Vielzahl von Kunden
- hohe Umsätze und kurzfristiger Rückfluss des Verkaufspreises (Liquiditätsvorteile)

Nachteile
- geringer Einfluss auf Preisgestaltung
- Verlust der Handelsspanne

Versandlogistik

Kommissionierung, d. h. Zusammenstellung bestimmter Artikel (Teilmengen) aus einem Sortiment aufgrund eines Auftrages

Systeme: 1. statische Bereitstellung: „Mann-zur-Ware-System"
2. dynamische Bereitstellung: „Ware-zum-Mann-Systeme"
3. vollautomatische Bereitstellung

- Festlegung kostenoptimaler Ladeeinheiten
- optimale Verpackungswahl
- optimale Transportmittelwahl
- optimale Transporteurwahl (Frachtführer/Spediteur)

Beachte:
Spediteur ist, wer gewerbsmäßig die Organisation und Formalitätenabwicklung von Transporten übernimmt.
Frachtführer ist, wer es gewerbsmäßig übernimmt, die Beförderung von Gütern zu Lande, zu Flüssen oder sonstigen Gewässern auszuführen (HGB § 425).

Frachtführer

Rechte	Pflichten
- Übernahme aller erforderlichen Begleitpapiere (für inhaltliche Fehler haftet der Spediteur bzw. der Absender)	- Güter in einer festgelegten Frist befördern
	- Güter im übernommenen Zustand ausliefern
- tarifgemäße oder vereinbarte Fracht	- nachträgliche Verfügung des Absenders bis zur Ankunft des Gutes befolgen
- Auslagenersatz	
- Pfandrecht am Gut für alle Forderungen aus Frachtvertrag	- Absender bei Ablieferungshindernissen benachrichtigen und Anweisungen einholen
	- Haftung für Verlust oder Beschädigung des Gutes, zeitlichen Verzug und Nichtbefolgung von Verfügungen

Incoterms® 2010

	EXW	ex works	ab Werk
For	FOR	= free on rail	frei Waggon
Fot		= free on truck	frei Lkw
fas *	FAS	= free alongside ship	frei Längsseite Schiff im Verschiffungshafen
fob *	FOB	= free on board	frei Seeschiff im Verschiffungshafen
c&f *	CFR	= cost & freight	– Kosten der Verladung und Seefracht bezahlt – Gefahrenübergang: Schiff im Verschiffungshafen
cif *	CIF	= cost, insurance, freight	Verladung, Versicherung und Seefracht bezahlt
	EXS	ex ship	ab Schiff, Löschhafen
	FOA	fob airport	frei Flugzeug inkl. Ausfuhrabfertigung
		free carrier	Übergabe an zu benennenden Frachtführer
		freight paid to	– frachtfrei bis Bestimmungsort, – Gefahrenübergang: bei Übergabe an ersten Frachtführer
	DEQ	delivered exquay	ab Kai, verzollt, vereinbarter Hafen
	DAF	delivered at frontier	frei Grenze, vereinbarter Lieferort an der Grenze
	DDP	delivered duty paid	verzollt, vereinbarter Bestimmungsort im Einfuhrland
	FRC		Franco Spediteur, bezeichneter Ort
	CPT	carriage paid to ...	Fracht/Porto bezahlt bis vereinbarten Bestimmungsort
	CIP	carriage and insurance paid to ...	Fracht/Porto bezahlt, einschließlich Versicherung, bis vereinbarten Bestimmungsort

die wichtigsten Incoterms® 2010 (vgl. auch Seite 229 f.)

Risiken im Exportgeschäft	Abhilfe
1. Abnahmerisiko ⇨ Bei Annahmeverzug muss Einlagerung, Notverkauf oder Rücktransport veranlasst werden.	▪ Abnahmeversprechen durch eine Bank des Importeurs im Rahmen eines Akkreditivs
2. Zahlungsrisiko/Kreditrisiko ⇨ Hat der Importeur die Ware ohne Zahlung in Händen, so ist eine Eintreibung der Forderung oft sehr schwierig.	▪ Zahlung Zug um Zug, d. h. bei Übergabe von Warendokumenten ▪ Akkreditiv
3. Transportrisiko ⇨ Erhöhte Gefahren durch lange Wege, Umladen, unsachgemäße Zwischenlagerung, Beschädigung, Diebstahl	▪ Transportversicherung
4. Politisches Risiko ⇨ Zahlungsverbot für Importeur durch Krieg, Revolution, Devisenbeschränkung, Wechselkursverfall	▪ Exportbürgschaften ▪ Einfuhrgenehmigungen des Importlandes
5. Währungsrisiko ⇨ Wechselkursschwankungen	▪ Fakturierung in EUR ▪ Wechselkurssicherung bei Banken

International Commercial Terms (Internationale Handelsklauseln)*

Akkreditiv

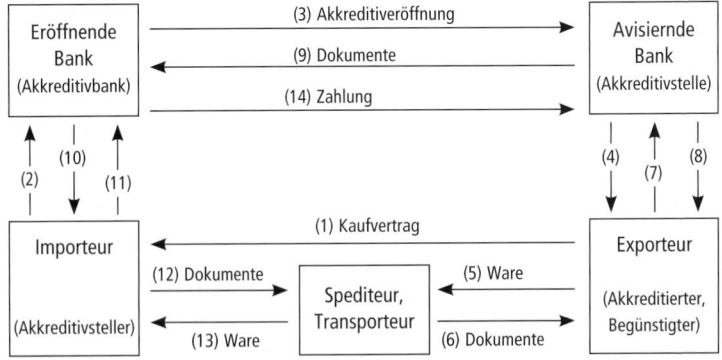

2) Antrag auf Eröffnung, 4) Mitteilung über Eröffnung, evtl. Bestätigung oder Vorauszahlungsleistungen, 7) Weiterleitung der Dokumente, 8) Zahlung, 10) Aushändigung der Dokumente, 11) Zahlung

Definition: Ein Akkreditiv (Dokumentenakkreditiv) ist die Verpflichtung der Bank des Importeurs, gegen Übergabe der Dokumente unbedingt Zahlung zu leisten.

5.3.5 Kommunikationspolitik

Arten der Werbung		
Propaganda	**Wirtschaftswerbung**	**Sonstige Werbung**
↓	↓	↓
politische Werbung	▪ Public Relations ▪ Absatzwerbung ▪ Verkaufsförderung	persönliche Werbung (z. B. Kleidung, Make-up)

Definition: Beeinflussung von Personen mit dem Ziel, durch planmäßigen Einsatz von Werbemitteln Verhaltensänderungen potenzieller Käufer zu bewirken (Manipulation)

Public Relations (Öffentlichkeitsarbeit)

Ziel: Durch gezielte Werbung den Namen des Unternehmens einer breiten Öffentlichkeit zugänglich machen (Meinungs- und Vertrauenswerbung)

- Kundenassoziation, d. h. positive Vorstellung von Markennamen und Produkt
- Imagepflege
- Meinungswerbung
- Vertrauenswerbung

Maßnahmen
- Werksbesichtigungen
- Tag der offenen Tür
- Schirmherrschaften
- Medienkonferenzen
- Werks- und Kundenzeitschriften

- Spendenaktionen zur Förderung des Gemeinwohls
- Sponsoraufgaben
- Preisausschreibungen

Absatzwerbung

Psychologie der Werbung

Ziel: Im Unterbewusstsein versteckte Bedürfnisse, Wünsche, Sehnsüchte, Ängste, Triebe zu aktivieren

Psychologische Wirkungsstufen entsprechend der AIDA-Formel

Attention	=	Aufmerksamkeit erregen
Interest	=	Interesse wecken
Desire	=	Besitzwunsch/Kaufwunsch
Action	=	Kaufhandlung

Grundsätze der Werbung

- Wirksamkeit
- Wahrheit
- Wirtschaftlichkeit
- Zielklarheit/Eindeutigkeit
- Einheitlichkeit
- Originalität
- Aktualität

Bereiche der Werbeplanung

Werbeziele

- Umsatzsteigerung
- Erhöhung des Marktanteils
- Neutralisierung von Konkurrenzwerbemaßnahmen
- Steigerung des Bekanntheitsgrades

Formen der Werbung/Einteilung nach der Zahl der Werbenden

⇨ Soll allein oder mit anderen geworben werden?

- Individualwerbung
- kooperative Werbung
- Gemeinschaftswerbung, d. h., die Werbenden bleiben anonym, z. B. „aus deutschen Landen", „Milch macht müde Männer munter". Sammelwerbung
- Verbundwerbung, umfasst Güter auf gleicher Produktionsstufe, z. B. Kfz-Werkstattwerbung an der Einfahrt zum TÜV

Einteilung nach der Zahl der Umworbenen

⇨ Richtet sich die Werbung an einzelne oder mehrere Personen?

Einzelwerbung

↓

Werbemaßnahme richtet sich direkt, persönlich an Umworbenen, z. B. Werbegespräch

Gruppenwerbung

↓

Werbemaßnahme richtet sich an bestimmte Zielgruppen, z. B. Schulbuchwerbung

Massenwerbung

↓

Werbemaßnahme richtet sich an die Allgemeinheit, z. B. Fernsehwerbung, Postwurfsendung

Werbemittel und Werbeträger

Wie kann man Werbemittel klassifizieren?	Durch welche Medien soll geworben werden?
Optische Werbemittel	
▪ Werbebrief	⇨ Papier, Firmenbriefbogen
▪ Anzeigen	⇨ Zeitung, Illustrierte, Gelbe Seiten, Internet
▪ Prospekt	⇨ Druckerzeugnisse
▪ Werbedrucke	⇨ Kalender, Plastiktüten, Aufkleber, Flugblatt
▪ Werbeplakat	⇨ Litfaßssäule, Plakatwand, Bandenwerbung
▪ Außenwerbung	⇨ Leuchtmittel
▪ Firmen-/Produktnamen	⇨ Fahrzeug, Gebäude, Verpackung
▪ Videotext	⇨ Fernsehen
Akustische Werbemittel	
▪ Hörfunk/Radiospots	⇨ Radio
▪ Verkaufsgespräch	⇨ Verkäufer
▪ Musik	⇨ CDs, Internet
Gemischte Werbemittel	
▪ Werbevorträge	⇨ Messen, Ausstellungen, Kaufhäuser
▪ Werbefilm	⇨ Kino, Internet
▪ Fernsehspot	⇨ Fernsehen
Sonstige Werbemittel	
▪ das Produkt selbst, als Schaufenster- oder Verkaufsraumauslage	
▪ das Produkt als Messe- oder Ausstellungsgegenstand	
▪ Vergünstigungen/Werbeverkaufshilfen	
▪ Werbegeschenke	
▪ Preisvergünstigungen (Tagespreise)	
▪ Sonderlieferungs- und Zahlungsbedingungen	
▪ Garantien	
▪ Kundendienst	

Werbebudget/Werbeetat

■ Allgemeingültige Maßstäbe für die Höhe der Werbekosten gibt es nicht.
■ Werbeetat ist abhängig von:
- Finanzlage
- Umsatz
- Werbeausgaben der Konkurrenz
- Werbezielen
- Gewinn der Vorperiode

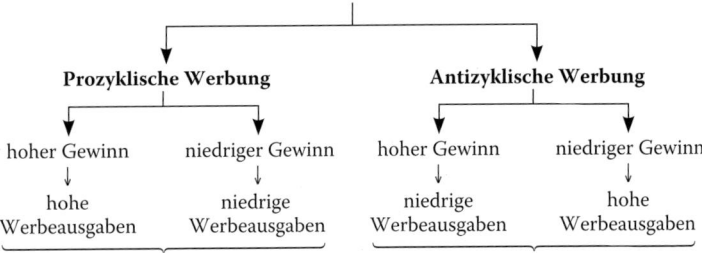

Prozyklische Werbung		**Antizyklische Werbung**	
hoher Gewinn	niedriger Gewinn	hoher Gewinn	niedriger Gewinn
↓	↓	↓	↓
hohe Werbeausgaben	niedrige Werbeausgaben	niedrige Werbeausgaben	hohe Werbeausgaben

Vorteil
Werbung verstärkt günstigen Trend und damit günstige Gewinnlage

Nachteile
■ evtl. unnötige Werbung bei guter Gewinnlage
■ geringe Werbung verstärkt Abwärtstrend bei schlechter Gewinnlage

Umkehrung der Vor- und Nachteile der prozyklischen Werbung, d.h. bei schlechter Absatzlage bzw. Gewinn:
⇨ hoher Werbeeinsatz
⇨ Finanzpolster oder Kreditaufnahme notwendig (Gelder, die eventuell gerade dann in anderen Bereichen fehlen)

Werbeerfolgskontrolle

Nicht exakt mathematisch durchführbar, da zu viele nicht messbare Einflussfaktoren im Marktgeschehen eine Rolle spielen.
Beachte: „50% der Werbeausgaben sind zum Fenster hinausgeworfen, man weiß nur nicht, welche 50%." (Rehorn)

Kennziffern für den Werbeerfolg

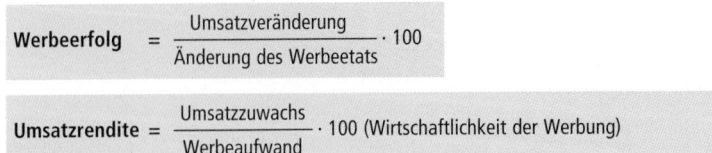

$$\text{Werbeerfolg} = \frac{\text{Umsatzveränderung}}{\text{Änderung des Werbeetats}} \cdot 100$$

$$\text{Umsatzrendite} = \frac{\text{Umsatzzuwachs}}{\text{Werbeaufwand}} \cdot 100 \quad \text{(Wirtschaftlichkeit der Werbung)}$$

$$\text{Marktanteil} = \frac{\text{Umsatz}}{\text{Gesamtumsatz des Marktes}} \cdot 100$$

Werbeobjekte

Grundsatz: Die Produkte bevorzugen, bei denen die Werbung die Werbeziele optimal erfüllen kann.

⇨ Durch Firmennamenwerbung ist gleichzeitig „Mitwerbung" für andere Produkte gegeben, z. B. „Gard Haarstudio".

Werbesubjekte/Zielgruppe

Werbung muss speziell auf potenzielle Käufergruppen ausgerichtet sein.

Hausfrau/-mann	⇔	Waschmittel
Autofahrer	⇔	Reifen
Kinder	⇔	Süßigkeiten
Ärzte	⇔	Medikamente
Sportler	⇔	Eiweißnahrung

Streuzeit

Grundsatz: Der Werbeerfolg muss/soll zu einem gewünschten Zeitpunkt eintreten.

- Verfrühte Werbung wird vergessen.
- Auf verspätete Werbung wird nicht mehr reagiert.

Beispiele:
- Saisonwerbung
- Wochentagswerbung
- Wochenendwerbung
- Feiertagswerbung

Streugebiet

Testmarkt

- Das abgegrenzte Gebiet muss mit seiner Struktur für den entsprechenden Vergleichsmarkt repräsentativ sein.
- besonders geeignet für Einführungswerbung, z. B. Saarland, Berlin, Bremen, Hamburg

Anforderungen an Testmarkt:
- repräsentative Marktzusammensetzung
- regionale Begrenztheit (Überblick möglich)

Regionales Streugebiet

- abhängig vom Wohnsitz der Zielgruppe
- abhängig vom Ort der Konkurrenzwerbung (insbesondere bei Expansions- und Stabilisierungswerbung)

Überregionales Streugebiet
- abhängig von bestehender Vertriebsorganisation
- abhängig von der Höhe des Werbeetats

Arten der Werbung
- abhängig von Werbezielen
- abhängig vom Lebenszyklus des Produkts

Einführungswerbung:
- neue Produkte bekannt machen
- Bedürfnisse wecken
- Mode-/Geschmackswandel auslösen
- neue Kunden gewinnen
- neue Märkte erschließen

Expansionswerbung
- Erhöhung des Marktanteils
- Verdrängung der Konkurrenz
- Erhöhung des Bekanntheitsgrades

Stabilisierungswerbung
- Abwehr aggressiver Konkurrenten, die zusätzliche Marktanteile erobern wollen
- Stabilisierung des eigenen Marktanteils

Erinnerungswerbung
- Bewusstsein alter Kunden wecken
- Zurückgewinnung alter Kunden
- Verlängerung der Lebensdauer eines Produktes

Verkaufsförderung (Sales Promotion)

Definition: Alle Maßnahmen, die die Werbung über Massenmedien und die Arbeit der Abteilung Verkauf koordinieren, ergänzen und unterstützen. Verkaufsförderung wendet sich vor allem an eigene Verkaufsorgane.
⇨ indirekte Verbraucherbeeinflussung (im Gegensatz zur Werbung, die sich i. d. R. an den Letztverbraucher wendet)

Sachliche Mittel der Verkaufsförderung (Beispiele)

Schriftliche Mittel
- Verkaufs- und Werbebriefe
- Prospekte
- Kataloge

Demonstrative Mittel
- Messen und Ausstellungen
- Hausausstellungen
- Produktvorführungen

Sonstige Mittel
- Hauszeitschriften und Informationsdienste
- Jubiläums- und sonstige Broschüren
- redaktionelle Artikel

Personelle Mittel der Verkaufsförderung

Schriftliche Mittel
- Vertreterrundschreiben
- Außendienstinformation
- verkaufsbezogene Druckschriften aller Art (Prospekte, Sonderdrucke, Referenzlisten ...)

Verbale Mittel
- Vorträge
- persönliche Besprechungen, Konferenzen, Tagungen
- Arbeitsgemeinschaften

Optische und akustische Mittel
- Modelle und Muster
- Zeichnungen und Fotos
- Dias, Filme, Tonbildschauen

Persönliche Mitarbeit
- Übungen an Maschinen und Geräten
- Werksbesichtigungen
- Volontärtätigkeiten im Betrieb

Sonstige Mittel
- Schulungskurse für Absatzmittler und Kunden
- Beratung und persönliche Verkaufsunterstützung der Absatzmittler
- Verkaufswettbewerbe und Verkaufsprämien

6 Investitionen

Investitionsprozesse planen (Lernfeld 11)

Definition: Unter Investitionen versteht man die Überführung (Verwendung) von Finanzkapital (Einsatz von Zahlungsmitteln) in Anlage- und Umlaufvermögen.

6.1 Unterscheidungsmöglichkeiten von Investitionen

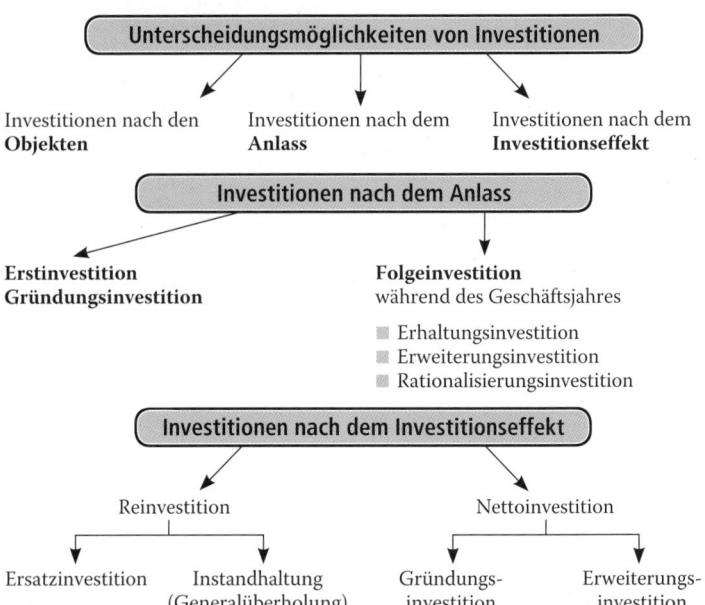

- Die Beschaffung von Geldkapital ist stets die Voraussetzung für die Beschaffung von Vermögen (Investitionen).
- Investition = Finanzierung; Investitionsplanung = Finanzplanung
- statische Investitionsrechnungen, d. h. Vergleich von Investitionsalternativen unter Kosten- und Gewinnaspekten (Unterstellung: gleichbleibend hohe Kosten und Erträge im laufenden Jahr)

■ dynamische Investitionsrechnung, d.h. Berechnung zuverlässiger Prognosen der Kosten- und Ertragsentwicklung über die gesamte Nutzungsdauer des Investitionsobjektes

6.2 Phasen der Investitionsentscheidung

Anregung der Investitionsentscheidung	■ Initiative der Mitarbeiter (Vorschlagwesen) und der verantwortlichen betrieblichen Stellen:

	Forschung und Entwicklung:	neue Technologien
	Materialwirtschaft:	neue Produkte und Verfahren
	Produktion:	Veränderung der Maschinenbelegung
	Verwaltung:	Kostenentwicklung
	Absatz:	Änderungen im Kunden- und Konkurrenzverhalten

Vorbereitung der Investitionsentscheidung	■ Analyse der Entscheidungsprobleme ■ umfassende Beschreibung des Investitionsproblems ■ Festlegung der Bewertungskriterien (z.B. Beseitigung innerbetrieblicher Engpässe, Verbesserung der Kostensituation, Ausnutzung steuerlicher Möglichkeiten) (Bewertungskriterien: quantitativ, qualitativ, technisch, sozial, umwelttechnisch, rechtlich)
Entscheidungsfindung	■ unter Berücksichtigung von Investitionsalternativen
Realisation und Kontrolle der Investitionsentscheidung	

6.3 Investitionsrechnungen

6.3.1 Kostenvergleichsrechnung

Die Kosten der „alten" Anlage werden ins Verhältnis zu einer „neuen" Anlage gesetzt, d.h. Ermittlung der kritischen Menge (mittels einer Gleichung).

6.3.2 Amortisationsrechnung

- Kapitalrückflussrechnung, Pay-back-Methode
- Ermittlung der Zeitspanne, innerhalb welcher der Kapitaleinsatz einer Investition über die Verkaufserlöse wieder ins Unternehmen zurückfließt; es wird die Investition mit der kürzesten Wiedergewinnungszeit getätigt.

■ **Erweiterungsinvestition:**

$$\text{Wiedergewinnung in Jahren} = \frac{\text{Kapitaleinsatz}}{\text{Gewinnzuwachs} + \text{Abschreibung auf zusätzliche Anlagen}}$$

■ **Rationalisierungsinvestition:**

$$\text{Wiedergewinnung in Jahren} = \frac{\text{Kapitaleinsatz}}{\text{Kostenersparnis und Abschreibung auf Ersatzanlage}}$$

■ **Allgemein:**

$$\text{Kapitalrückflusszeit} = \frac{\text{Kapitaleinsatz}}{\varnothing \, (\text{Jahresgewinn} + \text{Abschreibung})}$$

6.3.3 Gewinnvergleichsrechnung

Angewandt für Erweiterungs- und Modernisierungsinvestition:

$$\text{Gewinn} = \text{Erlöse} - \text{Kosten}$$

6.3.4 Rentabilitätsrechnung

Ermittlung der aufgrund einer Investition veränderten Rentabilität

$$\text{Rentabilität} = \frac{\text{Gewinn}}{\varnothing \, \text{Kapitaleinsatz}} \cdot 100$$

7 Finanzierung

Finanzierungsprozesse planen (Lernfeld 11)

Definition: Unter Finanzierung versteht man die Beschaffung und Bereitstellung von Zahlungsmitteln in Form von Eigen- und Fremdkapital zur Deckung des Finanzbedarfs einer Unternehmung. Die Finanzierung betrifft in erster Linie die Passivseite der Bilanz.

7.1 Kapitalherkunft

Aus der Sicht der Kapitalherkunft unterscheidet man Außen- und Innenfinanzierung. Bei der **Außenfinanzierung** wird das neue Kapital von außen zugeführt und stammt nicht aus dem betrieblichen Umsatzprozess. Bei der **Innenfinanzierung** stammt das Kapital aus dem Unternehmen selbst (Gewinnverwendung).

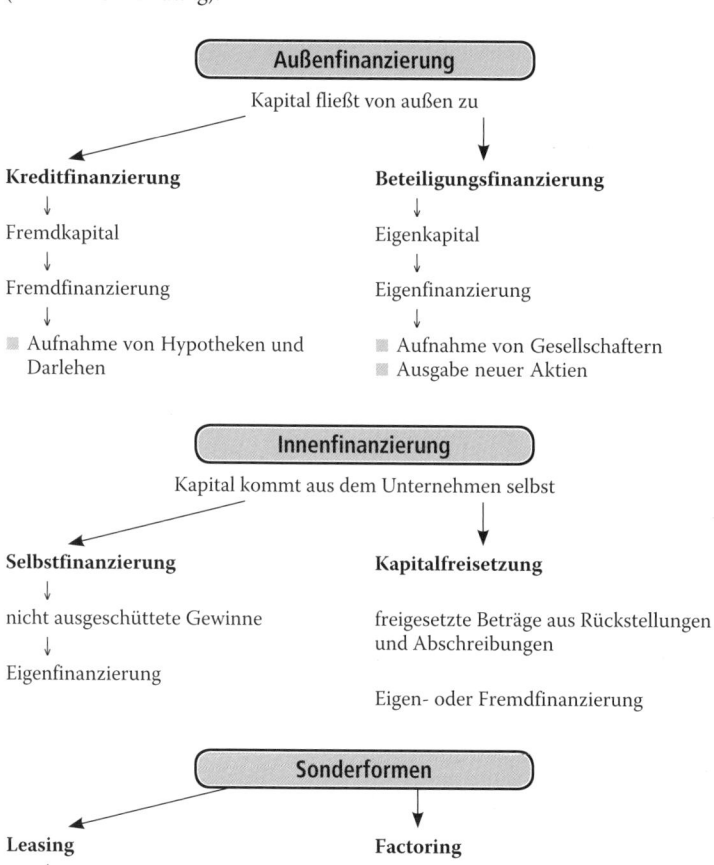

Übersicht über die Finanzierungsarten

	Merkmale	Vorteile	Nachteile
Eigenfinanzierung	Einbringung von Geld-, Sach- oder Rechtswerten durch die Eigentümer	▪ keine Tilgung ▪ keine Zinsen ▪ höhere Kreditwürdigkeit ▪ höhere Sicherheit ▪ Kapital steht langfristig zur Verfügung	▪ bei Einzelunternehmung: enger Investitionsspielraum wegen evtl. Kapitalmangels ▪ bei Gesellschaften: – Gewinnteilung – Einfluss auf die Geschäftsführung – hohe Kapitalbeschaffungskosten (Notar, Emission, Druckkosten)
Fremdfinanzierung	Einbringung von Geld-, Sach- oder Rechtswerten durch fremde Personen (Gläubiger). Es entsteht ein Kreditverhältnis (Kreditfinanzierung). Möglich durch ▪ Banken ▪ Kunden (Anzahlung) ▪ Anleihen ▪ Obligationen	▪ keine Gewinnteilung ▪ wenig Einfluss auf die Geschäftsführung ▪ Ausgleich kurzfristiger Liquiditätsprobleme ▪ bei hoher Geldentwertung sinkt die Schuld real	▪ hohe Kapitalbeschaffungskosten (Notar, Emission, Disagio, Bankprovision) ▪ Tilgung, regelmäßige Zinszahlung auch bei Verlusten ▪ bei hoher Verschuldung geringere Kreditwürdigkeit, geringere Sicherheiten
Selbstfinanzierung	▪ offene Selbstfinanzierung: – Rückflussfinanzierung (Ausgabenersatz in den Verkaufserlösen) – Überschussfinanzierung (Gewinn in den Verkaufserlösen) ▪ stille Selbstfinanzierung: – Unterbewertung des Betriebsvermögens (zu hohe Abschreibungen) – Überbewertung der Betriebsschulden (zu hohe Rückstellungen)	▪ keine Tilgung ▪ keine Zinsen ▪ höhere Kreditwürdigkeit ▪ höhere Sicherheit ▪ keine Kapitalbeschaffungskosten ▪ unabhängig vom Kapitalmarkt	▪ Gefahr von Fehlinvestitionen wegen riskanter Investitionsmöglichkeiten ▪ Rentabilitätsminderung ▪ evtl. Schaffung von Überkapazitäten

	Merkmale	Vorteile	Nachteile
Leasing	Erwerb von langfristigen Nutzungsrechten an beweglichen Anlagen durch Mietverträge Beispiele: ■ EDV-Anlagen ■ Fernsprechanlagen ■ Maschinen ■ Fahrzeuge	■ günstige Möglichkeit, eine Unternehmung aufzubauen, zu erweitern und zu rationalisieren ■ günstige Beeinflussung der Finanzplanung, da die Anlagen nicht gekauft werden müssen ■ Finanzmittel bleiben für andere Zwecke frei ■ immer auf dem neuesten technischen Stand	■ sehr hohe Miet- und Pachtkosten, da Leasinggeber eine Risikoprämie einkalkuliert und einen angemessenen Gewinn erzielen will ■ evtl. Liquiditätsschwierigkeiten, wenn die Miet- oder Pachtzahlungen durch den Verkaufserlös nicht zurückfließen
Factoring	Verkauf von Buchforderungen aus Liefergeschäften Die Factoringbank wertet die Forderungen ab und vergütet den Barwert abzüglich Provision. Factoringbank übernimmt: ■ Delkredere-Haftung (Risiko des Forderungsausfalls) ■ Eintreibung und Verwaltung der Forderungen	■ Abwälzung des Risikos von Forderungsausfällen ■ Verbesserung der eigenen Liquidität ■ kein aufwendiges Fakturier- und Mahnwesen erforderlich	■ evtl. sehr hohe Zins- und Provisionskosten der Factoringbank ■ gewisse wirtschaftliche Abhängigkeit von der Factoringbank, da selbst evtl. keine Fakturier- und Mahnabteilung mehr vorhanden ■ Der direkte Kontakt mit den Kunden geht verloren. ■ Wegen schematischer Eintreibung der Forderungen durch Factoringbank kann es zur Verärgerung der Kunden kommen.

7.2 Fremdkapitalbeschaffung

7.2.1 Voraussetzungen für Kreditgewährung

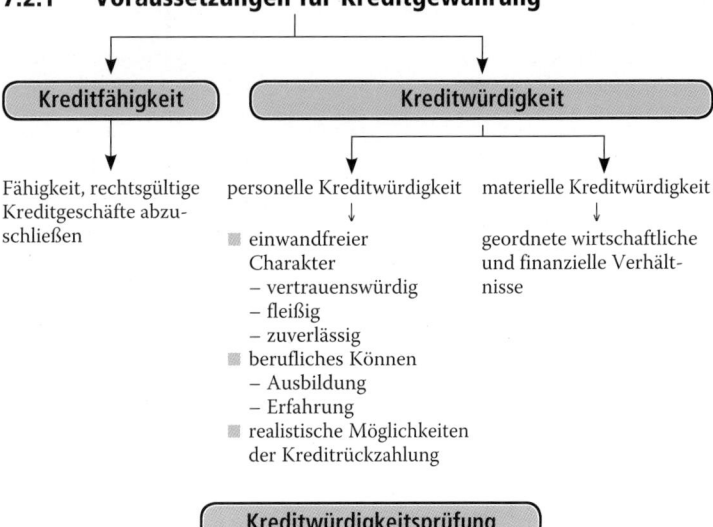

Kreditfähigkeit

Fähigkeit, rechtsgültige Kreditgeschäfte abzuschließen

Kreditwürdigkeit

personelle Kreditwürdigkeit
↓
- einwandfreier Charakter
  - vertrauenswürdig
  - fleißig
  - zuverlässig
- berufliches Können
  - Ausbildung
  - Erfahrung
- realistische Möglichkeiten der Kreditrückzahlung

materielle Kreditwürdigkeit

geordnete wirtschaftliche und finanzielle Verhältnisse

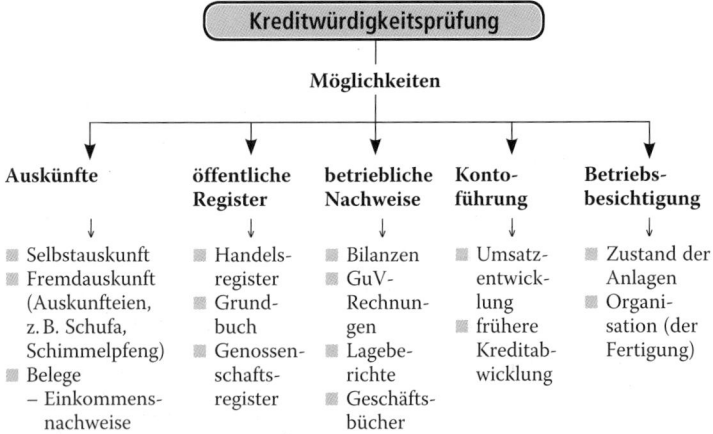

Kreditwürdigkeitsprüfung

Möglichkeiten

Auskünfte	**öffentliche Register**	**betriebliche Nachweise**	**Kontoführung**	**Betriebsbesichtigung**
↓	↓	↓	↓	↓

▪ Selbstauskunft
▪ Fremdauskunft (Auskunfteien, z. B. Schufa, Schimmelpfeng)
▪ Belege
  – Einkommensnachweise
  – Steuerbescheide
  – Einheitswertbescheide
	▪ Handelsregister
	▪ Grundbuch
	▪ Genossenschaftsregister
		▪ Bilanzen
		▪ GuV-Rechnungen
		▪ Lageberichte
		▪ Geschäftsbücher
			▪ Umsatzentwicklung
			▪ frühere Kreditabwicklung
				▪ Zustand der Anlagen
				▪ Organisation (der Fertigung)

7.2.2 Möglichkeiten der Kreditsicherung

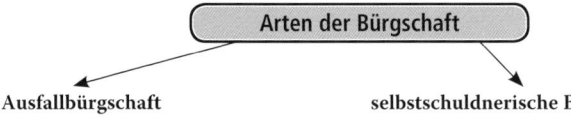

Möglichkeiten der Kreditsicherung

Personalkredite (durch Personen)	Realkredite (durch dingliche Sicherheiten und Personen)

Personalkredite:
- Geldleihe
- Kreditleihe
  - Akzeptkredit
  - Avalkredit

Geldleihe:
- Diskontwechsel
- Bürgschaft
- Zession

Realkredite:
- Sicherungsübereignung
- Verpfändung
  - bewegliche Sachen
  - unbewegliche Sachen

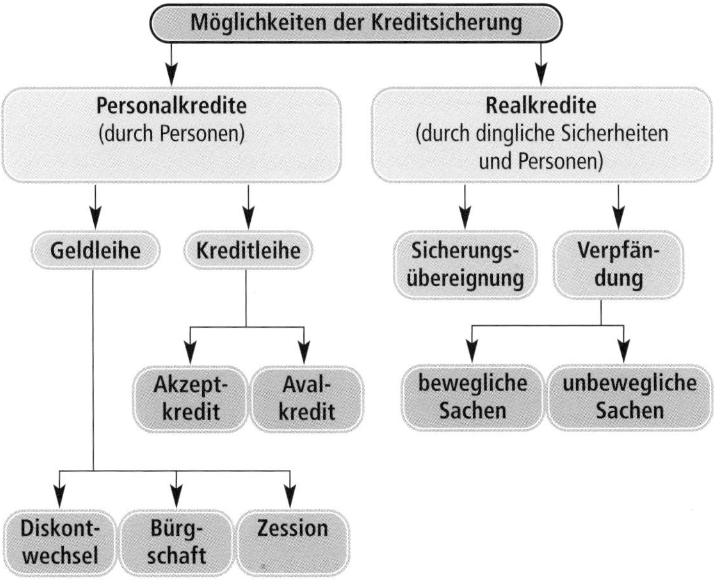

Bürgschaft

- Neben dem Hauptschuldner haftet noch ein Bürge für den Kreditnehmer.
- Nicht- und Minderkaufleute können sich nur schriftlich verbürgen.
- Vollkaufleute (mit Geschäftsbeziehung) können sich auch mündlich verbürgen.

Arten der Bürgschaft

Ausfallbürgschaft

- Bürge kann verlangen, dass Gläubiger alle gerichtlichen Schritte unternimmt, um vom Hauptschuldner sein Geld zu erhalten.
- Erst nach Ausfall des Hauptschuldners muss der Bürge zahlen.
- ⇨ Einrede der Vorklage

selbstschuldnerische Bürgschaft

- Bürge haftet stets wie Schuldner selbst.
- Zahlt der Bürge, so geht die Forderung des Gläubigers auf den Bürgen über.
- Vollkaufleute können sich nur selbstschuldnerisch verbürgen.

Zession

Der Kreditnehmer (Zedent) tritt einen schuldrechtlichen Anspruch (Forderung) durch Vertrag an seinen Gläubiger (Zessionar) ab.

Einteilung nach ihrer Erkennbarkeit

offene Zession
↓
- Der Forderungsschuldner wird benachrichtigt und muss direkt an den Zessionar zahlen.

stille Zession
↓
- Der Forderungsschuldner erfährt nichts von der Abtretung.
- Der Zedent muss jedoch Zahlungen des Forderungsschuldners unmittelbar weiterleiten.

Einteilung nach ihrem Umfang

Mantelzession
↓
- Abtretung mehrerer Forderungen in einer bestimmten Gesamthöhe, erloschene Forderungen müssen durch Ersatzabtretungen aufgefüllt werden.

Globalzession
↓
- Abtretung aller gegenwärtigen und zukünftigen Forderungen

Beachte: Die abzutretenden Forderungen müssen bestimmbar sein (z. B. alle Kunden von A bis K).

Sicherungsübereignung

- Hier haften außer dem Kreditnehmer noch materielle Gegenstände.
  - ⇨ Kreditnehmer bleibt Besitzer der Sache, Kreditgeber wird Eigentümer, z. B. geeignet für Maschinen, Fuhrpark.
- Vorteil für Kreditnehmer: Er behält die tatsächliche Verfügungsgewalt über die Sache und kann mit dieser arbeiten und produzieren.

Verpfändung

- Hier haften ebenfalls außer dem Kreditnehmer noch Sachen oder Rechte.
  - ⇨ Kreditnehmer bleibt jedoch Eigentümer, Kreditgeber wird Besitzer.

Verpfändung von beweglichen Sachen (Faust- oder Lombardpfand):

- Faustpfand:
  - Gemälde
  - Teppiche
  - Porzellan
  - Edelmetalle

- Lombardpfand:
  - Wertpapiere
  - Wechsel

Verpfändung von unbeweglichen Sachen (Grundpfandrecht):
Der Vertrag entsteht durch Einigung zwischen Gläubigern und Schuldnern (notarielle Beurkundung) und Eintragung dieser Verpfändung in ein öffentliches Register (Grundbuch).

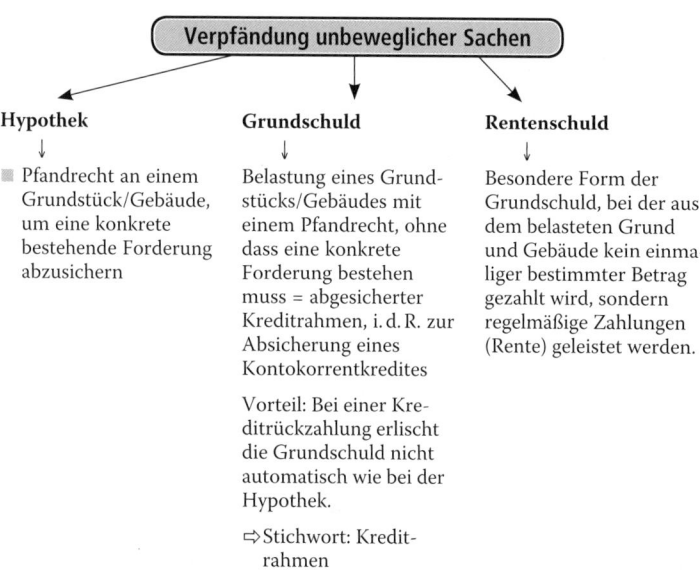

Verpfändung unbeweglicher Sachen

Hypothek

- Pfandrecht an einem Grundstück/Gebäude, um eine konkrete bestehende Forderung abzusichern

Grundschuld

Belastung eines Grundstücks/Gebäudes mit einem Pfandrecht, ohne dass eine konkrete Forderung bestehen muss = abgesicherter Kreditrahmen, i. d. R. zur Absicherung eines Kontokorrentkredites

Vorteil: Bei einer Kreditrückzahlung erlischt die Grundschuld nicht automatisch wie bei der Hypothek.

⇨ Stichwort: Kreditrahmen

Rentenschuld

Besondere Form der Grundschuld, bei der aus dem belasteten Grund und Gebäude kein einmaliger bestimmter Betrag gezahlt wird, sondern regelmäßige Zahlungen (Rente) geleistet werden.

7.3   Finanzplanung

Ziel der Finanzplanung ist die Herstellung des finanziellen Gleichgewichtes, d. h. der Liquidität, damit alle Verbindlichkeiten fristgerecht beglichen werden können, des Ausgleichs von Kapitalunterdeckung und Kapitalüberdeckung und die Förderung der Rentabilität.

Finanzierungsregeln:

1. Goldene Finanzierungsregel (Bankregel)
„Der Zeitraum der Kapitalbindung für Vermögensteile muss dem Zeitraum der Kapitalüberlassung (Kreditlaufzeit) für den bestimmten Zweck entsprechen."

2. Goldene Bilanzregel
„Anlagevermögen (und evtl. langfristig gebundene eiserne Bestände) sollen durch Eigenkapital und langfristiges Fremdkapital gedeckt sein."

7.3.1 Finanzierungskennzahlen

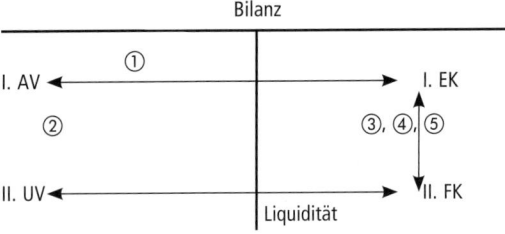

Kapitalkennziffern

1. Anlagendeckung (Investierung) $= \dfrac{\text{Eigenkapital + langfr. Fremdkapital}}{\text{Anlagevermögen}} \cdot 100$

2. Vermögensstruktur (Konstitution) $= \dfrac{\text{Anlagevermögen (AV)}}{\text{Umlaufvermögen (UV)}} \cdot 100$

3. Kapitalstruktur (Finanzierung) $= \dfrac{\text{Eigenkapital (EK)}}{\text{Fremdkapital}} \cdot 100$

4. Eigenfinanzierungsgrad $= \dfrac{\text{Eigenkapital (EK)}}{\text{Gesamtkapital}} \cdot 100$

5. Verschuldungsgrad $= \dfrac{\text{Fremdkapital (FK)}}{\text{Gesamtkapital}} \cdot 100$

7.3.2 Liquiditätskennziffern

Barliquidität (Liquidität 1. Grades)
(Kasse, Bank, Postbank)

$$\frac{\text{Zahlungsmittel}}{\text{kurzfristige Verbindlichkeiten}} \cdot 100$$

Sie darf unter 100 % liegen, als Untergrenze gelten 20 %.

Einzugsliquidität (Liquidität 2. Grades)
(Zahlungsmittel + Forderungen, Besitzwechsel, Wertpapiere, die binnen 3 Monaten verfügbar sind)

$$\frac{\text{Zahlungsmittel} + \text{kurzfristige Forderungen}}{\text{kurzfristige Verbindlichkeiten}} \cdot 100$$

Sie sollte 100 % betragen.

Umsatzliquidität (Liquidität 3. Grades)

$$\frac{\text{Umlaufvermögen}}{\text{kurzfristige Verbindlichkeiten}} \cdot 100$$

Sie sollte etwa 200 % betragen (2:1 Verhältnis von UV zu kurzfristigen Verbindlichkeiten).

7.3.3 Rentabilitätskennziffern

Unternehmerrentabilität

$$\frac{\text{Reingewinn}}{\text{Eigenkapital}} \cdot 100$$

Unternehmungsrentabilität

$$\frac{(\text{Reingewinn} + \text{Fremdkapitalzinsen})}{\text{Gesamtkapital}} \cdot 100$$

Umsatzrentabilität (Gewinnquote)

$$\frac{\text{Reingewinn}}{\text{Umsatzerlöse}} \cdot 100$$

Cashflow (Kapitalrückfluss aus Umsatz)

Er zeigt den Finanzierungsmittelüberschuss einer Periode an und spiegelt die Innenfinanzierungskraft der Unternehmung wider (Investitionen, Schuldentilgung und Gewinnausschüttung).

Ermittlung: Jahresüberschuss (GuV-Konto) + Abschreibungen auf Anlagen + Erhöhung langfristiger Rückstellungen = Cashflow

Teil II Steuerung und Kontrolle – Rechnungswesen

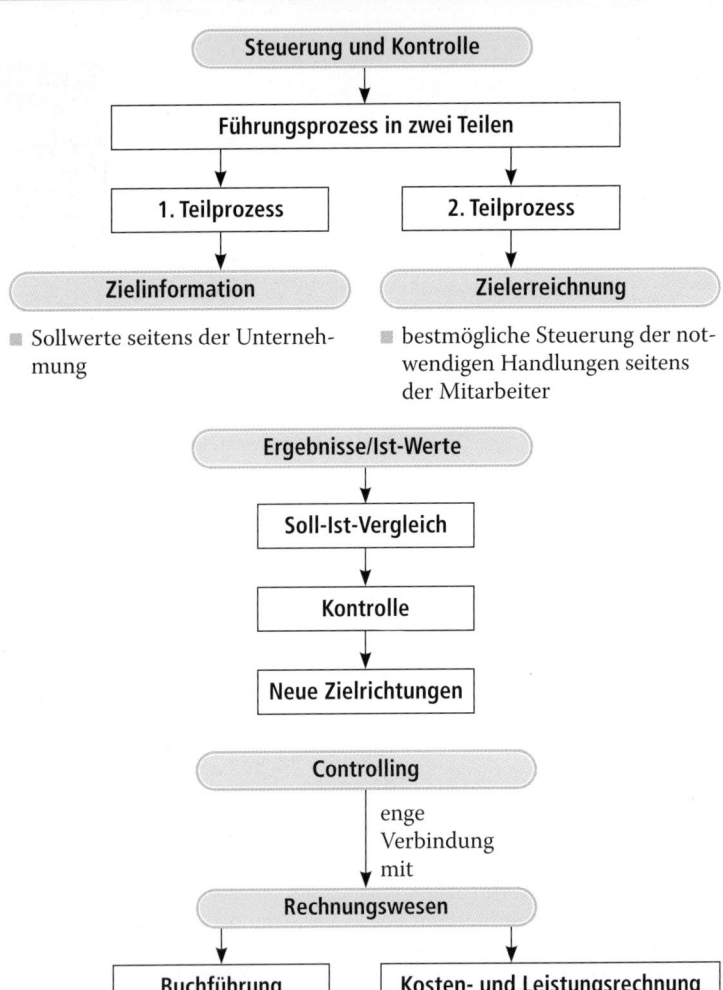

Steuerung und Kontrolle

Führungsprozess in zwei Teilen

1. Teilprozess	2. Teilprozess

Zielinformation — **Zielerreichung**

- Sollwerte seitens der Unternehmung
- bestmögliche Steuerung der notwendigen Handlungen seitens der Mitarbeiter

Ergebnisse/Ist-Werte

Soll-Ist-Vergleich

Kontrolle

Neue Zielrichtungen

Controlling

enge
Verbindung
mit

Rechnungswesen

Buchführung	Kosten- und Leistungsrechnung

Ziel des Rechnungswesens

Zahlenmäßige Erfassung, Überwachung und Auswertung des gesamten Unternehmensgeschehens

Dokumentation

- Aufzeichnung aller Geschäftsfälle, zeitlich und sachlich geordnet, aufgrund von Belegen
- Aufzeichnung von Vermögen, Kapital und Unternehmenserfolg

Rechenschaftslegung

- Information über Vermögens-, Schulden- und Erfolgslage – aufgrund gesetzlicher Vorschriften – für das Finanzamt, den Kreditgeber und den Unternehmer selbst

Kontrolle

- Überwachung der Wirtschaftlichkeit, der **Rentabilität** in % (Erfolg/Gewinn im Verhältnis zum eingesetzten Kapital) und der Liquidität (Zahlungsbereitschaft)

Disposition

- Grundlage für alle unternehmerischen Planungen und Entscheidungen
- Unterlagen über notwendige Investitionen, Rationalisierung, (Vereinfachung mit dem Ziel der Kostensenkung), Betriebserweiterung

Gliederung des Rechnungswesens

Buchführung

Lückenlose Aufzeichnung aller Geschäftsfälle in einem Unternehmen, d. h. jede Veränderung von Vermögenswerten und -quellen, jede Einnahme und Ausgabe anhand von Belegen

Kosten- und Leistungsrechnung

Systeme:
- Vollkostenrechnung
- Deckungsbeitragsrechnung
- Plankostenrechnung

Planungsrechnung

Vorschaurechnung zur Bestimmung betrieblicher Entwicklung in Form von Voranschlägen für:
- Investitionen
- Beschaffung (Material u. Personal)
- Umsatz
- Finanzen

Statistik

Aufbereitung von Daten der Vergangenheit nach wissenschaftlich-mathematischen Methoden für Vergleichszwecke

Controlling **Soll-Ist-Vergleich** → Abweichungsursachen beheben

1 Buchführung

Werteströme und Werte erfassen und dokumentieren (Lernfeld 3)
Jahresabschluss analysieren und bewerten (Lernfeld 8)

1.1 Grundlagen

1.1.1 Bilanz

Definition: Bilancia (ital.) = die Waage; wertmäßige Aufstellung aller Vermögenswerte und -quellen in Kontenform

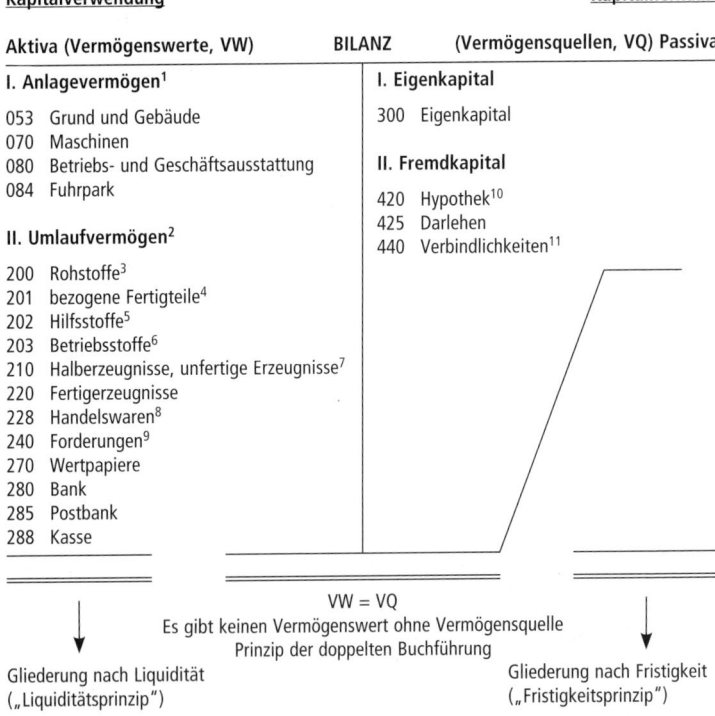

Kapitalverwendung   Kapitalherkunft

Aktiva (Vermögenswerte, VW)	BILANZ	(Vermögensquellen, VQ) Passiva
I. Anlagevermögen[1]		**I. Eigenkapital**
053 Grund und Gebäude		300 Eigenkapital
070 Maschinen		
080 Betriebs- und Geschäftsausstattung		**II. Fremdkapital**
084 Fuhrpark		
		420 Hypothek[10]
II. Umlaufvermögen[2]		425 Darlehen
		440 Verbindlichkeiten[11]
200 Rohstoffe[3]		
201 bezogene Fertigteile[4]		
202 Hilfsstoffe[5]		
203 Betriebsstoffe[6]		
210 Halberzeugnisse, unfertige Erzeugnisse[7]		
220 Fertigerzeugnisse		
228 Handelswaren[8]		
240 Forderungen[9]		
270 Wertpapiere		
280 Bank		
285 Postbank		
288 Kasse		

VW = VQ
Es gibt keinen Vermögenswert ohne Vermögensquelle
Prinzip der doppelten Buchführung

Gliederung nach Liquidität   Gliederung nach Fristigkeit
(„Liquiditätsprinzip")   („Fristigkeitsprinzip")

Erklärungen zur Bilanz

1. Güter, die dem Unternehmen langfristig, d. h. länger als sechs Monate, für betriebliche Zwecke zur Verfügung stehen.
2. Güter, die dem Unternehmen kurzfristig zur Verfügung stehen (i. d. R. weniger als sechs Monate), und die eine schnelle Umwandlung erfahren.
3. Wesentliche Bestandteile eines Produktes
4. Teilprodukte, die eingekauft und in das Haupterzeugnis eingearbeitet werden.
5. Nebenbestandteile eines Produktes (z. B. Verpackung), verbindende Elemente (z. B. Schrauben, Leim)
6. Materialien, die zur Produktion benötigt werden, die jedoch nicht in das Produkt eingehen (z. B. Öle, Benzin, Laugen, Fette).
7. Unvollständige Teilprodukte, die später zu einem Fertigprodukt komplettiert werden müssen (z. B. Radiogehäuse, Radiotechnik).
8. Güter, die eingekauft und unverändert weiterverkauft werden.
9. Geldansprüche gegenüber Kunden aufgrund eines gewährten Zahlungszieles (z. B. zahlbar innerhalb zwei Monaten ⇨ KuFo = Kunde + Forderung = Verkaufsbereich).
10. Bei Aufnahme von Fremdkapital dinglich garantierte Sicherheit, bezogen auf Gebäude und Grundstücke, gegeben durch Eintragung ins Grundbuch (öffentliches Register)
11. Geldansprüche von Lieferanten an das Unternehmen aufgrund eines eingeräumten Zahlungszieles (= kurzfristige Schulden) ⇨ LieVer = Lieferer + Verbindlichkeiten = Einkaufsbereich

1.1.2 Inventur

Definition: Mengenmäßige Bestandsaufnahme aller Vermögenswerte und Vermögensquellen in einem Unternehmen zu einem bestimmten Zeitpunkt

Beachte: Ausschließlich wertmäßige Erfassung erfolgt nur bei Wertpapieren, Schecks, Wechseln, Forderungen, Bank, Postbank sowie bei Eigenkapital, Hypothek, Darlehen, Verbindlichkeiten.

■ Inventur erfolgt aus betriebswirtschaftlichen und rechtlichen Gründen (Vermögenskontrolle und -entwicklung).

Ablauf einer Inventurmaßnahme

■ Inventurleiter bestimmen
■ Inventurzeitpunkt festlegen
■ Inventurbereiche abgrenzen

- Aufnahmerichtlinien erstellen
- Aufnahmevordrucke entwickeln
- Inventurpersonal einteilen
- Inventurpersonal schulen
- Inventur durchführen
- Inventurpersonal kontrollieren
- Inventurergebnisse zusammenfassen

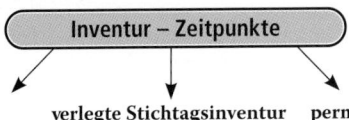

Inventur – Zeitpunkte

Stichtagsinventur	**verlegte Stichtagsinventur**	**permanente Inventur**
↓	↓	↓
Inventur i. d. R. am Ende des Geschäftsjahres (31.12.) bzw. innerhalb von 10 Tagen vor/nach dem Bilanzstichtag*	Inventur innerhalb von **drei** Monaten vor dem Bilanzstichtag* bzw. innerhalb von **zwei** Monaten nach dem Bilanzstichtag*	fortlaufende Inventurtätigkeit während des gesamten Geschäftsjahres, bei der jedoch alle VW und VQ im Laufe des Jahres nur einmal zahlenmäßig erfasst werden* (z. B. 01 Halle A, 02 Halle B, 12 Halle Z)
↓	↓	↓

Vorteile
- evtl. Kostenersparnis für Klein- und Mittelbetriebe
- keine Lagerbuchhaltung notwendig
- Verlegungsmöglichkeit in verkaufsarme Zeiten
- zeitnahe Ergebnisse

Nachteile
- Umsatz und Absatzeinbußen durch Betriebsstilllegung
- hoher organisatorischer Aufwand
- z. T. unqualifizierte Ergebnisse
- ggf. hoher Kostenaufwand für Großbetriebe

Vorteile
= Nachteile der (verlegten) Stichtagsinventur

Nachteile
= Vorteile der (verlegten) Stichtagsinventur

Mengenmäßige Ergebnisse der Inventur werden in **Inventurlisten** zusammengefasst.

Menge · Preis = Wert der Ware/Güter

zusammengefasst in der Aufstellung:

Inventar

* Fortschreibung bzw. Rückrechnung auf Bilanzstichtag erforderlich

1.1.3 Inventar

Definition: ausführliche Aufstellung aller VW und VQ (Mengen- und Wertangaben) in Staffelform zum Bilanzstichtag

Inventar der Wupper-Tec e. K., Wuppertal zum 31.12. 20..

	EUR Unterpositionen	EUR Hauptpositionen	EUR Gruppenwerte	EUR Blockpositionen
A. **Vermögen**				
I. **Anlagevermögen**				
Grund und Gebäude				
Fabrikgebäude	3.500.000,00			
Verwaltungsgebäude	4.900.000,00	8.400.000,00		
Maschinen lt. Anlagenverzeichnis 1		2.615.000,00		
Werkzeuge lt. Anlagenverzeichnis 2		537.000,00		
BGA lt. Anlagenverzeichnis 4		366.000,00		
Fuhrpark lt. Anlagenverzeichnis 3		375.000,00	12.293.000,00	
II. **Umlaufvermögen**				
Rohstoffe lt. Inventurliste 5		736.000,00		
Hilfs- und Betriebsstoffe lt. Inventurliste 6		416.000,00		
Unfertige Erzeugnisse lt. Inventurliste 7		233.000,00		
Fertigerzeugnisse lt. Inventurliste 8		486.000,00		
Kundenforderung lt. Inventurliste 9		350.000,00		
Bank				
Deutsche Bank Köln	514.000,00			
Stadtsparkasse Köln	731.000,00	1.245.000,00		
Kasse		46.000,00	3.512.000,00	
Summe des Vermögens				15.805.000,00
B. **Schulden/Fremdkapital**				
I. **langfristiges Fremdkapital**				
Hypothekenschulden		4.140.000,00		
Darlehensschulden				
Deutsche Bank Köln	654.000,00			
Stadtsparkasse Köln	920.000,00	1.574.000,00	5.714.000,00	
II. **kurzfristiges Fremdkapital**				
Verbindlichkeiten lt. Verzeichnis 10		486.000,00	486.000,00	
Summe der Schulden				6.200.000,00
C. **Ermittlung des Reinvermögens/ Eigenkapital**				
A. Vermögen				15.805.000,00
– B. Schulden				– 6.200.000,00
= C. Eigenkapital				9.605.000,00

Wuppertal, den 31.12. 20..

1.1.4 Wertänderungen der Bilanz

Eröffnungsbilanz

Aktiva		Passiva
Rohstoffe	10.000,00 EUR	Eigenkapital	5.000,00 EUR
Kasse	2.000,00 EUR	Darlehen	4.000,00 EUR
		Verbindlichkeiten	3.000,00 EUR
	12.000,00 EUR		12.000,00 EUR

Wertänderungen der Bilanz

I. Aktivtausch (AT)	II. Passivtausch (PT)	III. Aktiv/Passiv-Mehrung (APME)	IV. Aktiv/Passiv-Minderung (APMI)
Rohstoffkauf bar 1.000,00 EUR	Umwandlung von Vblkt. in Darlehen 1.000,00 EUR	Rohstoffkauf auf Ziel 2.000,00 EUR	Verbindlichkeiten werden bar bezahlt 1.000,00 EUR

	+	−		−	+		+	+		−	−
	↓			↓			↓			↓	

I. Aktivtausch (AT)

VW	B		VQ
R	11'	EK	5'
KA	1'	Darl.	4'
		Vblkt.	3'
	12'		12'

BS =
Bilanzsumme
unverändert

II. Passivtausch (PT)

VW	B		VQ
R	10'	EK	5'
KA	2'	Darl.	5'
		Vblkt.	2'
	12'		12'

BS =
Bilanzsumme
unverändert

III. Aktiv/Passiv-Mehrung (APME)

VW	B		VQ
R	12'	EK	5'
KA	2'	Darl.	4'
		Vblkt.	5'
	14'		14'

BS +
Bilanzsummen
mehren sich

IV. Aktiv/Passiv-Minderung (APMI)

VW	B		VQ
R	10'	EK	5'
KA	1'	Darl.	4'
		Vblkt.	2'
	11'		11'

BS −
Bilanzsummen
mindern sich

Man müsste eigentlich nach jedem Geschäftsfall eine neue Bilanz erstellen. Das wäre allerdings umständlich und unübersichtlich, deshalb löst man die Bilanz in einzelne Konten auf, d. h., für jede Hauptposition in der Bilanz (VW bzw. VQ) richtet man ein eigenes Konto ein.

1.1.5 Kontierungen auf Bestandskonten

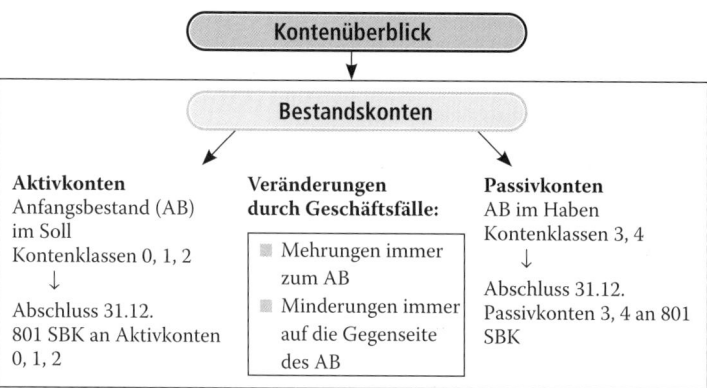

Aktivkonten
Anfangsbestand (AB)
im Soll
Kontenklassen 0, 1, 2
↓
Abschluss 31.12.
801 SBK an Aktivkonten
0, 1, 2

**Veränderungen
durch Geschäftsfälle:**

- Mehrungen immer
  zum AB
- Minderungen immer
  auf die Gegenseite
  des AB

Passivkonten
AB im Haben
Kontenklassen 3, 4
↓
Abschluss 31.12.
Passivkonten 3, 4 an 801
SBK

1.1.6 Kontierungen auf Erfolgskonten

Erfolgskonten:
- eingerichtet aus Gründen der Übersichtlichkeit stellvertretend für das
  Konto Eigenkapital
- **Man bucht auf Erfolgskonten so, wie man eigentlich auf EK buchen
  müsste,** d. h. Ausgaben immer im Soll, Einnahmen immer im Haben.
- Es gibt auf Erfolgskonten keine Anfangsbestände.

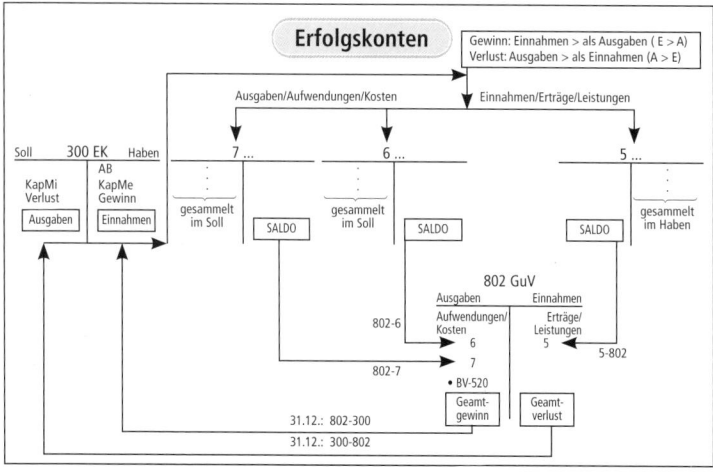

1.1.7 Kontenrahmen und Kontenplan

Definition: enthält notwendige Konten für eine Branche
Beispiel: Industrie = IKR (Industriekontenrahmen, herausgegeben vom
Bundesverband der deutschen Industrie, BDI, 1987)

Kontenplan für Industriekaufleute

	Klasse 0				
050	Unbebaute Grundstücke	2032	Nachlässe	367	Einzelwertberichtigungen auf Forderungen
051	Bebaute Grundstücke	210	Unfertige Erzeugnisse		
053	Betriebsgebäude	220	Fertige Erzeugnisse	368	Pauschalwertberichtigung auf Forderungen
054	Verwaltungsgebäude	228	Handelswaren		
070	Technische Anlagen und Maschinen	2281	Bezugskosten	370	Rückstellungen für Pensionen
		2282	Nachlässe		
080	Betriebs- und Geschäftsausstattung	230	Eigene Anzahlung für Vorräte	380	Steuerrückstellungen
084	Fuhrpark	240	Forderungen	390	Sonstige Rückstellungen
089	Geringwertige Vermögensgegenstände	245	Besitzwechsel		
090	Geleistete Anzahlungen auf Sachanlagen	247	Zweifelhafte Forderungen		**Klasse 4**
		248	Protestwechsel	420	Langfristige Bankschulden/Hypotheken
095	Anlagen im Bau	260	Vorsteuer		
		264	Forderungen gegenüber Sozialversicherungsträgern	425	Kurzfristige Bankschulden/Darlehen
	Klasse 1			430	Erhaltene Anzahlungen vom Kunden
130	Beteiligung	265	Forderungen an Mitarbeiter	440	Verbindlichkeiten a. LuL
150	Wertpapiere AV			450	Schuldwechsel
160	Sonstige Finanzlagen	269	Sonstige Forderungen	480	Umsatzsteuer
		270	Wertpapiere	483	Verbindlichkeiten gegenüber Finanzbehörden
	Klasse 2	280	Bank		
200	Rohstoffe	285	Postbank	484	Verbindlichkeiten gegenüber Sozialversicherungsträgern
2001	Bezugskosten	288	Kasse		
2002	Nachlässe	290	Aktive Rechnungsabgrenzung	486	Verbindlichkeiten aus VL
201	Vorprod./Fremdbauteile			489	Sonstige Verbindlichkeiten
2011	Bezugskosten				
2012	Nachlässe		**Klasse 3**	490	Passive Rechnungsabgrenzung
202	Hilfsstoffe	300	Eigenkapital		
2021	Bezugskosten	3001	Privat		**Klasse 5**
2022	Nachlässe	361	Wertberichtigungen zu Sachanlagen	500	Umsatzerlöse
203	Betriebsstoffe			5001	Erlösberichtigungen
2031	Bezugskosten			510	Umsatzerlöse für Handelswaren

5101	Erlösberichtigungen	615	Vertriebsprovisionen	692	IHK-Beiträge
520	Bestandsveränderungen	616	Fremdinstandhaltung	693	Verluste aus Schadensfällen
530	Eigenleistungen	617	Patente/Lizenzen		
540	Mieterträge	620	Löhne	694	Sonst. Aufwendungen
541	Provisionserträge	630	Gehälter	695	Abschreibung auf Forderungen
542	Eigenverbrauch	640	Arbeitgeberanteil zur Sozialversicherung		
543	Sonst. betriebl. Erträge			696	Verl. aus dem Verkauf von Vermögensgegenständen
545	Erträge a. d. Auflösung der Herabsetzung von Wertberichtigung auf Forderungen	642	Beiträge zur Berufsgenossenschaft		
		644	Betriebsrenten	698	Kulanz/Garantie
		649	Aufw. für Unterstützungen (freiw.)	699	Periodenfremde Aufwendungen
546/ 541	Erträge aus dem Verkauf von Vermögensgegenständen	652	Abschreibungen auf Sachanlagen		**Klasse 7**
548	Erträge aus der Herabsetzung von Rückstellungen	654	Abschreibungen auf geringwertige Wirtschaftsgüter	700	Gewerbesteuer
				701	Vermögenssteuer
				702	Grundsteuer
549	Periodenfremde Erträge	655	Außerplanm. Abschreibung auf Sachanlagen	703	KFZ-Steuer
571	Zinserträge			709	Sonst. betriebl. Steuern
573	Diskonterträge	670	Mieten	742	Abschr. auf Wertpapiere d. UV
578	Erträge aus Wertpapieren d. UV	671	Leasing		
		675	Kosten des Geldverkehrs	746	Verl. a. d. Verkauf v. Wertp. d. UV
		676	Sonstige Provisions – Vblkt.	751	Zinsaufwendungen
	Klasse 6	677	Rechts- und Beratungskosten	753	Diskontaufwendungen
600	Rohstoffaufwendungen			771	Körperschaftssteuer
601	Fertigteilaufwendungen	680	Büromaterialien		
602	Hilfsstoffaufwendungen	681	Zeitungen u. Fachliteratur		**Klasse 8**
603	Betriebsstoffaufwendungen	682	Postgebühren	800	Eröffnungsbilanzkonto
604	Verpackungsmaterial	685	Reisekosten	801	Schlussbilanzkonto
605	Energie	687	Werbung	802	Gewinn- u. Verlustkonto
608	Aufw. für Handelswaren	688	Spenden d. Kap. Ges.		
614	Ausgangsfracht	690	Versicherungsbeiträge		

10 Kontenklassen

0 Anlagevermögen
1 Finanzanlagen (Wertpapiere) } **Aktivkonten**
2 Umlaufvermögen
3 Eigenkapital } **Passivkonten**
4 Fremdkapital

Bestandskonten
(Abschluss über 801 SBK)

5 Erträge/Einnahmen
6 Betriebliche Aufwendungen } **Erfolgskonten**
7 Weitere Aufwendungen

(Abschluss über 802 GuV)

8 Ergebnisrechnung
9 Kosten- und Leistungsrechnung } **Abschlusskonten**

Aufbau der Kontennummern:

1. Stelle: Kontoklasse z. B. ⇨ 2	(Umlaufvermögen)
2. Stelle: Kontengruppe ⇨ 20	(Roh-, Hilfs-, Betriebsstoffe)
3. Stelle: Kontenart ⇨ 200	(Rohstoffe)
4. Stelle: Kontenunterart ⇨ 2001	(Bezugskosten für Rohstoffe)

Beachte: Kontenplan = ein für einen Industriebetrieb individuell zugeschnittenes „Kontenmenü", gebildet aus dem Kontenrahmen; z. B. Kontenplan für Industriekaufleute, Schulkontenrahmen usw.

1.2 Bestandsentwicklungen

1.2.1 Inventurdifferenzen

Definition: Abweichungen zwischen dem „Sollbestand" (SB) lt. Konto der Buchführung (Saldo) und dem „Istbestand" lt. Inventur (IVB) „Schlussbestand"

Beispiel: Rohstoffe

a)

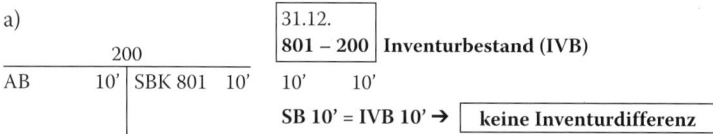

b)

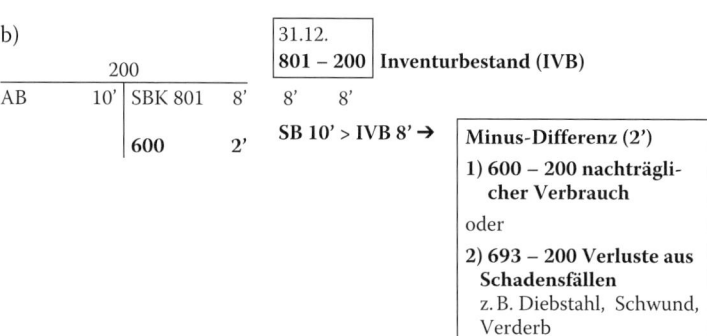

c)

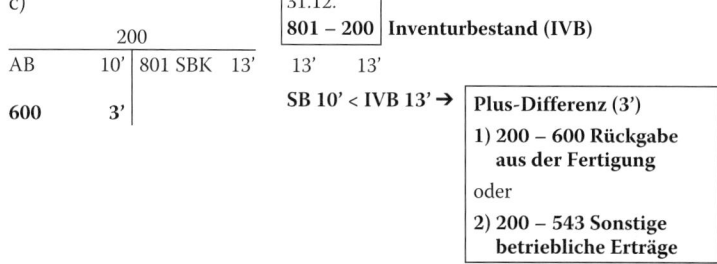

1.2.2 Bestandsveränderungen

Buchungen auf den Konten 210 und 220 (Bestandsmehrungen: B V +; Bestandsminderungen: B V –)

Buchungstechnik

● 01.01. AB Soll 210 bzw. 220

— Ausnahme: Außerordentlicher Schadensfall im Lager für unfertige bzw. fertige Erzeugnisse:
Buchung während des Geschäftsjahres: **693 – 210/220**

● 31.12. Buchung des **Inventurbestandes:** | **801 – 210/220** |

● 31.12. | **Rest = BV von Konto 210 bzw. 220 buchen über Konto ‚520 BV'** |

$\downarrow$

BV + = 210/220 – 520

BV – = 520 – 210/220

→ **Abschluss des Kontos 520 über 802 GuV**

BV+ gesamt: 520 – 802

BV – gesamt: 802 – 520

Notwendigkeit der Erfassung von Bestandsveränderungen:

■ **Warum müssen Bestandsveränderungen buchhalterisch erfasst werden?**

Aus Gründen der richtigen Gewinnermittlung, denn das Gewinnermittlungsprinzip lautet:

Den Leistungen (140 Stück, Bsp. b) müssen die dafür angefallenen Kosten (100 + 40 Stück) gegenübergestellt werden.

oder

Den Kosten (100 Stück, Bsp. c) müssen die dafür erbrachten Leistungen (80 + 20 Stück) gegenübergestellt werden.

a) BV 0 ⇨ keine Bestandsveränderung (Produktion = Verkauf)

S Ausgaben/Aufwendungen		802	Einnahmen/Leistungen H	
100 Stück à 10,00 EUR	1.000,00		**100 Stück** à 30,00 EUR UL* (500)	
				3.000,00
BV 0	**Gewinn 2.000,00**			

b) BV – ⇨ Bestandsminderung (Produktion < Verkauf)

S Ausgaben/Aufwendungen		802	Einnahmen/Leistungen H	
100 Stück à 10,00 EUR	1.000,00		**140 Stück** à 30,00 EUR UL (500)	
				4.200,00
40 Stück à 10,00 EUR	400,00			
BV–	**Gewinn 2.800,00**			

c) BV + ⇨ Bestandsmehrung (Produktion > Verkauf)

S Ausgaben/Aufwendungen		802	Einnahmen/Leistungen H	
100 Stück à 10,00 EUR	1.000,00		**80 Stück** à 30,00 EUR UL* (500)	2.400,00
	Gewinn 1.600		**20 Stück** à 10,00 EUR LL** (520)	200,00
			BV+	

1.400,00 EUR UL ↙   ↘ 200,00 EUR LL

*UL Umsatzleistung Kto 500
**LL Lagerleistung BV+ Kto 520

1.3 Abschreibungen (652)

Definition: ■ AfA = Absetzung für Abnutzung
■ Wertminderung von Anlagegütern
■ Kosten (wertmäßiger Güterverzehr)

1.3.1 Rechenmethoden der Abschreibung

Ziel: Ermittlung des Abschreibungsbetrages (Wertminderung) in Euro
■ lineare Abschreibung
■ verbrauchsbedingte Abschreibung

Die Wahl der Rechenmethode ist dem Kaufmann freigestellt, entsprechend seinen betrieblichen Bedürfnissen. Die Abschreibung im Anschaffungsjahr erfolgt stets zeitanteilig (nach Monaten).

Lineare Abschreibung

Definition: gleichbleibende Abschreibung über die Jahre der Nutzung, berechnet vom Anschaffungswert

$$\text{Abschreibung in EUR} = \frac{\text{Anschaffungswert (AW)}}{\text{betriebsgewöhnl. Nutzungsdauer lt. AfA-Tabelle (ND)}}$$

Beispiel: $\dfrac{10.000,00 \text{ EUR}}{10 \text{ Jahre}} = 1.000,00$ EUR/Jahr jährlicher Abschreibungsbetrag

Beachte: Im letzten Jahr der Nutzungsdauer erfolgt die Abschreibung nur bis auf einen **Erinnerungswert in Höhe von 1,00 EUR**

Ermittlung des linearen Abschreibungssatzes in Prozent:

$$\text{Abschreibungssatz in \%} = \frac{100\,\%}{\text{ND lt. AfA-Tabelle}}$$

Beispiel: $\dfrac{100\,\%}{10 \text{ Jahre}} = 10\,\%$

Verbrauchsbedingte Abschreibung

$$\text{Abschreibung für eine Leistungseinheit (LE)} = \frac{\text{Anschaffungswert}}{\text{theoretische Gesamtleistung}}$$

Beispiel: Kauf eines Geschäfts-PKW für 50.000,00 EUR, vorgesehene km-Gesamtleistung 200.000 km

$$\text{Abschreibung je km} = \frac{50.000,00 \text{ EUR}}{200.000 \text{ km}} = 0,25 \text{ EUR/km}$$

Jahresabschreibung: Abschreibung für 1 Leistungseinheit (LE) · Kilometerleistung lt. Fahrtenbuch pro Jahr

Beispiel: 84.000 km · 0,25 EUR Kilometergeld = 21.000,00 EUR
⇨ Abschreibungsbetrag in diesem Jahr: 21.000,00 EUR

Abschreibung auf Geringwertige Wirtschaftsgüter (GWG)

Definition: GWG = alle Anlagegüter, deren Anschaffungswert (AW) netto < 1.000,00 EUR ist (einschließlich eventueller Anschaffungsnebenkosten)

AW 0,00 – 149,00 EUR

ER sofort als Kosten erfassen:
z. B. Taschenrechner 80,00 EUR netto

680 + 260 – 440

AW 150,00 – 1.000,00 EUR

ER des Geschäftsjahres auf Konto 089 GWG sammeln:

089 + 260 – 440

und stets in einem Posten über 5 Jahre (20 %) linear abschreiben
31.12.: 6542 – 089

Abschreibung auf neue Anlagegüter im Anschaffungsjahr:
▪ voller Kaufmonat + Restmonate bis 31.12.

Abschreibung auf gebrauchte Anlagegüter im Verkaufsjahr:
▪ volle Monate vor Verkaufsmonat

1.3.2 Buchungsmethoden der Abschreibung (Kto. 652)

Direkte Abschreibung

Am 31.12. wird der Anschaffungswert (AW) bzw. Buchwert (BW) unmittelbar, direkt durch Abschreibung berichtigt („Vorbereitende Abschlussangaben") → **652 an Anlagekonto**

Indirekte Abschreibung

Abschreibung/Wertberichtigung am 31.12., ohne das entsprechende Anlagekonto unmittelbar zu korrigieren: **652 an 361 Wertberichtigung auf Sachanlagen**

Beispiel: 03.01. Kauf einer Maschine 10.000,00 EUR netto
31.12. Abschreibung 20 %

652	an	361
2.000,00 EUR		2.000,00 EUR

Vorbereitende Abschlussangaben:

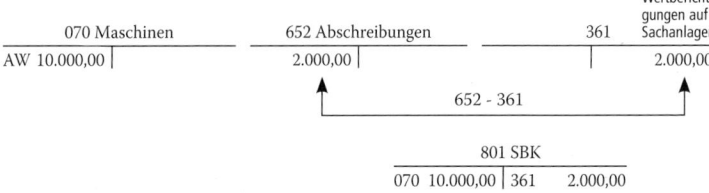

Vorteil: Erhöhte Bilanzaussagefähigkeit

- Anschaffungswert und bisher gesammelte Abschreibungen sind erkennbar und damit ist ein gedanklicher Schluss auf Zustand der Anlagegüter möglich.
- Kapitalgesellschaften benutzen ebenfalls (aus Gründen der Übersichtlichkeit) diese Buchungsmethode.
- Veröffentlichungspflichtige Kapitalgesellschaften (= große Kapitalgesellschaften) sind jedoch nicht verpflichtet, diese Darstellungsform abzudrucken. Sie dürfen auch nur die jeweiligen Buchwerte in der zu veröffentlichenden Bilanz ausweisen.

1.4 Mehrwertsteuer

Die **Mehrwertsteuer** (MwSt.) heißt so, weil der von Produktionsstufe zu Produktionsstufe jeweils geschaffene Mehrwert (Differenz zwischen ER und AR) versteuert werden muss.

MwSt. ist für Unternehmen nur ein durchlaufender Posten (also keine Aufwendungen/Kosten)

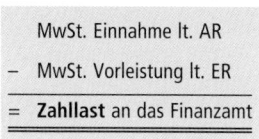

	MwSt. Einnahme lt. AR
–	MwSt. Vorleistung lt. ER
=	**Zahllast** an das Finanzamt

- MwSt. im Sinne von Kosten trägt ausschließlich der Endverbraucher.
- MwSt.-System eingeführt seit 1970 (Vereinheitlichung in der EU)
- MwSt.-Satz zzt. in Deutschland: _____% (19 %)
- Ermäßigter MwSt.-Satz zzt.: _____% (7 %)
- **Vorteil für den Staat:** frühzeitige Steuereinnahme, nämlich auf jeder Produktionsstufe

Beachte: Aus Gründen der Vereinfachung wird künftig stets ein MwSt.-Satz von 10 % zugrunde gelegt.

Mehrwertsteuer-System

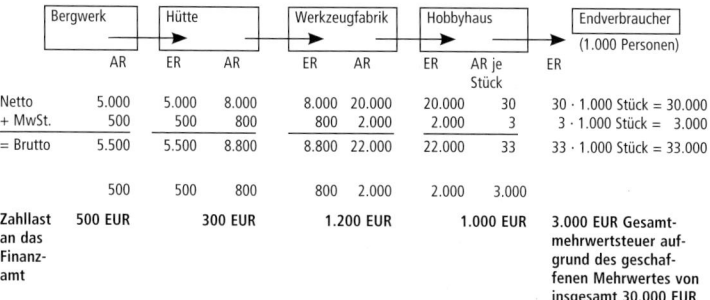

	Bergwerk	Hütte		Werkzeugfabrik		Hobbyhaus		Endverbraucher (1.000 Personen)
	AR	ER	AR	ER	AR	ER	AR je Stück	ER
Netto	5.000	5.000	8.000	8.000	20.000	20.000	30	30 · 1.000 Stück = 30.000
+ MwSt.	500	500	800	800	2.000	2.000	3	3 · 1.000 Stück = 3.000
= Brutto	5.500	5.500	8.800	8.800	22.000	22.000	33	33 · 1.000 Stück = 33.000
		500	500	800	800	2.000	2.000	3.000
Zahllast an das Finanzamt	500 EUR		300 EUR		1.200 EUR		1.000 EUR	3.000 EUR Gesamtmehrwertsteuer aufgrund des geschaffenen Mehrwertes von insgesamt 30.000 EUR

1.4.1 Mehrwertsteuer-Kontierungen und Zahllast

Definition: Zahllast, d. h. MwSt. auf ER < als MwSt. aus AR

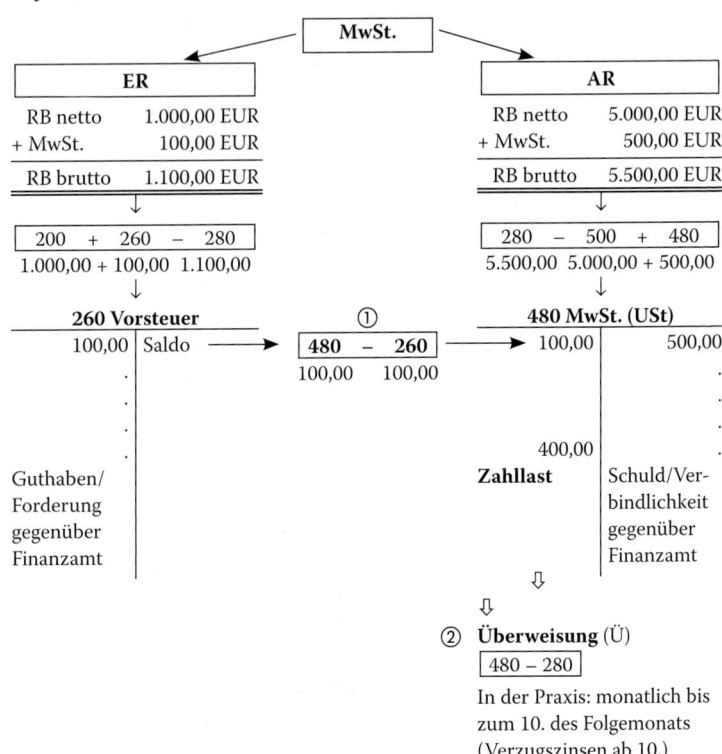

② **Überweisung** (Ü)

480 – 280

In der Praxis: monatlich bis zum 10. des Folgemonats (Verzugszinsen ab 10.)

oder

③ **Passivierung** (P)

480 – 801

Zusammenfassung

(Grundbuch) →

MwSt. ER: 260 Soll, MwSt. AR: 480 Haben

31.12. ① 260 über 480

480	–	260

② Überweisung (Ü)

480	an	280

oder

③ Passivierung (P)

480	–	801

1.4.2 Mehrwertsteuer-Kontierungen und Vorsteuerüberhang

Vorsteuerüberhang, d. h. MwSt. auf ER > als MwSt. auf AR

⇨ Forderung gegenüber Finanzamt > Schuld gegenüber Finanzamt

> MwSt. Einnahme lt. AR
> – MwSt. Vorleistung lt. ER
> = **Vorsteuerüberhang**

- Vorsteuerüberhang entsteht, wenn mehr eingekauft als verkauft wurde.
- Häufig bei stark exportorientierten Unternehmen, deren AR von der MwSt. befreit sind

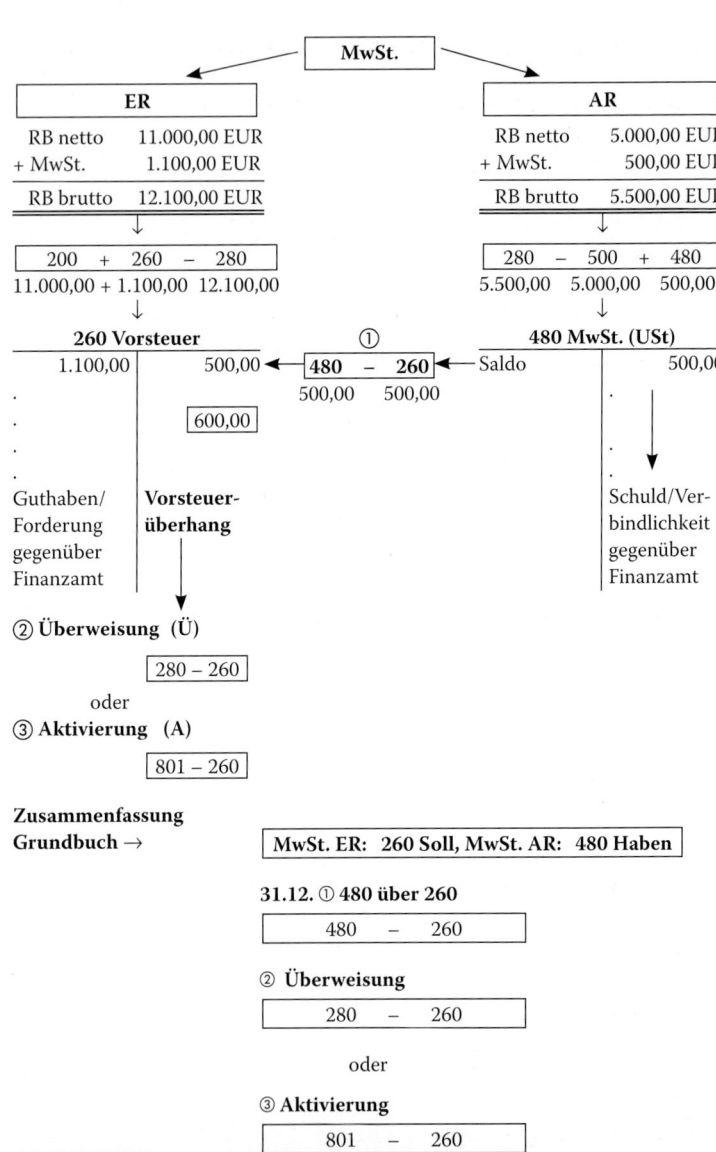

MwSt.

ER		AR
RB netto	11.000,00 EUR	RB netto	5.000,00 EUR
+ MwSt.	1.100,00 EUR	+ MwSt.	500,00 EUR
RB brutto	12.100,00 EUR	RB brutto	5.500,00 EUR

200 + 260 – 280
11.000,00 + 1.100,00 12.100,00

280 – 500 + 480
5.500,00 5.000,00 500,00

260 Vorsteuer

| 1.100,00 | 500,00 |
| | 600,00 |

① 480 – 260
500,00 500,00

Saldo

480 MwSt. (USt)

| | 500,00 |

Guthaben/
Forderung
gegenüber
Finanzamt

**Vorsteuer-
überhang**

Schuld/Ver-
bindlichkeit
gegenüber
Finanzamt

② **Überweisung (Ü)**

280 – 260

oder

③ **Aktivierung (A)**

801 – 260

**Zusammenfassung
Grundbuch →**

MwSt. ER: 260 Soll, MwSt. AR: 480 Haben

31.12. ① 480 über 260

480 – 260

② **Überweisung**

280 – 260

oder

③ **Aktivierung**

801 – 260

1.4.3 Besonderheiten der Mehrwertsteuer

Grundsätzlich mehrwertsteuerfreie Umsätze

- Postwertzeichen
- Diskont (Zinsen in der Wechselrechnung)
- Exportrechnungen
- Haus- und Grundstücksgeschäfte
- Mieten/Pachten
- Spenden
- Steuern (Abgaben an den Staat mit kollektiver Gegenleistung)
- Gebühren (Zahlung an den Staat mit konkreter Gegenleistung)
- Umsätze der Kreditgewährung
- Versicherungen
- Zinsen

Ermäßigter Mehrwertsteuersatz, zzt. 7 % (Beispiele)

- Wasser
- Lebensmittel
- Bücher, Zeitschriften
- Pflanzen

Rechnen mit Mehrwertsteuer

Vom RBn[1] → MwSt. ermitteln: MwSt.: $\dfrac{RBn \cdot 19\,\%}{100} \quad \bigg| \quad \dfrac{10\,\%}{100}$ (MwSt.-Satz)

vom RBn → RBbr ermitteln: RBbr: $\dfrac{RBn \cdot 119}{100} \quad \bigg| \quad \dfrac{\cdot 110}{100}$

vom RBbr → MwSt. ermitteln: MwSt.: $\dfrac{RBbr \cdot 19}{119} \quad \bigg| \quad \dfrac{\cdot 10}{110}$

vom RBbr → RBn ermitteln: RBn: $\dfrac{RBbr \cdot 100}{119} \quad \bigg| \quad \dfrac{\cdot 100}{110}$

---

[1] *RB = Rechnungsbetrag, n = netto, br = brutto*

1.5 Das Privatkonto (3001)

Definition: die Geldbörse des Unternehmers im Unternehmen

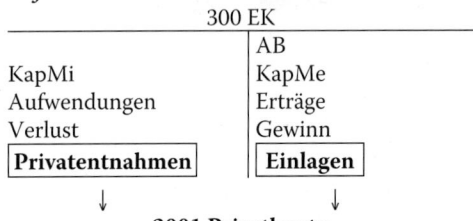

300 EK	
	AB
KapMi	KapMe
Aufwendungen	Erträge
Verlust	Gewinn
Privatentnahmen	**Einlagen**

↓   ↓

3001 Privatkonto

Privatentnahmen	Einlagen
PE < E 3001 – 300	**PE > E** 300 – 3001

▪ 3001: Unterkonto von 300 EK
▪ Unterkonto eingerichtet aus Gründen der Übersichtlichkeit
▪ **Man bucht auf Unterkonten so, wie man eigentlich auf dem Hauptkonto buchen müsste.**

Möglichkeiten der Privatentnahme (PE)

1. Barentnahme	3001 – 288
2. Banküberweisung vom Geschäftskonto für Privatzwecke	3001 – 280
3. PE fertiger Erzeugnisse AR	3001 – 500 + 480
4. PE gebrauchter Anlagegüter i. d. R. zum Buchwert AR	3001 – Anlagekonto + 480

5. Privater Nutzungsanteil betrieblicher Einrichtungen/Dienstleistungen, z. B. Telefon, Heizung, Reparaturen, Betriebshandwerker

Beispiel:
Telekom ER:

$$\left. \begin{array}{l} 1.000,00 \text{ EUR} \\ \underline{100,00 \text{ EUR}} \\ 1.100,00 \text{ EUR} \end{array} \right\} 682 + 260 - 280$$

Privater Nutzungsanteil 20 % → AR für privaten Nutzungsanteil

$$\left. \begin{array}{l} 200,00 \text{ EUR} \\ \underline{20,00 \text{ EUR}} \\ 220,00 \text{ EUR} \end{array} \right\} \begin{array}{l} 3001 - 542(2) + 480 \\ \text{(mehrwertsteuerpflichtiger} \\ \text{Eigenverbrauch)} \end{array}$$

1.6 Kontierungen im Einkauf und Verkauf

1.6.1 Kontierungen im Materialbereich Einkauf (Lieferer/Umlaufvermögen)

Rabatte

- Rabatte werden buchhalterisch nicht gesondert erfasst, sondern nur unmittelbar rechnerisch berücksichtigt.

- **Bestandsorientierte Beschaffung,** z. B. ER Rohstoffe 10.000,00 EUR LEP brutto, 10 % Rabatt, Zieleinkaufspreis 9000,00 EUR

200	+	260	–	440
9000,00 EUR		900,00 EUR		9900,00 EUR

- **Aufwandsorientierte Beschaffung (bei Just-in-time-Anlieferung)**

600	+	260	–	440
9000,00 EUR		900,00 EUR		9900,00 EUR

Bezugskosten

Beispiele: Verpackung, Fracht, Verladekosten, Zoll, Krankosten, Rollgeld

→ **Unterkonten einrichten: „Stoff"-Konten auf 4. Stelle um „1" erweitern**

Bestandsorientierte Beschaffung	**Aufwandsorientierte Beschaffung**
2001	6001
2011	6011
2021	6021
2031	6031
2281	–

- ER für Leihverpackung Rohstoffe

2001	+	260	–	440

Rücksendung der Leihverpackung an Lieferer:

440	–	2001	+	260

Rücksendung

- Total- bzw. Teilrücksendung an Lieferer aufgrund einer Mängelrüge

440	–	200	+	260

Preisnachlass

▪ Preisnachlass des Lieferers aufgrund einer Mängelrüge

→ Unterkonten einrichten: „Stoff"-Konten auf 4. Stelle um „2" erweitern

Bestandsorientierte Beschaffung	**Aufwandsorientierte Beschaffung**
2002	6002
2012	6012
2022	6022
2032	6032
2282	–

440	–	2002	+	260

Bonus

▪ Bonusgutschrift des Lieferers

440	–	2002	+	260

Beachte: Bezugskosten und Preisnachlässe bei Anlagegütern: werden unmittelbar auf dem jeweiligen Anlagekonto (z. B. 070) erfasst; (Anschaffungsnebenkosten mehren den Buchwert der Anlagegüter und werden auch in die Berechnung der Abschreibung miteinbezogen).

1.6.2 Kontierungen im Verkaufsbereich (Kunde)

⇨ **Rabatte** werden auch hier buchhalterisch nicht gesondert erfasst, sondern nur unmittelbar rechnerisch berücksichtigt.

Beispiel:
AR: Fertigerzeugnisse 10.000,00 EUR LVP brutto, 10 % Rabatt, Zielverkaufspreis 9.000,00 EUR + ggf. z. B. 400,00 EUR Versandkosten:

240	–	500	+	480
10.340,00 EUR		9.400,00 EUR		940,00 EUR

Ausgangsfrachten

ER des Spediteurs für Ausgangsfracht, z. B. „frei Haus"-Lieferung an Kunden

614	+	260	–	440

Rücksendung

▪ Total- oder Teilrücksendung von Kunden aufgrund einer Mängelrüge

500	+	480	–	240

Preisnachlass

⇨ Preisnachlass an Kunden aufgrund seiner Mängelrüge

**Unterkonten einrichten: „Umsatzerlös"-Konto auf 4. Stelle
um „1" erweitern**

5001

5001	+	480	–	240

Bonus

⇨ Bonusgutschrift an Kunden

5001	+	480	–	240

Vertreterprovision

⇨ Sondereinzelkosten des Vertriebs (SEKV)

ER	615	+	260	–	440

Spesen für Reisende und Vertreter

⇨ Spesen für Reisende und Vertreter

ER	685	+	260	–	440

Modellkosten, Patente, Lizenzen

⇨ Sondereinzelkosten der Fertigung (SEKF)

ER	617	+	260	–	440

1.6.3 Skonto-Verfahren im Einkaufsbereich

ER 1.100,00 EUR brutto: 8 Tage – 2 % Skonto, 30 Tage netto

▪ **Bruttoverfahren mit sofortiger Einzelwertberichtigung (EWB)**

Geschäftsfall: 1. Stichwort: **brutto**, 2. Stichwort: **Steuerberichtigung**

⇨ Zahlungsbuchung

440	–	280	+	2002[1]
RB brutto		Überweisung		Skonto-Ertrag brutto
1.100,00 EUR		1.078,00 EUR		22,00 EUR

z. B. Rohstoffrechnung

---

[1] *bei Anlagegütern wird das entsprechende Anlagekonto gemindert, z. B. 053, 070,
080, 084*

⇨ Einzelwertberichtigung MwSt. (Steuerkorrektur)

2002	–	260
2,00 EUR		2,00 EUR

■ **Bruttoverfahren mit nachträglicher Sammelwertberichtigung (SWB)**

Geschäftsfall: 1. Stichwort brutto, 2. Abschlussangaben: **Liefererskonti berichtigen**

⇨ Zahlungsbuchung

440	–	280	+	2002[1]	z. B. Rohstoffrechnung
RB brutto		Überweisung		Skonto-Ertrag brutto	
1.100,00 EUR		1.078,00 EUR		22,00 EUR	

⇨ Einzelwertberichtigung MwSt. (Steuerkorrektur): entfällt zunächst beim Geschäftsfall

⇨ 31.12. Sammelbuchung (vorbereitende Abschlussangaben):

2002
	22,00 EUR
	.
	.
	.

$$\left. \begin{array}{l} \text{gesammelte} \\ \text{Skontoerträge brutto} \cdot 19\,\% \\ \hline 119\,\% \end{array} \right\} = \cdot$$

2002[1]	–	260
.		.

■ **Nettoverfahren**

Geschäftsfall: Stichwort **netto**

440	–	280	+	2002[2]	+	260
RB brutto		Überweisung		Skonto-Ertrag netto		MwSt.-Korrektur
1.100,00 EUR		1.078,00 EUR		20,00 EUR		2,00 EUR

---

[1] *Skonto mindert den Anschaffungswert*

[2] *bei Anlagegütern wird das entsprechende Anlagekonto gemindert, z. B. 053, 070, 080, 084*

1.6.4 Skonto-Verfahren im Verkaufsbereich

AR 1.100,00 EUR brutto: 8 Tage – 2 % Skonto, 30 Tage netto

■ **Bruttoverfahren mit sofortiger Einzelwertberichtigung (EWB)**

Geschäftsfall: 1. Stichwort: **brutto**, 2. Stichwort: **Steuerberichtigung**

⇨ Zahlungsbuchung

280	+	5001	–	240
Überweisung		Skontoaufwand brutto		RB brutto
1.078,00 EUR		22,00 EUR		1.100,00 EUR

⇨ Einzelwertberichtigung MwSt. (Steuerkorrektur)

480	–	5001
2,00 EUR		2,00 EUR

■ **Bruttoverfahren mit nachträglicher Sammelwertberichtigung (SWB)**

Geschäftsfall: 1. Stichwort **brutto**, 2. Abschlussangaben: **Kundenskonti berichtigen**

⇨ Zahlungsbuchung

280	+	5001	–	240
Überweisung		Skontoaufwand brutto		RB brutto
1.078,00 EUR		22,00 EUR		1.100,00 EUR

■ **Einzelwertberichtigung MwSt. (Steuerkorrektur):** → entfällt zunächst beim Geschäftsfall

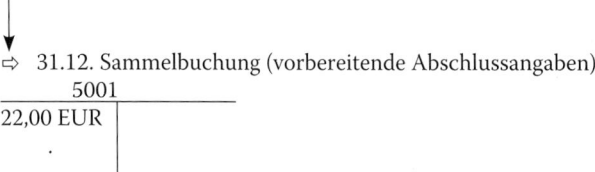

⇨ 31.12. Sammelbuchung (vorbereitende Abschlussangaben)

5001	
22,00 EUR	
·	
·	
·	

$$\frac{\text{gesammelter Skontoaufwand brutto} \cdot 19\%}{119\%} = \cdot$$

480	–	5001
·		·

■ **Nettoverfahren**
Geschäftsfall: Stichwort **netto**

280	+	5001	+	480	–	240
Überweisung		Skonto-Aufwand netto		MwSt.-Steuerkorrektur		RB brutto
1.078,00 EUR		20,00 EUR		2,00 EUR		1.100,00 EUR

1.6.5 Handelswaren

Definition: Güter, die eingekauft und unverändert weiterverkauft werden (HW).

Vorteile
■ Sortimentsbildung möglich
■ keine Kapitalbindung für Anlagegüter
■ kein Personalkostenrisiko
■ evtl. Kostenvorteile durch Fremdbezug
■ kein notwendiges Know-how

→ **Eingangsrechnung** Handelswaren:

228	+	260	–	440

■ Bezugskosten:

2281	+	260	–	440

■ Rücksendung:

440	–	228	+	260

■ Preisnachlass/Bonus:

440	–	2282	+	260

→ **Ausgangsrechnung** Handelswaren:

240	–	510	+	480

■ Rücksendung:

510	+	480	–	240

■ Erlösminderung (Boni/Preisnachlässe):

5101	+	480	–	240

Handelswaren: **Abschluss 31.12.**

⇨ Unterkonten abschließen:

228	–	2281

2282	–	228

→ **Inventurbestand HW:**

801	–	228

- Saldo von Konto 228 = **Minusdifferenz** = **Wert der verkauften Güter zum Einkaufspreis**

$$608 \quad - \quad 228$$

- $802 - 608 \rightarrow$ Abschluss 31.12. über G + V
- $510 - 802 \rightarrow$ Abschluss 31.12. über G + V

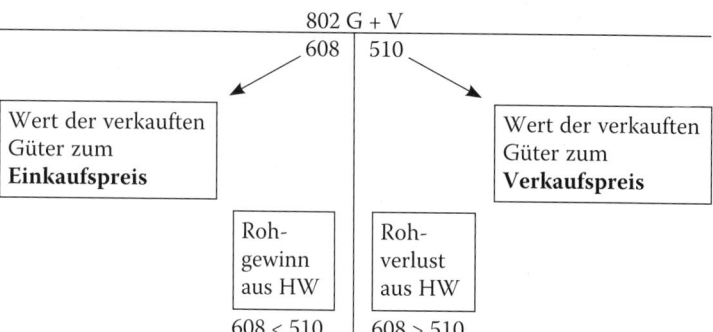

1.7 Lohn- und Gehaltsabrechnung

1.7.1 Ermittlung des Bruttoeinkommens

	Tariflohn/Tarifgehalt
+	Überstundenentgelt
+	VL (Anteil Arbeitgeber)
+	Geldwerte Vorteile, z. B. Geschäfts-Pkw kann privat genutzt werden, Anrechnung: 1 % vom Listenpreis einschl. MwSt.
+	Fahrgeldzuschuss
+	Kantinenzuschuss
+	Kontoführungsgebühr
=	**Bruttolohn/Bruttogehalt** (620/630 S)

1.7.2 Ermittlung der steuerlichen Abzüge

> **Steuern (483 H)**
> **LST/EST (Lohnsteuer/Einkommenssteuer)**
>
> Berechnet vom zu **versteuernden Einkommen**

Berechnung:

Brutto
- **Freibeträge**
  - ▦ **Werbungskosten** pauschal _____ EUR (1.000,00 EUR)
    Aufwendungen zur Sicherung des Arbeitsplatzes, z. B. Fahrtkosten, Gewerkschaftsbeiträge, Arbeitskleidung, Bücher
    oder
    Berechnung nach Einzelnachweisen ohne pauschale Begrenzung

  - ▦ **Sonderaufwendungen**
    Sozialversicherungsanteile Arbeitnehmer und Lebens- und Sterbeversicherung
    - Spenden
    - Kirchensteuern
    - Abschreibungen für Wohneigentum
    - Sonderaufwendungen für besondere Lebensführung, z. B. Diätvorsorge, Medikamente

unter Berücksichtigung der **Lohnsteuerklassen**

I	Ledige, Verwitwete, Geschiedene, dauernd getrennt Lebende
II	Personenkreis Klasse I mit Kindern
IV + IV	Verheiratete mit etwa gleich hohem Anteil am Familieneinkommen
III + V	Verheiratete mit ungleich hohem Anteil am Familieneinkommen
VI	bei einem zweiten Arbeitsverhältnis

Rangfolge der Lohnsteuerklassen: III, IV, II, I, V, VI

Jahreseinkommensfreibetrag für Ledige zzt.: _____ EUR
(Spitzensteuersatz _____ % für Ledige ab _____ EUR
zu versteuerndem Einkommen:
progressiver Steuertarif zwischen _____ EUR und _____ EUR
⇨ _____ % bis _____ %

Solidaritätszuschlag (483 H)

zzt. _____% (5,5 %) berechnet von der Lohn-/Einkommenssteuer

Beachte: Die Soli-Pflicht beginnt erst bei bestimmten Einkommensgrenzen und unter Berücksichtigung der Lohnsteuerklassen.

Beispiel: Klasse I: _____ (13.145,00 EUR) Freibetrag
Klasse II: _____ (18.931,00 EUR) Freibetrag
Klasse III: _____ (25.192,00 EUR) Freibetrag

Kirchensteuer (483 H)

_____% (9 %), (Bayern zzt. 8 %),
berechnet von der Lohn-/Einkommenssteuer

1.7.3   Ermittlung der Sozialversicherungsabzüge

Sozialversicherung (264 H) Arbeitnehmeranteil
berechnet vom **Bruttoeinkommen**

Rentenversicherung
Träger: Deutsche Rentenversicherung Bund

Beitragssatz: _____% (1/2 Arbeitnehmer/1/2 Arbeitgeber)
berechnet vom Bruttolohn ohne Freibeträge
BBGR   (Beitragsbemessungsgrenze): zzt. _____ EUR
(monatliche Höchstgrenze für Beitragsermittlung)
Beachte: Einmalzahlungen (Weihnachts-/Urlaubsgeld) unterliegen nicht
der BBGR, evtl. Jahres-BBGR und Jahresbruttovergleich
→   Pflichtversicherung für alle Arbeitnehmer unabhängig von der
Einkommenshöhe
→   Leistungsanspruch nach 15 Jahren Beschäftigung

Arbeitslosenversicherung
Träger: Agentur für Arbeit

Beitragssatz: _____% 1/2 Arbeitnehmer/1/2 Arbeitgeber
berechnet vom Bruttolohn ohne Freibeträge
BBGR: zzt. _____ EUR
→ Pflichtversicherung für alle Arbeitnehmer, unabhängig von der
Einkommenshöhe
→ Leistungsanspruch nach 15 Jahren Beschäftigung

Krankenversicherung
Träger: AOK (allgemeine Ortskrankenkassen)
BEK (Ersatzkassen)
BKK (Betriebskrankenkassen)

Beitragssatz: _____%, 1/2 Arbeitgeber + … %/1/2 Arbeitnehmer
+ Zusatzkosten Arbeitnehmer
berechnet vom Bruttolohn ohne Freibeträge
BBGR: 75 % der Rentenversicherung _____ EUR
→ Ende der Pflichtversicherung bei Erreichung der BBGR
Einmalzahlung … s. o.
→ sofortiger Leistungsanspruch

Pflegeversicherung
Träger: Pflegekassen

Beitragssatz: _____%, (1/2 Arbeitnehmer + … % /1/2 Arbeitgeber
+ Zusatzkosten Arbeitnehmer)
berechnet vom Bruttolohn ohne Freibeträge
BBGR: 75 % der Rentenversicherung _____ EUR
→ Ende der Pflichtversicherung bei Erreichung der BBGR
Einmalzahlung … s. o.
→ sofortiger Leistungsanspruch

1.7.4 Vermögenswirksame Leistungen

Sparrate (486H)

Definition: der Anteil des Einkommens, der auf Bau- und Ratensparverträge
oder ähnliche Anlagen für den Arbeitnehmer überwiesen werden soll und
damit nicht direkt netto ausgezahlt wird

■ Die Höhe der Sparrate sollte auch der VL vom Arbeitgeber entsprechen.

Beachte: Die **Sparzulage** (= Prämie des Staates für VL) wird vom Staat direkt an den Arbeitnehmer im Rahmen der Lohn- und Einkommensteuererklärung unter Berücksichtigung von Einkommensgrenzen und Familienstand gezahlt.

1.7.5   Sonstige Abzüge

– Vorschusszahlungen (265 S)
– Vorschussrechnung (265 H)
– Miete für Werkswohnung (540 H)
– Pfändungsbetrag und Verwaltungskosten des Gerichts für die Bearbeitung eines Pfändungsüberweisungsbeschlusses (489 H)
– Verwaltungskosten des Industriebetriebes für Pfändung (543 H + 480 H)
– Geldwerter Vorteil (543 H + 480 H)
– Kantinenentgelt (543 H + 480 H)

= Überweisungsbetrag

1.7.6   Buchungstechnik der Lohn- und Gehaltsabrechnung

264 – 280: Überweisung der SV-Beiträge (Arbeitgeber + Arbeitnehmer) komplett vorab an die Krankenkassen zur Verteilung

649 +	265 +	620/630 – 280 + 483 + 264 +				486 +	489
Freiwillige Sozialkosten	Vorschusszahlungen	Bruttoeinkommen	Überweisungsbetrag	EST/ LST/ SDZ/ KST	**Arbeitnehmer-Anteil** RV/ ALV/ KV/PV	Sparrate (VL)	Pfändung

540 +	543 +	480 +	265
Miete Werkswohnung	– Geldwerte Vorteile – Kantinenzuschuss – Verwaltungskosten für Pfändung	MwSt. aus geldwerten Vorteilen	Vorschussverrechnung

Arbeitgeberanteil zur Sozialversicherung

| 640 | – | 264 |

⇨ Überweisungen an Finanzamt:

| 483 | – | 280 |

⇨ Überweisungen der Sparraten:

| 486 | – | 280 |

⇨ Überweisungen der Pfändungen:

| 489 | – | 280 |

1.8 Verkauf gebrauchter Anlagegüter

Check 1: Zeitanteilige Abschreibung

▦ Volle Monate vor Verkaufsdatum müssen noch abgeschrieben werden.
▦ in Aufgaben erkennbar an der Angabe des Verkaufsdatums

wenn **„ja"**   wenn **„nein"**
↓   ↓
zeitanteilige Abschreibung errechnen   weiter mit **Check 2**

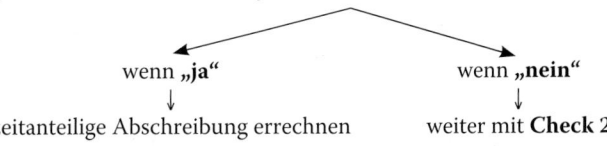

$$\text{Zeitanteilige Abschreibung (in EUR)} = \frac{\text{Jahresabschreibung (in EUR)} \cdot \text{volle Monate vor Verkaufsdatum}}{12 \text{ Monate}}$$

Beispiel:
Verkauf 03.10., AW 24.000,00 EUR, ND lt. AfA 10 Jahre

Zeitanteilige Abschreibung $= 2.400 \cdot \dfrac{9}{12} = 1.800,00$ EUR

Buchung:

| 652 | – | Anlagekonto |

1.800,00 EUR   1.800,00 EUR

Check 2: Direkte oder indirekte Abschreibung in der Vergangenheit

indirekt	**direkt**
↓	↓
In Aufgaben erkennbar an:	In Aufgaben erkennbar daran, dass
▪ Angabe des AW	der Buchwert des Anlagegutes
▪ Angabe der bisherigen Gesamtabschreibungssumme	exakt genannt wird
▪ evtl. Hinweis „indirekt"	

Auflösung der Wertberichtigung

Buchung: | 361 – Anlagekonto |

Check 3: Varianten des Verkaufserfolgs

▪ Vergleich von Buchwert (BW) und Verkaufspreis netto (VPn)

Frage: Wie finde ich das? → normal/aufwendig/ertragreich

Beispiel:

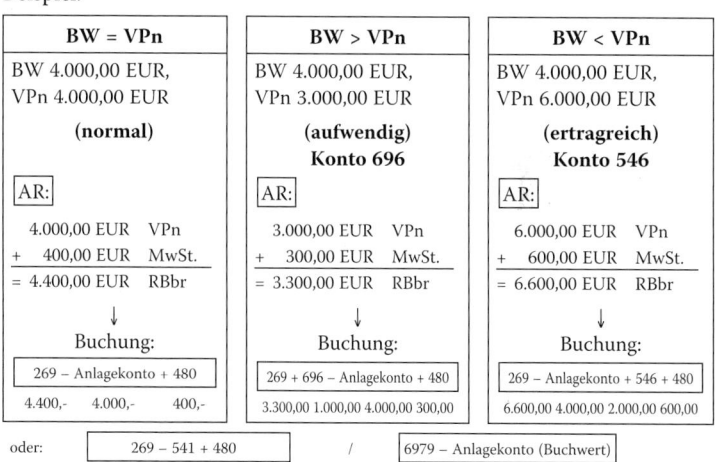

BW = VPn	**BW > VPn**	**BW < VPn**
BW 4.000,00 EUR, VPn 4.000,00 EUR	BW 4.000,00 EUR, VPn 3.000,00 EUR	BW 4.000,00 EUR, VPn 6.000,00 EUR
(normal)	**(aufwendig)** Konto 696	**(ertragreich)** Konto 546
AR:	AR:	AR:
4.000,00 EUR VPn	3.000,00 EUR VPn	6.000,00 EUR VPn
+ 400,00 EUR MwSt.	+ 300,00 EUR MwSt.	+ 600,00 EUR MwSt.
= 4.400,00 EUR RBbr	= 3.300,00 EUR RBbr	= 6.600,00 EUR RBbr
↓	↓	↓
Buchung:	Buchung:	Buchung:
269 – Anlagekonto + 480	269 + 696 – Anlagekonto + 480	269 – Anlagekonto + 546 + 480
4.400,- 4.000,- 400,-	3.300,00 1.000,00 4.000,00 300,00	6.600,00 4.000,00 2.000,00 600,00

oder: | 269 – 541 + 480 | / | 6979 – Anlagekonto (Buchwert) |

1.9 Anzahlungen

▪ Vorauszahlungen (MwSt.-pflichtig), ohne dass zunächst eine konkrete Gegenleistung erbracht wird, um ein Fertigungs- und Verkaufsrisiko abzusichern
▪ üblich bei Großaufträgen

1.9.1 Anzahlungen im Einkaufsbereich

Eigene Anzahlungen

Konto **090** = Anzahlungen für Anlagegüter
Konto **230** = Anzahlungen für Umlaufvermögen (z. B. Rohstoffe)

Beispiel: Kauf von Maschinen/Rohstoffen: Gesamtwert
300.000,00 EUR netto

Zahlungsweise: 1/3 bei Auftragserteilung
2/3 bei Lieferung

| ER | Anzahlung 100.000,00 EUR netto |

090/230	+	260	–	280
100.000,00		10.000,00		110.000,00

| ER | Gesamt bei Lieferung |

070/200	+	260	–	090/230	+	280/440
300.000,00		**20.000,00**		100.000,00		220.000,00

↓

MwSt. gesamt	30.000,00 EUR
– MwSt. Anzahlung	10.000,00 EUR
„Rest"-MwSt.	**20.000,00 EUR**

1.9.2 Anzahlungen im Verkaufsbereich

Erhaltene Anzahlungen

Konto **430** = Anzahlungen von Kunden

Beispiel: Verkauf von Fertigerzeugnissen: Gesamtwert
300.000,00 EUR netto

Zahlungsweise: 1/3 bei Auftragserteilung
2/3 bei Lieferung

| AR | Anzahlung 100.000,00 EUR netto |

240/280	–	430	+	480
110.000,00		100.000,00		10.000,00

$\boxed{\text{AR}}$ Gesamt bei Lieferung

240/280	+	430	−	500	+	480
220.000,00		100.000,00		300.000,00		**20.000,00**

↓

MwSt. gesamt	30.000,00 EUR
− MwSt. Anzahlung	10.000,00 EUR
„Rest"-MwSt.	**20.000,00 EUR**

1.10 Eigenleistungen

Definition: Ein Industriebetrieb erstellt Anlagegüter für die eigene Produktion.

= **EIGENLEISTUNGEN (Konto 530)**

→ Es entstehen Aufwendungen in Klasse 6 und 7.
→ alle Aufwendungen addiert = Herstellkosten

	Herstellkosten
+	VWGK in % (Verwaltungsgemeinkosten)
=	**aktivierungspflichtiger Höchstbetrag(*)**

↓

Anlagegut muss nach Fertigstellung in Klasse 0 oder 1 übernommen werden.

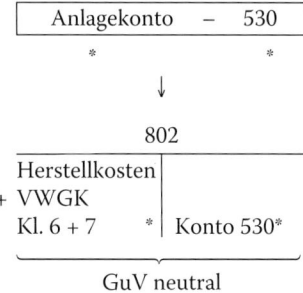

Anlagekonto — 530

*   *

↓

802

Herstellkosten	
+ VWGK	
Kl. 6 + 7 *	Konto 530*

GuV neutral

Abschreibung am 31.12.
Die jährliche Abschreibung erfolgt nun wie gewohnt: Anschaffungswert = stets aktivierungspflichtiger Höchstbetrag.

1.11 Reparaturen

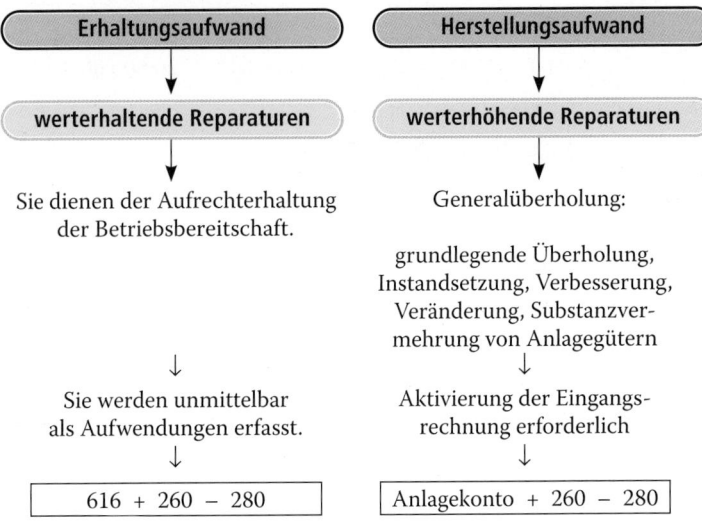

Erhaltungsaufwand	Herstellungsaufwand
werterhaltende Reparaturen	werterhöhende Reparaturen
Sie dienen der Aufrechterhaltung der Betriebsbereitschaft.	Generalüberholung: grundlegende Überholung, Instandsetzung, Verbesserung, Veränderung, Substanzvermehrung von Anlagegütern
↓	↓
Sie werden unmittelbar als Aufwendungen erfasst.	Aktivierung der Eingangsrechnung erforderlich
↓	↓
616 + 260 – 280	Anlagekonto + 260 – 280

1.12 Steuern im Überblick

Aktivierungspflichtige Steuern

Grunderwerbssteuer, fällig beim Kauf von Grund und Gebäuden (____% v. Kaufpreis) = aktivierungspflichtige Anschaffungsnebenkosten

Kaufpreis	100.000,00 EUR	MwSt.-frei
+ Grund- erwerbs- steuer	6.500,00 EUR	MwSt.-frei
+ Gebühren	400,00 EUR	MwSt.-frei
+ Notarkosten	500,00 EUR	MwSt.-pflichtig
+ MwSt.	50,00 EUR	
= Gesamtpreis	106.950,00 EUR	

050	+	260	–	440
106.900,00		50,00		106.950,00

Aufwandssteuern (Betriebssteuern)

⇨ mindern den Gewinn und gehen in die Kalkulation der Produkte ein:

Gewerbesteuer	Konto 700
Grundsteuer	Konto 702
Kfz-Steuer	Konto 703
Hundesteuer (Wachhund)	Konto 709

Personensteuern (Privatsteuern)

⇨ mindern nicht den steuerpflichtigen Gewinn = nicht abzugsfähige Betriebsausgaben/Kosten

Einkommenssteuer	Inhaber	Konto 3001
Kirchensteuer	Inhaber	Konto 3001
Hundesteuer (Pudel)	Inhaber	Konto 3001
Körperschaftssteuer (ESt. der Kapitalgesellschaften)		Konto 771

Durchlaufende Steuern

Definition: Steuern, die im Auftrag des Finanzamtes einzuziehen und abzuführen sind

Umsatzsteuer/MwSt.	Konto 260 bzw. 480
einbehaltene Lohn-, Einkommen- und Kirchensteuer und Solidaritätszuschlag	Konto 483

1.13 Periodengerechte Rechnungsabgrenzung

31.12.: GOB: Grundsatz der periodengerechten Abgrenzung aller Aufwendungen und Erträge (Klassen 5, 6, 7)

Frage: Wo liegt der Zahlungszeitpunkt?

MwSt. 31.12.: Nie!

(MwSt. immer nur zum Zahlungszeitpunkt bzw. Rechnungserhalt)

Altes Jahr	Neues Jahr
Transitorische RA	**Antizipative RA**
⇨ ins neue Geschäftsjahr hinübergehende RA: am 31.12. das wegnehmen, was bereits gebucht ist, aber nicht ins alte Jahr gehört	⇨ sich auf vorhergehendes beziehende RA: am 31.12. das buchen, was ins alte Jahr gehört und bisher dort nicht erfasst wurde

Altes Jahr:

31.12. | 290 – 6 + 7
       | 5 – 490

Neues Jahr:

31.12. | 269 – 5
       | 6 + 7 – 489

Beispiele: (Altes Jahr)

1. Wir zahlen 3.000,00 EUR Miete für 3 Monate **im Voraus**:

Zahlungsbuchung 01.11.
670 – 280
3'   3'

670
01.11. 3' | 31.12. 1'

Abgrenzung 31.12.
290 – 670
1'   1'

2'
01.11. 31. 12. 01.02.

Auflösung der Abgrenzung 01.01.
670 – 290
1'   1'

2. Wir erhalten 3.000,00 EUR Miete für 3 Monate **im Voraus**:

Zahlungsbuchung 01.11.
280 – 540
3'   3'

540
31.12. 1' | 01.11. 3'

Abgrenzung 31.12.
540 – 490
1'   1'

2'
01.11. 31. 12. 01.02.

Auflösung der Abgrenzung 01.01.
490 – 540
1'   1'

Beispiele: (Neues Jahr)

1. Wir zahlen 3.000,00 EUR Miete für 3 Monate **rückwirkend**:

Zahlungsbuchung 01.11.
Monate 08, 09, 10
670 – 280
3'   3'

670
31.12. 2'

Abgrenzung 31.12.
670 – 489
2'   2'

2'   1'
01.11. 31. 12. 01.02.

01.01.
– – –

Zahlungsbuchung 01.02.
Monate 11, 12, 01
489 + 670 – 280
2'   1'   3'

2. Wir erhalten 3.000,00 EUR Miete für 3 Monate **rückwirkend**:

Zahlungsbuchung 01.11.
Monate 08, 09, 10
280 – 540
3'   3'

540
01.11. 2'

Abgrenzung 31.12.
269 – 540
2'   2'

2'   1'
01.11. 31. 12. 01.02.

01.01.
– – –

Zahlungsbuchung 01.02.
Monate 11, 12, 01
280 – 269 + 540
3'   2'   1'

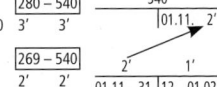

1.14 Rückstellungen

Definition: Schulden/Kosten, die wirtschaftlich/verursachungsgerecht das alte Geschäftsjahr betreffen, deren genaue Höhe und Fälligkeit jedoch am Bilanzstichtag noch nicht feststehen.

1.14.1 Bildung der Rückstellung

▪ Rückstellungen werden geschätzt bzw. **laut Kostenvoranschlag** (= Schätzung) gebucht.

Beachte: 31.12. MwSt. → Nie! MwSt. immer nur zum Rechnungseingang bzw. Zahlungszeitpunkt

Kto 370 Rückstellungen für Pensionen   31.12.:

Kto 380 Steuerrückstellungen

Kto 390 Sonstige Rückstellungen

> **Kosten 6, 7 – 370, 380, 390**

31.12.: Passivierungspflicht für

▪ erwartete Steuernachzahlungen

| 700 (701 etc.) – 380 |

▪ Prozesskosten aus schwebenden Prozessen

| 677 – 390 |

▪ Inanspruchnahme aus Garantieverpflichtungen/Kulanz

| 698 – 390 |

▪ Inanspruchnahme aus Pensionsverpflichtungen

| 644 – 370 |

▪ Inanspruchnahme von Provisionsverbindlichkeiten

| 676 – 390 |

▪ Inanspruchnahme aus Bürgschaften

| 699 – 390 |

▪ drohende Verluste aus schwebenden Geschäften

| 694 – 390 |

▪ unterlassene Instandhaltung (diese muss innerhalb des 1. Quartals des Folgejahres durchgeführt werden) lt. Kostenvoranschlag, z. B. 5.000,00 EUR

| 616 – 390 |
| 5.000,00 5.000,00 |

1.14.2 Auflösung der Rückstellung (neues Geschäftsjahr)

⇨ Die am Bilanzstichtag geschätzten Schulden/Kosten werden nun exakt abgerechnet. Belege: Steuerbescheid, ER u. Ä.

Möglichkeiten:

Z. B. ER für Instandhaltung am 05.02. (Kostenvoranschlag vom 31.12.: 5.000,00 EUR)

↓

ER neues Geschäftsjahr entspricht Schätzung 31.12.

ER 5.000,00 EUR netto

390	+	260	–	280
5.000,00 EUR		500,00 EUR		5.500,00 EUR

ER neues Geschäftsjahr > Schätzung 31.12.

ER 7.000,00 EUR netto

390	+	**699**	+	260	–	280
5.000,00 EUR		2.000,00 EUR		700,00 EUR		7.700,00 EUR

ER neues Geschäftsjahr < Schätzung 31.12.

ER 1.000,00 EUR netto

390	+	260	–	280	+	**548**
5.000,00 EUR		100,00 EUR		1.100,00 EUR		4.000,00 EUR

1.15 Abschreibung auf Forderungen

1.15.1 Direkte Abschreibungen auf Forderungen

⇨ Alles spielt sich in einem Geschäftsjahr ab.

06.02. AR Verkauf von Fertigerzeugnissen auf Ziel

240	–	500	+	480
11.000,00 EUR		10.000,00 EUR		1.000,00 EUR

20.03. Über das Vermögen des Kunden wird das Insolvenzverfahren eröffnet.

247	–	240

11.000,00 EUR   11.000,00 EUR

10.10. **Insolvenzverfahren abgeschlossen:**

■ **1. Variante:** | **Totalausfall** | z. B.: Konkurs-
quote   0 %
Ausfall   100 %

– eigene Abschreibung (netto)

695	–	247

10.000,00 EUR 10.000,00 EUR

– Zahlungseingang (immer inkl. MwSt.)
entfällt

– MwSt.-Korrektur

480	–	247

1.000,00 EUR   1.000,00 EUR

695	+	480	–	247

10.000,00 EUR 1.000,00 EUR 11.000,00 EUR

■ **2. Variante:** | **Teilausfall** | z. B.: Insolvenz-
quote   60 %
Ausfall   40 %

– eigene Abschreibungen (netto)
(4000,00 EUR = 40 % von 10.000,00 EUR)

695	–	247

4.000,00 EUR   4.000,00 EUR

– Zahlungseingang (immer inkl. MwSt.)

280	–	247

6.600,00 EUR   6.600,00 EUR

– MwSt.-Korrektur

480	–	247

400,00 EUR   400,00 EUR

695	+	280	+

4.000,00 EUR   6.600,00 EUR

480	–	247

400,00 EUR   11.000,00 EUR

1.15.2 Indirekte Abschreibungen auf Forderungen mit Einzelwertberichtigung (EWB/Kto 367)

⇨ Alles spielt sich in mindestens zwei Geschäftsjahren ab.

06.02. AR Verkauf von Fertigerzeugnissen auf Ziel

240	–	500	+	480

11.000,00 EUR   10.000,00 EUR   1.000,00 EUR

20.03. Über das Vermögen des Kunden wird das Insolvenzverfahren eröffnet.

247	–	240

11.000,00 EUR   11.000,00 EUR

31.12. Schätzen der Insolvenz-/Vergleichsquote „netto" (z. B. 60 %)
Buchen des Insolvenzausfalls „netto" (z. B. hier geschätzt 40 %, also 4.000,00 EUR)

Beachte: MwSt. 31.12.: Nie!

31.12.	**695(2)**	–	367

4.000,00 EUR   4.000,00 EUR

Neues Geschäftsjahr

20.05. Insolvenzverfahren abgeschlossen

Zahlungseingang und effektive Abschreibung

280	+	**695(1)**	+	**480**	–	**247**

Beispiel:

Insolvenzquote	60 %	6.600,00 EUR	4.000,00 EUR	400,00 EUR	11.000,00 EUR
Insolvenzquote	10 %	1.100,00 EUR	9.000,00 EUR	900,00 EUR	11.000,00 EUR
Insolvenzquote	80 %	8.800,00 EUR	2.000,00 EUR	200,00 EUR	11.000,00 EUR
Insolvenzquote	0 %	–	10.000,00 EUR	1.000,00 EUR	11.000,00 EUR

Stornierung des geschätzten Insolvenzausfalls vom 31.12.

367	–	545(**6952**)

z. B. 4.000,00 EUR   4.000,00 EUR

1.15.3 Pauschalwertberichtigung auf Forderungen (PWB/Kto 368)

31.12. zweifelhafte Forderungen

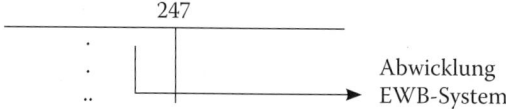

31.12. einwandfreie Forderungen

Aus Gründen der kaufmännischen Vorsicht schreibt der Kaufmann vorsorglich – aus Erfahrung – trotzdem einen bestimmten Prozentsatz (z. B. 2 %) bereits ab.

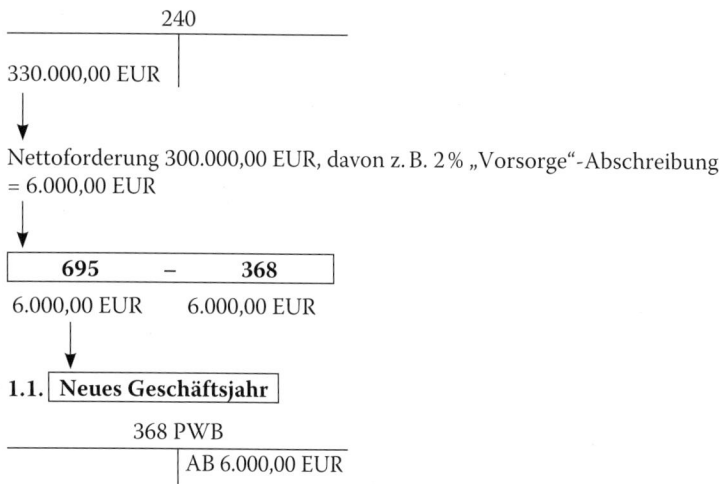

Plötzlich werden von den ehemals einwandfreien Forderungen vom 31.12. einige tatsächlich zweifelhaft:

247	–	240

Beispiele:

① 06.01. Totalausfall: 1.100,00 EUR RBbr

1. Auflösung der PWB   368 – 247
                                1.000,00 EUR

368	+	480	–	247
1.000,00 EUR		100,00 EUR		1.100,00 EUR

2. Zahlungseingang   – – –

	368 PWB		
① 1.000,00	AB	6.000,00

3. Steuerkorrektur   480 – 247
                             100,00 EUR

② 12.01. Teilausfall: 4.400,00 EUR RBbr Quote 75 %

          1'   3,3'   100   –   4,4'

1. Auflösung der PWB   368 – 247
                                  1.000,00 EUR

2. Zahlungseingang   280 – 247
                                  3.300,00 EUR

3. Steuerkorrektur   480 – 247
                                  100,00 EUR

	368		
① 1.000,00	AB	6.000,00
② 1.000,00		

③ 15.01. Totalausfall: 13.200,00 EUR RBbr

368	+	**699**	+	480	–	247
4'		8'		1,2'		13,2'

1. Auflösung der PWB   368* – 247
                                  4.000,00 EUR

	699	
③ 8.000,00		

2. Zahlungseingang   699* – 247
                                  8.000,00 EUR

3. Steuerkorrektur   480 – 247
                                  1.200,00 EUR

	368		
① 1.000,00	AB	6.000,00
② 1.000,00		
③ 4.000,00		
(= Rest)		

+++ | **nächster 31.12.** | +++

Beispiel:

240
―――――――――――――――――――――――――
220.000,00 EUR |

↓

Nettoforderung 200.000,00 EUR, davon z. B. 2 % „Vorsorge"-Abschreibung = 4.000,00 EUR

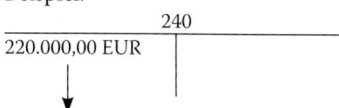

| **695** – **368** |
| 4.000,00 EUR   4.000,00 EUR |

neue PWB = 4.000,00 EUR

↓

VARIANTEN

Beispiele:

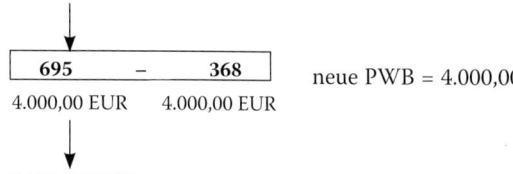

1) **Rest-PWB = 0**   Neues Geschäftsjahr

| 368 | | **695** – **368** | 368 |
| — | — | 4.000,00 EUR | = **4.000,00 EUR** |

―――

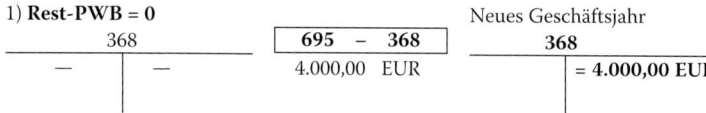

2) **Rest-PWB = 1.000,00** | **Aufstockung** |

368		**695** – **368**	368
	1.000,00 EUR	3.000,00 EUR	1.000,00 EUR
			+ 3.000,00 EUR
			= **4.000,00 EUR**

―――

3) **Rest-PWB = 9.000,00** | **Herabsetzung** |

368		**368** – **545**	368	
	9.000,00 EUR	5.000,00 EUR	5.000,00 EUR	9.000,00 EUR
				= **4.000,00 EUR**

1.16 Jahresabschluss der Kapitalgesellschaften

1.16.1 Bestandteile

- Bilanz (§ 266 HGB)
- Gewinn- und Verlustrechnung (§ 275 HGB)
- Anhang (§ 284 HGB)

Ziel: nähere Erläuterung zur Bilanz und GuV-Rechnung

- Bewertungs- und Abschreibungsmethoden
- Beteiligungen
- langfristige Darlehen
- Bezüge der Geschäftsführer und des Aufsichtsrates
- Zahl der Arbeitnehmer u. Ä.
- Lagebericht, Informationen über Geschäftsverlauf, z. B. Liquiditätslage, Personalentwicklung usw.

Offenlegung des Jahresabschlusses nach § 325 HGB

Kap.-Gesellschaft	Offenlegung					Prüfung
	Jahresabschluss			Lage-bericht	Publizität	
	Bilanz	GuV	Anhang			
kleine	x	-	x	–	HR[1]	–
mittelgroße	x	x	x	x	HR	x
große	x	x	x	x	HR + BA[2]	x

1.16.2 Aufgliederung des Eigenkapitals in der Bilanz

Bilanz der Kapitalgesellschaften

	A. Eigenkapital
	I. Gezeichnetes Kapital
	II. Kapitalrücklage
	III. Gewinnrücklage
	IV. Gewinn-/Verlustvortrag
	V. Jahresüberschuss/Jahres-fehlbetrag

I. Gezeichnetes Kapital
  ⇨ das ins Handelsregister eingetragene Kapital
     GmbH = Stammkapital
     AG   = Grundkapital = Summe der Nennwerte der Aktien

II. Kapitalrücklagen
  ⇨ entstehen durch Agio (Aufgeld) bei der Ausgabe von Stammanteilen bzw. Aktien über Nennwert

III. Gewinnrücklagen
  ▪ Gesetzliche Rücklagen: AG: so lange 5 % vom Gewinn jährlich, bis 10 % des Grundkapitals erreicht
  ▪ Freie Rücklagen: maximal bis zur Hälfte des Jahresüberschusses
  Beachte: Gewinnrücklagen werden aus dem bereits versteuerten Jahresgewinn gebildet.
  ▪ Offene Rücklagen = Kapital- und Gewinnrücklagen, erkennbar in der Bilanz
  ▪ Stille Rücklagen = stille Reserven, die aus der Unterbewertung des Vermögens bzw. durch Überbewertung der Rückstellungen entstehen.

IV. Gewinn-/Verlustvortrag
  ▪ Restbeträge, die im Vorjahr noch nicht ausgeschüttet wurden

V. Jahresüberschuss/Jahresfehlbetrag
  ⇨ Saldo von Kto GuV aus laufendem Geschäftsjahr

1.16.3 Gliederung der Jahresbilanz

Nach § 266 Abs. 2 und 3 HGB

Aktiva	Passiva

A. Anlagevermögen
I. Immaterielle Vermögensgegenstände
   1. Konzessionen, gewerbliche Schutzrechte und ähnliche Rechte und Werte sowie Lizenzen an solchen Rechten und Werten
   2. Geschäfts- oder Firmenwert
   3. geleistete Anzahlungen
	A. Eigenkapital
	I. Gezeichnetes Kapital
	II. Kapitalrücklage
	III. Gewinnrücklagen
	   1. gesetzliche Rücklage
	   2. Rücklage für eigene Anteile
	   3. satzungsmäßige Rücklagen
	   4. andere Gewinnrücklagen

Aktiva   Passiva

II. **Sachanlagen**
1. Grundstücke, grundstücksgleiche Rechte und Bauten einschließlich der Bauten auf fremden Grundstücken
2. technische Anlagen und Maschinen
3. andere Anlagen, Betriebs- und Geschäftsausstattung
4. geleistete Anzahlungen und Anlagen im Bau

III. **Finanzanlagen**
1. Anteile an verbundenen Unternehmen
2. Ausleihungen an verbundene Unternehmen
3. Beteiligungen
4. Ausleihungen an Unternehmen, mit denen ein Beteiligungsverhältnis besteht
5. Wertpapiere des Anlagevermögens
6. sonstige Ausleihungen

B. **Umlaufvermögen**

I. **Vorräte**
1. Roh-, Hilfs- und Betriebsstoffe
2. unfertige Erzeugnisse
3. fertige Erzeugnisse und Waren
4. geleistete Anzahlungen

II. **Forderungen und sonstige Vermögensgegenstände**
1. Forderungen aus Lieferungen und Leistungen
2. Forderungen gegen verbundene Unternehmen
3. Forderungen gegen Unternehmen, mit denen ein Beteiligungsverhältnis besteht
4. sonstige Vermögensgegenstände

III. **Wertpapiere**
1. Anteile an verbundenen Unternehmen
2. eigene Anteile
3. sonstige Wertpapiere

IV. **Schecks, Kassenbestand, Bundesbank- und Postbankguthaben, Guthaben bei Kreditinstituten**

C. **Rechnungsabgrenzungsposten**

IV. **Gewinnvortrag/Verlustvortrag**

V. **Jahresüberschuss/Jahresfehlbetrag**

B. **Rückstellungen**
1. Rückstellungen für Pensionen und ähnliche Verpflichtungen
2. Steuerrückstellungen
3. sonstige Rückstellungen

C. **Verbindlichkeiten**
1. Anleihen, davon konvertibel
2. Verbindlichkeiten gegenüber Kreditinstitut
3. erhaltene Anzahlungen auf Bestellungen
4. Verbindlichkeiten aus Lieferungen und Leistungen
5. Verbindlichkeiten aus der Annahme gezogener Wechsel und der Ausstellung eigener Wechsel
6. Verbindlichkeiten gegenüber verbundenen Unternehmen
7. Verbindlichkeiten gegenüber Unternehmen, mit denen ein Beteiligungsverhältnis besteht
8. sonstige Verbindlichkeiten, davon aus Steuern davon im Rahmen der sozialen Sicherheit

D. **Rechnungsabgrenzungsposten**

1.16.4 Gliederung der Gewinn- und Verlustrechnung in Staffelform (§ 275 [2] HGB)

	Kurz gefasster Aufbau der Erfolgsrechnung:
1 Umsatzerlöse	1 Umsatzerlöse
2 ± Erhöhung oder Verminderung des Bestandes an fertigen und unfertigen Erzeugnissen	2 ± Bestandsveränderungen
3 + andere aktivierte Eigenleistungen (z. B. selbst erstellte Anlagen)	3 + aktivierte Eigenleistungen
4 + sonstige betriebliche Erträge (z. B. Mieterträge, Buchgewinne u. Ä.)	4 + sonstige betriebliche Erträge
5 − Materialaufwand a) Aufwendungen für Roh-, Hilfs- und Betriebsstoffe und für bezogene Waren b) Aufwendungen für bezogene Leistungen	5 − Materialaufwand
6 − Personalaufwand a) Löhne und Gehälter b) Soziale Abgaben und Aufwendungen für Altersversorgung und für Unterstützung 7 − Abschreibungen a) auf immaterielle Anlagewerte und Sachanlagen b) auf Vermögensgegenstände, soweit diese die in der Kapitalgesellschaft üblichen Abschreibungen überschreiten 8 − sonstige betriebliche Aufwendungen (z. B. Raumkosten, Buchverluste u. a.)	= **Rohergebnis** 6–8 − übrige betriebliche Aufwendungen
9 + Erträge aus Beteiligungen 10 + Erträge aus anderen Wertpapieren und Ausleihungen des Finanzanlagevermögens 11 + sonstige Zinsen und ähnliche Erträge	9–11 + Erträge aus dem Finanzbereich
12 − Abschreibungen auf Finanzanlagen und auf Wertpapiere des Umlaufvermögens 13 − Zinsen und ähnliche Aufwendungen	12–13 − Aufwendungen aus dem Finanzbereich
14 = Ergebnis der gewöhnlichen Geschäftstätigkeit	14 = Ergebnis der gewöhnlichen Geschäftstätigkeit
15 + außerordentliche Erträge	15 + außerordentliche Erträge

16 – außerordentliche Aufwendungen	16 – außerordentliche Aufwendungen
17 ± außerordentliches Ergebnis 18 – Steuern vom Einkommen und vom Ertrag (Körperschafts- und Gewerbeertragsteuer) 19 – sonstige Steuern (z. B. Grund-, Kfz-Steuer u. a.)	17 ± außerordentliches Ergebnis 18–19 – Personen- und Betriebssteuern
20 = Jahresüberschuss/Jahresfehlbetrag	20 = Jahresüberschuss/Jahresfehlbetrag

Erläuterungen:

Posten 1–4:   betriebsgewöhnliche Erträge
Posten 5–8:   betriebsgewöhnliche Aufwendungen
Posten 4 und 8:   Sammelposten für alle nicht im Gliederungsschema gesondert auszuweisenden Erträge und Aufwendungen aus der gewöhnlichen Geschäftstätigkeit
Posten 9–13:   Erträge und Aufwendungen des Finanzbereiches
Posten 15 und 16: ungewöhnliche (seltene) Aufwendungen (z. B. Verluste aus sehr großen Schadensfällen und Enteignungen, Verlust aus dem Verkauf eines Teilbestandes) und Erträge (z. B. Steuererlass, Gewinne aus dem Verkauf eines Teilbetriebs, Erträge aus Gläubigerverzicht)

Beachte: Mittelgroße Kapitalgesellschaften dürfen die Posten 1 bis 5 als „Rohergebnis" zusammenfassen. Ziel: Der Konkurrenz bleibt die Höhe des Umsatzes verborgen.

1.17 Auswertung des Jahresabschlusses aller Unternehmensformen

1.17.1 Bilanzauswertung

Bilanzstruktur

Vermögen	Kapital

I. Anlagevermögen
II. Umlaufvermögen
   1. Vorräte
   2. Forderungen
   3. flüssige Mittel
	I. Eigenkapital
	II. Fremdkapital
	   1. langfristiges FK
	   2. kurzfristiges FK

Kennzahlen der Vermögensstruktur (Konstitution) = Verhältnis zwischen Anlage- und Umlaufvermögen

$$\text{Anteil des Anlagevermögens} = \frac{AV}{\text{Gesamtvermögen}} \cdot 100\,\%$$

$$\text{Anteil des Umlaufvermögens} = \frac{UV}{\text{Gesamtvermögen}} \cdot 100\,\%$$

$$\text{Anteil der Vorräte} = \frac{\text{Vorräte}^{1}}{\text{Gesamtvermögen}} \cdot 100\,\%$$

$$\text{Anteil der Forderungen} = \frac{\text{Forderungen}}{\text{Gesamtvermögen}} \cdot 100\,\%$$

$$\text{Anteil der flüssigen Mittel} = \frac{\text{flüssige Mittel}}{\text{Gesamtvermögen}} \cdot 100\,\%$$

Kennzahlen der Anlagendeckung (Investierung)

- Maßstab zur Beurteilung der Kapitalausstattung
- Anlagevermögen sollte durch langfristiges Kapital finanziert sein (i. d. R. Eigenkapital, evtl. auch noch die Mindestbestände an Vorräten).

$$\text{Deckungsgrad I} = \frac{\text{Eigenkapital}}{\text{Anlagevermögen}} \cdot 100\,\%$$

$$\text{Deckungsgrad II} = \frac{\text{langfristiges Kapital}}{\text{Anlagevermögen}} \cdot 100\,\%$$

Kennzahlen der Kapitalstruktur (Finanzierung)

Der Grad der Verschuldung wird durch die Höhe des Fremdkapitals im Verhältnis zum Gesamtkapital deutlich.

$$\text{Grad der finanziellen Unabhängigkeit} = \frac{EK}{\text{Gesamtkapital}} \cdot 100\,\%$$

$$\text{Grad der Verschuldung} = \frac{FK}{\text{Gesamtkapital}} \cdot 100\,\%$$

$$\text{Anteil des langfristigen Fremdkapitals} = \frac{\text{langfristiges FK}}{\text{Gesamtkapital}} \cdot 100\,\%$$

$$\text{Anteil des kurzfristigen Fremdkapitals} = \frac{\text{kurzfristiges FK}}{\text{Gesamtkapital}} \cdot 100\,\%$$

---

[1] *Ggf. der Konten 210/220 = unfertige und fertige Erzeugnisse*

Kennzahlen der Liquidität (Zahlungsfähigkeit)

Die Zahlungsfähigkeit gilt i. d. R. als gesichert, wenn das Umlaufvermögen doppelt so groß wie das kurzfristige Fremdkapital ist (200 %).

$$\text{Liquidität I} = \frac{\text{flüssige Mittel}}{\text{kurzfristiges Fremdkapital}} \cdot 100\,\%$$

$$\text{Liquidität II} = \frac{(\text{flüssige Mittel} + \text{Forderungen})}{\text{kurzfristiges Fremdkapital}} \cdot 100\,\%$$

$$\text{Liquidität III} = \frac{\text{Umlaufvermögen}}{\text{kurzfristiges Fremdkapital}} \cdot 100\,\%$$

1.17.2 Gewinn- und Verlustauswertung

Zur Gewinn- und Verlustauswertung werden Kennzahlen für Wirtschaftlichkeit und Rentabilität ermittelt.

Kennzahlen der Wirtschaftlichkeit

$$\text{Lagerumschlagshäufigkeit} = \frac{\text{Jahresverbrauch (Materialeinsatz)}}{\text{Lagerbestand}}$$

$$\text{Durchschnittliche Lagerdauer} = \frac{360}{\text{Lagerumschlagshäufigkeit}}$$

$$\text{Forderungsumschlagshäufigkeit} = \frac{\text{Umsatzerlöse}}{\text{Forderungsbestand}}$$

$$\text{Durchschnittliche Kreditdauer} = \frac{360}{\text{Forderungsumschlagshäufigkeit}}$$

$$\text{EK-Umschlagshäufigkeit} = \frac{\text{Umsatzerlöse}}{\text{Eigenkapital}}$$

$$\text{Gesamtkapitalumschlagshäufigkeit} = \frac{\text{Umsatzerlöse}}{\text{Gesamtkapital}}$$

$$\text{Durchschnittliche Kapitalumschlagsdauer} = \frac{360}{\text{Kapitalumschlagshäufigkeit}}$$

Kennzahlen der Rentabilität

Unternehmensrentabilität/EK-Rentabilität $= \dfrac{\text{Gewinn}}{\text{EK}} \cdot 100$

Unternehmensrentabilität/
Gesamtkapitalrentabilität $= \dfrac{(\text{Gewinn} + \text{FK-Zinsen})}{\text{Gesamtkapital}} \cdot 100$

Umsatzrentabilität/Umsatzverdienstrate $= \dfrac{\text{Gewinn}}{\text{Umsatzerlöse}} \cdot 100$

Cashflow-Analyse

- Messziffer für Selbstfinanzierungskraft eines Unternehmens, d. h. der Kassenzufluss, also die selbst erwirtschafteten Mittel in einem Geschäftsjahr, die dem Unternehmen frei zur Verfügung stehen für:
  - Tilgung von Fremdkapital,
  - Finanzierung von Investitionen,
  - Gewinnausschüttung.
- Abschreibungen und Pensionsrückstellungen müssen dem Jahresgewinn zugerechnet werden, da sie nicht ausgabewirksam sind und dem Unternehmen zur Finanzierung zur Verfügung stehen.

	Jahresgewinn
+	Abschreibungen
+	Pensionsrückstellungen
=	Cashflow

Kennzahl

Cashflow in Prozent

(Unternehmensrentabilität/EK-Rentabilität) $= \dfrac{\text{Cashflow in EUR} \cdot 100}{\text{Umsatzerlöse in EUR}}$

- Aussage in Prozent gibt an, wie viel Prozent der Umsatzerlöse dem Unternehmen zum Zweck der Selbstfinanzierung zur Verfügung stehen.

1.18 Betriebswirtschaftliche Formelsammlung

Materialwirtschaft

- Meldebestand: (Tagesverbrauch · Lieferzeit) + eiserner Bestand
- Bruttobedarf: Summe aus Primärbedarf oder Sekundärbedarf oder Tertiärbedarf
- vom Brutto- zum Nettobedarf:

> Bruttobedarf (Sekundärbedarf + Zusatzbedarf für Ersatzteile/Ausschuss)
> − Lagerbestand
> + eiserner Bestand
> − offene Bestellungen
> − Restmaterialien im Fertigungsumlauf
> + Reservierungen
> ――――――――――――――――――――――――――――
> = Nettobedarf

- Durchschnittlicher Lagerbestand:

  a) **bei Jahresinventuren** (wertmäßige Betrachtung)

  $$\frac{\text{Jahresanfangsbestand} + \text{Jahresendbestand}}{2}$$

  b) **bei Monatswerten** (wertmäßige Betrachtung)

  $$\frac{\text{Anfangsbestand} + \text{x Monatsendbestände}}{1 + \text{x Monatsendbestände}} \qquad \frac{\text{12 Monatsendbestände}}{13}$$

  c) **bei gleichmäßigem Abgang vom Lager** (mengenmäßige Betrachtung)

  $$\frac{\text{Bestellmenge}}{2} + \text{eiserner Bestand}$$

- Umschlagshäufigkeit: $\dfrac{\text{Jahresverbrauch}}{\text{durchschnittlicher Lagerbestand}}$

- Durchschnittliche Lagerdauer: $\dfrac{360}{\text{Umschlagshäufigkeit}}$

Jahresverbrauch:

> Anfangsbestand
> + Zugänge
> − Endbestand
> ――――――――――――
> = Jahresverbrauch

▨ Beschaffungsbestand:	Tagesverbrauch · Beschaffungszeit oder Meldebestand − eiserner Bestand

▨ Lagerzinssatz:
$$\frac{\text{Bankzinssatz} \cdot \text{Lagerdauer in Tagen}}{360} \qquad \frac{\text{Bankzinssatz}}{\text{UH}}$$

▨ Lagerzinsen:
$$\frac{\text{Jahresverbrauch} \cdot \text{Bankzinssatz}}{\text{Umschlagshäufigkeit} \cdot 100} \qquad \frac{\text{Wert} \oslash \text{LB} \cdot \text{Bankz.\%}}{100}$$

▨ Mindestbestand: Tagesverbrauch · Lieferzeit in Notfällen (festgelegter Mindestbestand in Tagen)

▨ Höchstbestand: Mindestbestand + optimale Bestellmenge

▨ ⌀ Kapitalbindung ⌀ Lagerbestand · Einstandspreis je Mengeneinheit

Produktionswirtschaft

▨ Beschäftigungsgrad:
$$\frac{\text{Ausbringungsmenge} \cdot 100}{\text{optimale Kapazität}}$$

▨ Stückkosten:
$$\frac{\text{Gesamtkosten}}{\text{Ausbringungsmenge}}$$

▨ Gesamtkosten: fixe Kosten + variable Kosten

▨ Deckungsbeitrag: Erlöse − variable Kosten

▨ Gewinnschwelle
 Break-even-Point
 Nutzenschwelle
$$\frac{\text{Fixkosten (gesamt)}}{\text{Deckungsbeitrag je Mengeneinheit}}$$

▨ Produktivität:
$$\frac{\text{Output}}{\text{Input}}$$

▨ Arbeitsproduktivität:
$$\frac{\text{Ausbringungsmenge}}{\text{Arbeitsstunden oder Anzahl der Arbeitnehmer}}$$

▨ Kapitalproduktivität:
$$\frac{\text{Ausbringungsmenge}}{\text{Kapitaleinsatz}}$$

▨ Wirtschaftlichkeit:
$$\frac{\text{Ertrag/Leistung}}{\text{Aufwand/Kosten}}$$

▪ Taktzeit:	Bearbeitungszeit + Wartezeit des Arbeitnehmers
▪ Rüstzeit:	Rüstgrundzeit + Rüsterholzeit + Rüstverteilzeit
▪ Ausführungszeit:	(Grundzeit + Erholzeit + Verteilzeit) · Menge
▪ Vorgabezeit:	Rüstzeit + Ausführungszeit
▪ Durchlaufzeit:	Bearbeitungszeiten + Transportzeiten + Lagerzeiten + Wartezeiten

Netzplan

FAZ   FEZ

Bezeichnung		
Dauer	Gesamtpuffer	Freier Puffer

SAZ   SEZ

$FEZ = FAZ + Dauer$
$SAZ = SEZ - Dauer$
$Gesamtpuffer = SAZ - FAZ \text{ oder } SEZ - FEZ$
$Freier\ Puffer\ c = FAZ_d - FEZ_c$

Personalwirtschaft

▪ Zeitlohn:	Anzahl der Zeiteinheiten · Lohnsatz je Zeiteinheit
▪ Stückgeldakkord: (Stücklohnsatz)	$\dfrac{\text{Grundlohn (Akkordrichtsatz)}}{\text{Normalleistung je Stunde}}$
▪ Tages-, Wochen-, Monatslohn:	T – W – M – Menge · Stückgeldakkord
▪ Stückzeitakkord:	Vorgabezeit · Minutenfaktor
▪ Minutenfaktor:	$\dfrac{\text{Grundlohn (Akkordrichtsatz)}}{\text{60 Minuten/100 Dezimalminuten}}$

■ Vorgabezeit:
$$\frac{60 \text{ Minuten/100 Dezimalminuten}}{\text{Normalleistung je Stunde}}$$

■ Tages-, Wochen-, Monatslohn:
T – W – M Menge · Vorgabezeit · Minutenfaktor

■ Zeitgrad:
$$\frac{\text{Sollzeit} \cdot 100}{\text{Istzeit}}$$

■ Leistungsgrad:
$$\frac{\text{tatsächliche Leistung} \cdot 100}{\text{Normalleistung}}$$

■ Nettopersonalbedarf

geplanter Stellenbestand (oft Bruttopersonalbedarf)
– aktueller Stellenbestand (nicht Personalbestand)
= Bruttobedarf (Planstellen)

+ Ersatzbedarf für derzeit unbesetzte Stellen
+ zu ersetzende Abgänge (Pensionierung, Kündigung)
– feststehende Zugänge (Übernahmen, Azubi, Rückkehr Bund)
= Nettopersonalbedarf

■ Bruttopersonalbedarf:
$$\frac{\text{monatliche Bearbeitungsmenge} \cdot \text{Arbeitszeit/St.}}{\text{monatliche Arbeitszeit}} \cdot \text{Verteilzeitfaktor}$$

■ Personalstruktur:
$$\frac{\text{Zahl der Angestellten}}{\text{Gesamtbelegschaft} \cdot 100}$$

■ Personalbewegungen:
$$\frac{\text{Personalabgänge}}{(\text{Personalbestand} + \text{Neueinstellungen}) \cdot 100}$$

■ Abwesenheitsquote:
$$\frac{\text{Fehltage} \cdot 100}{\text{Soll-Arbeitstage}}$$

■ Krankheitsquote:
$$\frac{\text{Krankheitsstunden} \cdot 100}{\text{Soll-Arbeitsstunden}}$$

■ Fluktuationsquote:
$$\frac{\text{Personalabgänge} \cdot 100}{\text{Personalbestand}}$$

■ Überstundenquote:
$$\frac{\text{Überstunden} \cdot 100}{\text{Ist-Arbeitsstunden}}$$

■ Sozialquote:
$$\frac{\text{Sozialaufwand} \cdot 100}{\text{Gesamtpersonalkosten}}$$

Absatzwirtschaft

- Marktanteil: $\dfrac{\text{eigener Umsatz} \cdot 100}{\text{Marktumsatz}}$

- Werberendite: $\dfrac{\text{Umsatzzuwachs}}{\text{Werbekosten}}$

Finanzwirtschaft

- Kapitalrückflusszeit: $\dfrac{\text{Kapitaleinsatz}}{\text{Jahresgewinn} + \text{Abschreibung}}$

Bilanzkennzahlen

- Vermögensstruktur: $\dfrac{\text{Anlagevermögen}}{\text{Umlaufvermögen}}$

- Anlagenintensität: $\dfrac{\text{Anlagevermögen}}{\text{Gesamtvermögen}}$

- Finanzierung: $\dfrac{\text{Eigenkapital}}{\text{Fremdkapital}}$

- Eigenkapitalanteil: $\dfrac{\text{Eigenkapital}}{\text{Gesamtkapital}}$

- Verschuldungsgrad: $\dfrac{\text{Fremdkapital}}{\text{Gesamtkapital}}$

- Anlagendeckung 1: $\dfrac{\text{Eigenkapital}}{\text{Anlagevermögen}}$

- Anlagendeckung 2: $\dfrac{\text{Eigenkapital} + \text{langfristiges Fremdkapital}}{\text{Anlagevermögen}}$

- Liquidität 1: $\dfrac{\text{liquide Mittel}}{\text{kurzfristige Verbindlichkeiten}}$

- Liquidität 2: $\dfrac{\text{liquide Mittel} + \text{Forderungen}}{\text{kurzfristige Verbindlichkeiten}}$

Forderungsintensität: $$\frac{\text{Forderungen}}{\text{Gesamtvermögen}}$$

Eigenkapitalrentabilität: $$\frac{\text{Gewinn} \cdot 100}{\text{Eigenkapital}}$$

Unternehmungsrentabilität: $$\frac{(\text{Gewinn} + \text{FK-Zinsen}) \cdot 100}{\text{Gesamtkapital}}$$

Umsatzrentabilität: $$\frac{\text{Gewinn} \cdot 100}{\text{Umsatz}}$$

Kapitalumschlag: $$\frac{\text{Umsatz}}{\text{Kapital}}$$

Return on Investment: Umsatzrentabilität · Kapitalumschlag

Cashflow:
Jahresüberschuss
+ Abschreibungen
+ Zuführungen zu langfristigen Rückstellungen
  (Pensionsrückstellungen)
= Cashflow

Goldene Finanzierungsregel: Kapitalbindungsfrist = Kapitalüberlassungsfrist

Goldene Bilanzregel: Anlagevermögen sollte durch Eigenkapital und höchstens durch langfristiges Fremdkapital gedeckt sein.

Leverage-Effekt: Bei zunehmender Verschuldung steigt dann die EK-Rentabilität, wenn GK-Rentabilität über dem Zinssatz für Fremdkapital liegt.

2 Kosten- und Leistungsrechnung

Wertschöpfungsprozesse analysieren und beurteilen (Lernfeld 4)

Die **Kosten- und Leistungsrechnung (KLR)** ist der **Zweig des Rechnungswesens**, der sich mit **den Einnahmen und Ausgaben** eines Unternehmens **rechnerisch kontrollierend auseinandersetzt,** und zwar mit den Aufwendungen und Erträgen (A und E), die mit dem **Betriebszweck** eines Unternehmens in unmittelbarem Zusammenhang stehen.

Kostenrechnungssysteme

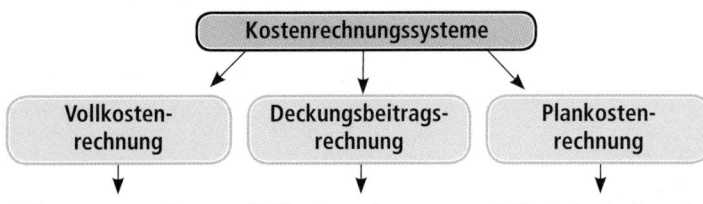

Vollkostenrechnung

1. Kostenartenrechnung
Welche Kosten?

▨ vollständige Erfassung von Kosten und Leistungen (betriebsbedingten A und E)

2. Kostenstellenrechnung
Wo sind Kosten entstanden?

▨ Feststellung und Kontrolle der Kosten an den Orten ihrer Entstehung

3. Kostenträgerrechnung
Wer trägt die Kosten?

▨ Kalkulation kostendeckender Preise
▨ Ermittlung des Betriebsergebnisses (Differenz zwischen Kosten und Leistungen)

Deckungsbeitragsrechnung

Teilkostenrechnung

Basis: die am Markt erzielbaren Preise, Ermittlung des Betriebserfolgs nach vereinfachter Rechnung

Umsatzerlöse – variable Kosten = Deckungsbeitrag

Ziel:
Durch hohe Umsatzerlöse zunächst variable Kosten decken; der verbleibende Restbetrag = Deckungsbeitrag dient zur Abdeckung der fixen Kosten; der noch verbleibende Rest = Betriebsgewinn

Plankostenrechnung

▨ Kostenkontrolle und Betriebsüberwachung auf der Basis geplanter Kosten
▨ zukunftsorientiert auf der Basis fest vorgegebener Kosten
▨ Soll-Ist-Vergleich

2.1 Vollkostenrechnung

2.1.1 Kostenartenrechnung

Aufgaben
- geordnete Kostenerfassung
- Differenzierung des Kostenbegriffs
- Erfassung kalkulatorischer Kosten
- periodengerechte Kostenerfassung (vgl. Buchführung: Rechnungsabgrenzung)
- Bewertung von Gütern des Anlage- und Umlaufvermögens sowie der Schulden

2.1.1.1 Geordnete Kostenerfassung

Rechnungskreis I, d. h. Geschäftsbuchführung in den Kontenklassen 0–8: Erfassung aller Ausgaben und Einnahmen (A+E) bzw. Aufwendungen und Erträge (in den Kontenklassen 5, 6, 7), ohne zu unterscheiden, ob A und E betriebsbedingt (①) oder betriebsfremd (②) sind.

① **Betriebsbedingte Aufwendungen und Erträge:**

Alle A+E, die mit dem Betriebszweck, z. B. Kabelproduktion und -verkauf, in unmittelbarem Zusammenhang stehen, z. B. Akkordlöhne, Gehälter, Rohstoffkosten, Fremdinstandhaltung usw.

② **Betriebsfremde Aufwendungen und Erträge:**

Alle A+E, die **nicht** mit dem Betriebszweck in unmittelbarem Zusammenhang stehen, sogenannte Geschäfte nebenbei, neutrale A und E

Beispiele
- Gewinne und Verluste aus Wertpapiergeschäften (Konten 578, 742)
- Gewinne und Verluste aus dem Verkauf gebrauchter Anlagegüter (Konten 546, 696)
- Zinserträge (Konto 571)
- Mieterträge (Konto 540)
- periodenfremde Aufwendungen und Erträge (Konten 549, 699)
- außerordentliche Aufwendungen und Erträge (Konten 580, 760)

Rechnungskreis II, d. h. Abgrenzungs- und KLR-Bereich: im **RK II** werden nur die betriebsbedingten Ausgaben/Aufwendungen = **Kosten** und die betriebsbedingten Einnahmen/Erträge = **Leistungen** einer Abrechnungsperiode erfasst.

Aufgliederung des Gesamtergebnisses

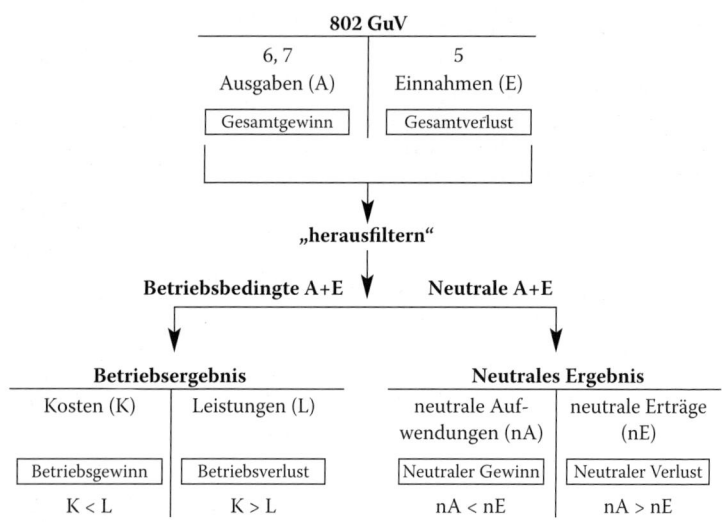

Ergebnistabelle I (tabellarische Form)

Beispiel: Auszug eines GuV-Kontos

500	Umsatzerlöse	1.381.500
520	Fertige Erzeugnisse, Bestandsminderung	14.200
530	Eigenleistungen	13.700
540	Mieterträge	16.300
546	Erträge aus dem Abgang von Vermögensgegenständen	24.800
548	Erträge aus der Herabsetzung von Rückstellungen	22.500
571	Zinserträge	7.800
578	Erträge aus Wertpapieren des UV	8.200
600	Rohstoffaufwendungen	225.000
615	Vertriebsprovisionen	28.500
616	Fremdinstandhaltung	39.600

620	Löhne	375.000
630	Gehälter	410.000
640	Arbeitgeber-Anteil zur Sozialversicherung	165.000
642	Beiträge zur Berufsgenossenschaft	13.200
644	Betriebsrenten	28.400
652	Abschreibungen auf Sachanlagen	42.800
670	Mieten	21.200
687	Werbung	36.100
696	Verluste aus dem Abgang von Vermögensgegenständen	2.200
700	Gewerbesteuer/Gewerbeertragssteuer	33.900
703	Kfz-Steuer	8.400
740	Abschreibungen auf Finanzanlagen	5.200

Quelle: vgl. Schmolke, Siegfried/Deitermann, Manfred/Rückwart, Wolf-Dieter: Industrielles Rechnungswesen, IKR, 38. Auflage, Braunschweig, Winklers Verlag, 2010, S. 364

Ergebnistabelle I						
	RK I			RK II		
Erfolgsbereich der Geschäftsbuchführung (Erfolgsrechnung)			Abgrenzungsbereich (Abgrenzungsrechnung) Unternehmensbezogene Abgrenzung		KLR-Bereich (Betriebsergebnis-rechnung)	
Konto-Nr. 5, 6, 7	Ausgaben 6, 7 (–)	Einnahmen 5 (+)	Neutrale Aufwendungen (–)	Neutrale Erträge (+)	Kosten (–)	Leistungen (+)
500		1.381.500				1.381.500
520	BV - 14.200				BV - 14.200	
530		13.700				13.700
540		16.300		16.300		
546		24.800		24.800		
548		22.500		22.500		
571		7.800		7.800		
578		8.200		8.200		
600	225.000				225.000	
615	28.500				28.500	
616	39.600				39.600	

Ergebnistabelle I						
RK I			RK II			
Erfolgsbereich der Geschäftsbuchführung (Erfolgsrechnung)			Abgrenzungsbereich (Abgrenzungsrechnung) Unternehmensbezogene Abgrenzung		KLR-Bereich (Betriebsergebnis-rechnung)	
Konto-Nr. 5, 6, 7	Ausgaben 6, 7 (–)	Einnahmen 5 (+)	Neutrale Auf-wendungen (–)	Neutrale Erträge (+)	Kosten (–)	Leistungen (+)
620	375.000				375.000	
630	410.000				410.000	
640	165.000				165.000	
642	13.200				13.200	
644	28.400				28.400	
652	42.800				42.800	
670	21.200				21.200	
687	36.100				36.100	
696	2.200		2.200			
700/770	33.900				33.900	
703	8.400				8.400	
740	5.200		5.200			
Summe	1.448.700	1.474.800	7.400	79.600	1.441.300	1.395.200
Saldo	26.100		72.200			46.100
Abstimmung						
	26.100 Gesamtgewinn		72.200 Neutraler Gewinn		– 46.100 Betriebsverlust	
	Gesamtergebnis =		Neutrales Ergebnis +		Betriebsergebnis	

Quelle: vgl. Schmolke/Deitermann „Industrielles Rechnungswesen – IKR, Lösungen"
übereinstimmend ab 37. Auflage, Braunschweig, Winklers Verlag, 2010

2.1.1.2 Differenzierung des Kostenbegriffs

Definition: Kosten sind wertmäßiger Güter- und Diensteverzehr zur Erstellung wirtschaftlicher Leistung

Einteilung der Kosten entsprechend ihrer Zurechenbarkeit auf den Kostenträger (= Produkt)

Diese Kosteneinteilung ist notwendig, um eine verursachungsgerechte Kostenverteilung auf Kostenstellen und Kostenträger (Produkt) im Rahmen der Vollkostenkalkulation vornehmen zu können.

■ Einzelkosten

Sie können dem Kostenträger direkt zugerechnet werden, d. h., man kann für jedes Produkt diese Kosten exakt bestimmen.

Konto 600		
Konto 601	Materialeinzelkosten	MEK
Konto 620	Fertigungseinzelkosten	FEK
	Beachte: aber nur Akkordlöhne, keine Zeitlöhne	
Konto 617	Sondereinzelkosten der Fertigung	SEKF
Konto 615	Sondereinzelkosten des Vertriebs	SEKV

■ Gemeinkosten

Dazu zählen alle anderen Kosten, die dem Kostenträger nicht unmittelbar zugerechnet werden können, z. B. Hilfslöhne 602, 603, 630, 640, 670, kalkulatorische Kosten ..., **sie werden mit Durchschnittswerten (%) in der Kalkulation erfasst.**

Beachte: zunächst tabellarische Erfassung der Gemeinkosten im Betriebsabrechnungsbogen (BAB), dann Ermittlung von anteiligen Zuschlagsprozentsätzen für die Kalkulation

Einteilung der Kosten in Abhängigkeit von der Produktionsmenge

■ Variable (proportionale) Kosten gesamt
→ Kosten, die abhängig von der Produktionsmenge sind, z. B. Materialkosten gesamt

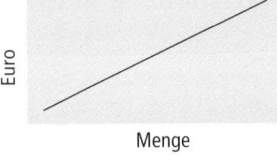

Merke: Die variablen Kosten gesamt nehmen mit steigender Produktionsmenge insgesamt proportional zu, sie verringern sich im gleichen Verhältnis, wie die Produktionsmenge sinkt.

- ■ **Variable Stückkosten** ⇨ diese Kosten bleiben konstant/fix (Abweichung erst durch Mengenrabatte), z. B. ein Glasauge immer 1,00 EUR
- ■ **Fixe Kosten gesamt** ⇨ Kosten, die unabhängig von der Produktionsmenge sind = Kosten der Betriebsbereitschaft, z. B. Gehälter, Mietkosten, Steuern

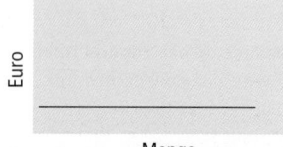

Euro

Menge

> **Merke:** Fixkosten gesamt verändern sich nicht mit steigender oder sinkender Produktion, sie treten in jeder Abrechnungsperiode unverändert auf.

Stets fixe Kosten
↓
- Gehälter
- Grundsteuer
- Versicherungen
- Mietkosten
- kalkulatorische Abschreibung
- kalkulatorische Zinsen
- kalkulatorischer Unternehmerlohn

Teilfixe Kosten (Mischkosten)
↓
- Energiekosten
- Instandhaltungskosten
- Hilfslöhne
- Büromaterialkosten
- Telefonkosten
- Gewerbesteuer

Stückfixe Kosten ⇨ sind variabel, also abhängig von der Produktionsmenge

Beispiel:
Rüstkosten 10.000,00 EUR ⇨ Produktionsmenge 1.000 Stück = 10,00 EUR/Stück
Rüstkosten 10.000,00 EUR ⇨ Produktionsmenge 5.000 Stück = 2,00 EUR/Stück

2.1.1.3 Erfassung kalkulatorischer Kosten

Kostenüberblick

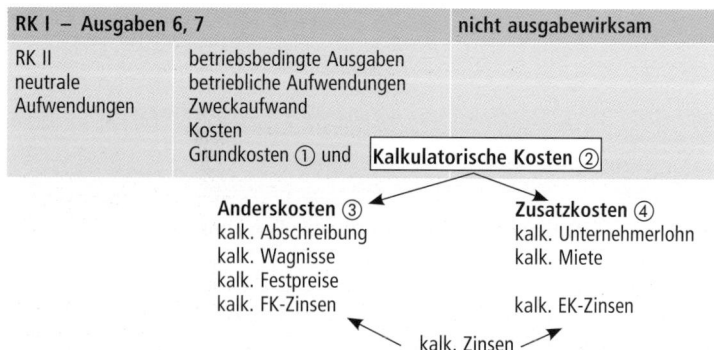

RK I – Ausgaben 6, 7		nicht ausgabewirksam
RK II neutrale Aufwendungen	betriebsbedingte Ausgaben betriebliche Aufwendungen Zweckaufwand Kosten Grundkosten ① und	**Kalkulatorische Kosten** ②

Anderskosten ③
kalk. Abschreibung
kalk. Wagnisse
kalk. Festpreise
kalk. FK-Zinsen

Zusatzkosten ④
kalk. Unternehmerlohn
kalk. Miete

kalk. EK-Zinsen

kalk. Zinsen

① **Grundkosten:** alle Kosten, die mit der Herstellung und Verteilung/ Verkauf von Fertigerzeugnissen und Handelswaren in unmittelbarem Zusammenhang stehen, z. B. Konten 600, 602, 608, 630

② **Kalkulatorische Kosten:** In der KLR müssen einige Kosten/Ausgaben **anders** in die Kalkulation eingehen, als in der Buchführung gebucht, und andere Kosten, die in der Buchführung nicht zu Ausgaben geführt haben, dennoch zusätzlich in der Kalkulation (aus Gründen der Vollständigkeit/Vergleichbarkeit der Kostenstrukturen mit branchengleichen Unternehmen) erfasst werden.

③ **Anderskosten:** Kosten, die im RK I in Klasse 6 und 7 gebucht wurden (da sie ja auch ausgabewirksam waren), die jedoch in der KLR **„anders"**, z. B. mit Durchschnittswerten, berücksichtigt werden müssen, um eine marktgerechte Kalkulation zu ermöglichen, z. B. nicht versicherter Schadensfall Gebäude 1 Mio. EUR, Buchung 655/693 – 051

⇨ Diese Summe/Abschreibung muss in der KLR/Kalkulation auf mehrere Jahre verteilt werden, um marktgerechte Verkaufspreise zu ermöglichen.

④ **Zusatzkosten:** nicht ausgabewirksame, dennoch betriebsbedingte Aufwendungen/Kosten, die vom RK I nicht erfasst werden, die aber in der KLR zusätzlich zu berücksichtigen sind, z. B. kalk. Unternehmerlohn

Kalkulatorische Abschreibungen – Anderskosten

Kalkulatorische Abschreibung = die Abschreibung/Wertminderung von Anlagegütern, die der Kaufmann für sein Unternehmen individuell für richtig hält:

■ Berücksichtigung der betrieblich individuellen Nutzungsdauer (ND)
■ Berücksichtigung des Wiederbeschaffungswertes

⇨ **Prinzip der substanziellen Kapitalerhaltung**

$$\text{Kalkulatorische Abschreibung} + \frac{\text{Wiederbeschaffungswert}}{\text{betriebliche individuelle ND}}$$

Beispiel: Kauf einer Maschine AW 10.000,00 EUR, Nutzungsdauer lt. AfA 5 Jahre = betriebsgewöhnlich, aber Frau Meier geht mit Maschinen bekanntermaßen eher ruppig um, daher: betrieblich individuelle Nutzungsdauer nur 2 Jahre, Wiederbeschaffungswert (WBW) nach 2 Jahren ca. 12.000,00 EUR

$$\text{kalk. Abschreibung} = \frac{12.000,00 \text{ EUR}}{2 \text{ Jahre}} = 6.000,00 \text{ EUR/Jahr}$$

Kalkulatorische Abschreibungen sind Kosten, die die tatsächliche Wertminderung der Anlagen erfassen; sie gehen in die Kalkulation sowie in die Betriebsergebnisrechnung RK II ein und dienen der Substanzerhaltung.

Kalkulatorische Wagnisse – Anderskosten

- Das allgemeine Unternehmungswagnis, z. B. Hula-Hoop-Reifenproduktion, ist nicht versicherbar. Es wird durch Gewinn oder Verlust abgegolten.
- Einzelwagnisse, die im Zusammenhang mit der Herstellung und dem Absatz der Erzeugnisse stehen, sind versicherbar.

Arten von Einzelwagnissen:

Anlagewagnis
Beipiel: Verluste von Anlagegütern durch besondere Schadensfälle, Gefahr des vorzeitigen Ausfalls von Anlagen, Risiko durch technischen Fortschritt

Beständewagnis
Beipiel: Verluste an Vorräten durch Schwund, Verderb, Diebstahl, Veralten oder Preissenkungen

Fertigungswagnis
Mehrkosten aufgrund von Material-, Arbeits- oder Konstruktionsfehlern, Ausschuss, Nacharbeit

Gewährleistungswagnis
Garantieleistungen, z. B. kostenlose Ersatzlieferung, Preisnachlass wegen Schlechtleistung

Entwicklungswagnis
Verluste, die sich aus fehlgeschlagenen Entwicklungsarbeiten im Rahmen des Fertigungsprogramms ergeben

Vertriebswagnis
Ausfälle und Währungsverluste aus Kundenforderungen
- Ist man gegen **Einzelwagnisse versichert**, so muss man Versicherungsprämien bezahlen. Versicherungen sind also Kosten, die in der Ergebnistabelle (**Konto 690**) auch als solche zu berücksichtigen sind.

– Ist man gegen **Einzelwagnisse nicht versichert**, so muss man diese, da sie unregelmäßig und in unterschiedlicher Höhe anfallen, **mit Durchschnittswerten in der KLR berücksichtigen**; mit Durchschnittswerten deshalb, weil starke Schwankungen für die Kalkulation ungeeignet sind.

Konto 693	Schadensfälle	
Konto 694	Garantie/Währungsverluste	Durchschnittswerte
Konto 695	Abschreibung auf Forderungen	
Konto 698	Garantie/Kulanz	

Kalkulatorischer Unternehmerlohn – Zusatzkosten

- fiktives Geschäftsführergehalt in Personengesellschaften für den Inhaber
- Die Höhe des kalkulatorischen Unternehmerlohnes (UL) richtet sich nach dem Gehalt eines leitenden Angestellten in vergleichbarer Position.

Kalkulatorische Miete – Zusatzkosten

- private Gebäudeteile, die nicht im Bestand von Konto 05 enthalten sind, werden dem Unternehmen kurzfristig zur Nutzung überlassen, ohne dass tatsächlich irgendein Entgelt dafür gezahlt wird („Hütte im Park")
- fiktive Miete: in ihrer Höhe entsprechend den Kosten des Fremdlagers

Auswirkungen der Erfassung von Zusatzkosten

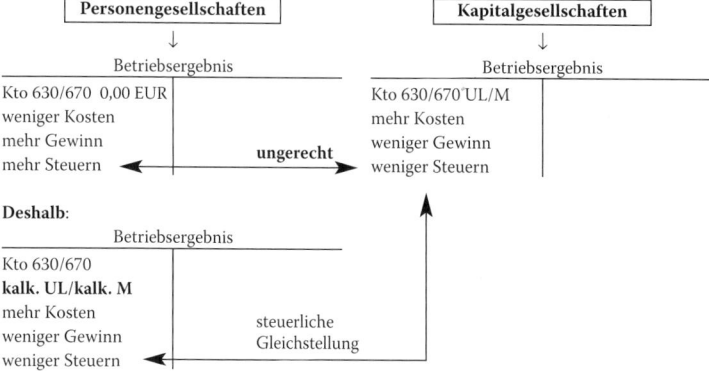

Begründung

- steuerliche Gleichstellung zwischen Personen- und Kapitalgesellschaften, aber auch von Personengesellschaften untereinander
- Kostenvergleich zwischen Personen- und Kapitalgesellschaften in der Selbstkosten- und Betriebsergebnisrechnung möglich

Kostenrechnerische Korrekturen durch Verrechnungspreise/Festpreise

- Mengenmäßiger Stoffverbrauch kann durch Materialentnahmescheine oder durch Inventur (Inventurdifferenzen) ermittelt werden.
- Im RK I werden Stoffaufwendungen zu Anschaffungskosten bewertet, z. B. Rohstoffverbrauch 400 kg à 3,00 EUR, Buchung: 600 – 200 (1.200,00 EUR).
- In der KLR werden Stoffaufwendungen zu konstanten Verrechnungspreisen/Festpreisen bewertet = Durchschnittspreise der Anschaffungskosten vergangener Rechnungsperioden.

Bewertung zu Anschaffungskosten hätte den Vorteil, dass die tatsächlichen Materialkosten in die KLR eingehen, **aber** den Nachteil starker Preisschwankungen für die Kalkulation und den Kostenvergleich.

⇨ **Deshalb: kostenrechnerische Korrekturen**

↓

- Die Verrechnung des Materialverbrauches in der KLR zu Festpreisen gleicht der Verrechnung kalkulatorischer Kosten (Anderskosten).
- Bei der Abgrenzungsrechnung RK II werden deshalb bei den kostenrechnerischen Korrekturen der Materialverbrauch der GB zu Anschaffungskosten mit dem errechneten Materialverbrauch der KLR zum Festpreis gegenübergestellt.

⇨ **Die Erfassung kalkulatorischer Kosten und der Verrechnungspreise erfolgt im RK II mithilfe der Ergebnistabelle II.**

Kalkulatorische Zinsen

- Im RK I werden nur tatsächlich gezahlte Zinsen für das Fremdkapital erfasst (Konto 751).
- Im Verkaufspreis für Fertigerzeugnisse müssen aber auch Zinsen für das eingesetzte Eigenkapital vergütet werden.

■ Die Höhe der Zinskosten ist also vom Gesamtkapital abhängig.
  – Kalkulatorische Zinsen (Basis: Gesamtkapital) müssen erfasst werden, um Unternehmen mit unterschiedlicher Kapitalstruktur (Verhältnis EK und FK) steuerlich und im Sinne des Kostenvergleichs gleichzustellen.
  – Kalkulatorische Zinsen werden auch erfasst, um starke Zinsschwankungen, die für die Kalkulation ungeeignet sind, zu vermeiden; deshalb werden Durchschnittswerte in der KLR erfasst.

Berechnung kalkulatorischer Zinsen

I. Anlagevermögen
  – unbebaute Grundstücke
  – vermietete Gebäude
  – stillgelegte Anlagen (keine Reserveanlagen)
  – Beteiligungen/Wertpapiere des Anlagevermögens
  = **Betriebsnotwendiges Anlagevermögen**

II. Umlaufvermögen
  – Wertpapiere des Umlaufvermögens
  = **Betriebsnotwendiges Umlaufvermögen**

   I. Betriebsnotwendiges Anlagevermögen
+ II. Betriebsnotwendiges Umlaufvermögen
= III. **Betriebsnotwendiges Vermögen**

  – **Abzugskapital** (d. h. dem Unternehmen zinslos zur Verfügung stehendes Kapital):
    – Anzahlungen von Kunden (Kto 430)
    – Rückstellungen (Konten 370, 380, 390)
    – Verbindlichkeiten ohne Skontierungsmöglichkeit (Kto 440)
  = **Betriebsnotwendiges Kapital**

  davon banküblicher Durchschnittszinssatz   %
  = **kalkulatorische Zinsen**

Ergebnistabelle II

Ergebnistabelle II								
Rechnungskreis I			Rechnungskreis II					
Erfolgsbereich der GB			Abgrenzungsbereich				KLR-Bereich	
			Unternehmensbezogene Abgrenzungen		Kostenrechnerische Korrekturen		Betriebsergebnis-rechnung	
Konto-Nr. 5, 6, 7	Aufwen-dungen 6, 7	Erträge 5	Neutrale Aufwen-dungen	Neutrale Erträge	Betriebs-bezogener Aufwand lt. GB	Verrech-nete Kosten lt. KLR	Kosten	Leistungen
Summe								
Saldo								
			Reines neutrales Ergebnis + Ergebnis aus kosten-rechnerischen Korrekturen					
	Gesamtergebnis =		Neutrales Ergebnis +				Betriebsergebnis	

Anleitung zur Erstellung der Ergebnistabelle II

Vorgehensweise bei der tabellarischen Durchführung der Abgrenzungsrechnung im **RK II**:

1. Ergebnistabelle II erstellen (Kopf der Tabelle)

2. Einnahmen und Ausgaben aus der GB RK I entnehmen, in die Ergebnistabelle II eintragen → RK I in numerischer Kontenreihenfolge, Gesamtergebnis ermitteln
   Beachte: Zusatzkosten evtl. zusätzlich eintragen

3. RK I im RK II in unternehmensbezogene Abgrenzungen (neutral) sowie Kosten und Leistungen (außer vgl. Punkt 4) aufsplitten

4. Kostenrechnerische Korrekturen eintragen
   - Ausgaben laut Buchführung RK I in Spalte „Betriebsbezogener Aufwand" lt. GB
   - Anders- und Zusatzkosten lt. KLR in Spalte „Verrechnete Kosten" lt. KLR und Kosten lt. Betriebsergebnisrechnung

   Beachte: Eintragungsmöglichkeiten **kostenrechnerischer Korrekturen:**
   1. **Anderskosten:**   Konten 652, 693, 695, 698, 751
   2. **Zusatzkosten:**   kalk. Unternehmerlohn, kalk. Miete
   3. **Festpreise:**   Konten 600, 601, 602, 603
   4. **Urlaubszahlungen:** Konten 621, 631

5. Alle Spalten der Ergebnistabelle addieren

6. Ergebnisse feststellen (Salden bilden)

   6.1 Saldo RK I = Gesamtergebnis

   6.2 RK II Abgrenzungsbereich
       6.2.1 Saldo unternehmensbezogener Abgrenzung (reines neutrales Ergebnis)
       6.2.2 Saldo kostenrechnerischer Korrekturen (= Summe, die in die KLR **anders** als in der Buchführung eingeht)
       6.2.3: 6.2.1 + 6.2.2 Saldo = Neutrales Ergebnis

   6.3 RK II: KLR-Bereich
       Saldo = Betriebsergebnis

   6.4 RK II: Neutrales Ergebnis + Betriebsergebnis = Gesamtergebnis RK II (identisch mit Gesamtergebnis RK I)

Beispiel: Ergebnistabelle II

Ergebnistabelle II								
Rechnungskreis I			**Rechnungskreis II**					
Erfolgsbereich der GB			Abgrenzungsbereich				KLR-Bereich	
			Unternehmensbezogene Abgrenzungen		Kostenrechnerische Korrekturen		Betriebsergebnisrechnung	
Konto-Nr. 5, 6, 7	Aufwendungen 6, 7	Erträge 5	Neutrale Aufwendungen	Neutrale Erträge	Betriebsbezogener Aufwand lt. GB	Verrechnete Kosten lt. KLR	Kosten	Leistungen
500		775.000						775.000
520		25.900						25.900
530		32.500						32.500
540		4.200		4.200				
546		41.600		41.600				
548		18.700		18.700				
560		11.250		11.250				
570		13.250		13.250				
600	135.600				135.600	120.000	120.000	
616	19.200						19.200	
620	160.200						160.200	
621	34.500				34.500	39.500	39.500	
630	111.800						111.800	
640	44.300						44.300	
652	78.900				78.900	72.500	72.500	
690	18.100						18.100	
693	2.400				2.400	14.800	14.800	
695	15.800				15.800	5.000	5.000	
696	7.500		7.500					
700	21.300						21.300	
751	1.250				1.250	18.300	18.300	
U-Lohn						62.000	62.000	
Summe	650.850	922.400	7.500	89.000	268.450	332.100	707.000	833.400
Saldo	+ 271.550		81.500		63.650		+ 126.400	
			+ 81.500 Reines neutrales Ergebnis		+ 63.650 Ergebnis aus kostenrechnerischen Korrekturen			
Abstimmung	+ 271.550		+ 145.150				+ 126.400	
	Gesamtergebnis =		Neutrales Ergebnis +				Betriebsergebnis	

Quelle: vgl. Schmolke, Siegfried/Deitermann, Manfred/Rückwart, Wolf-Dieter: Industrielles Rechnungswesen, IKR, Lösungen, übereinstimmend ab 37. Auflage, Braunschweig 2010, S. 383

Auswirkungen der Erfassung kalkulatorischer Kosten auf die Ergebnisse

a) Sie mindern (i. d. R.) das Betriebsergebnis „B" (es wird meist mit höheren Kosten kalkuliert).

b) Sie mehren in gleichem Maße dann das Neutrale Ergebnis „N".

c) Keine Auswirkungen auf das Gesamtergebnis GuV, denn kalkulatorische (Mehr-)Kosten entsprechen den neutralen (Mehr-)Erträgen bzw. umgekehrt.

Beispiel:

GuV	= N	+ B	
8,00 EUR	= 4,00 EUR	+ 4,00 EUR	→ Ergebnistabelle I
zu a) + b) 8,00 EUR	= 3,00 EUR	+ 5,00 EUR	→ NE +/BE – → Ergebnistabelle II
zu c) 8,00 EUR	= 5,00 EUR	+ 3,00 EUR	→ NE -/BE + → Ergebnistabelle II

Anleitung zur Interpretation betriebswirtschaftlicher Daten der Ergebnistabelle II

1. Gewichtung der Ergebnisse

■ Differenzierung: Gesamtergebnis – Betriebsergebnis

Reines neutrales Ergebnis – Ergebnis aus kostenrechnerischen Korrekturen

Neutrales Ergebnis

■ %-Anteil der Einzelergebnisse am Gesamtergebnis
■ Auswertung der betriebsfremden Erfolge
■ Beurteilung des Kerngeschäfts
■ Aussagekraft der Ergebnistabelle unter periodischen Aspekten (Jahres-, Monatsergebnisse, Urlaubsmonat, Weihnachtsmonat u. a.; Ergebnisse im Jahresvergleich)

2. Analyse der Kostenstruktur

■ Bestandsveränderungen (+/−): Bedeutung für Lager, Verkauf und Produktion sowie für Kosten und Preise
■ Materialintensität (%-Anteil der Materialkosten an den Gesamtkosten)
■ Personalintensität (%-Anteil der Personalkosten an den Gesamtkosten)
■ Einschätzung von Risiken
■ Überlegungen zum Produktlebenszyklus und zur Rationalisierung

- Analyse kalkulatorischer Kosten:
  Gründe für Abweichungen zur GuV RK I
  – kalk. Abschreibungen
  – kalk. Wagnisse
  – kalk. Zinsen
  – Höhe des kalk. Unternehmerlohnes
- Stück – Kosten
- Stück – Preis

3. Beurteilung der Wirtschaftlichkeit

- Stückgewinn
- Wertschöpfung: aus Material – Kosten (= % der Gesamtkosten) sind Leistungen im Wert von … erzeugt worden
- Wirtschaftlichkeit: (Formel und Bedeutung der Kennziffer <1 und >1)
- Eigenkapitalrentabilität: Berechnung und Aussagekraft

2.1.1.4 Bewertung von Gütern (AV und UV) und Fremdkapital

- Aufgrund der Inventur (mengenmäßige Erfassung der Vermögenswerte und, bedingt, der Vermögensquellen) müssen die Ergebnisse mit ihren entsprechenden Werten in das Inventar und die Bilanz übernommen werden.
- Eine Bestimmung eines Wertansatzes für die Positionen in der Bilanz kann sich in erheblichem Maße auf die Gewinn- und Verlustrechnung auswirken.

Beispiel:
a)

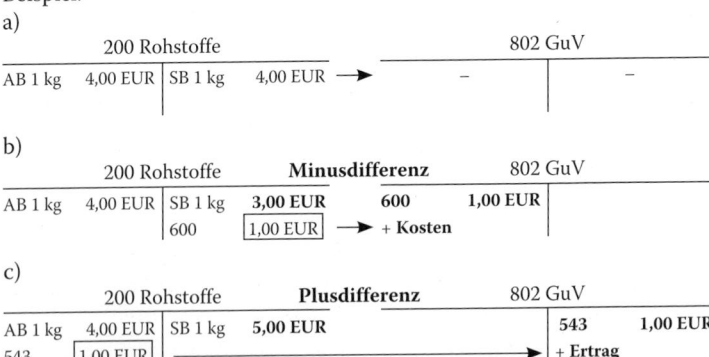

Falsche Bewertung (überhöhte oder zu niedrige) führt jedoch auch zu einer **Täuschung der Gläubiger** (Gläubigerschutz) und evtl. zu einem zu **niedrigen Steueraufkommen**, an dem der Staat nicht interessiert sein kann. Deshalb hat der Staat **handels- und steuerrechtliche Bewertungsvorschriften** erlassen, die willkürliche Über- und Unterbewertungen verhindern und **für eine steuerliche Gleichstellung sorgen.**

Wesentliche Bewertungsgrundsätze

- **Grundsatz der Einzelbewertung:**

    Alle Vermögenswerte und Schulden sind i. d. R. am 31.12. einzeln zu bewerten. **Ausnahmen** gelten für das **Umlaufvermögen (gleichartige Vorräte**, z. B. Rohstoffe) und bei der Pauschalwertberichtigung auf Forderungen → Sammel- oder Gruppenbewertung.

- **Grundsatz der Stetigkeit:**

    Einmal angewandte Bewertungsmethoden bei einem Gut müssen für dieses bis zum Ausscheiden aus dem Unternehmen auch beibehalten werden (z. B. lineare Abschreibung).

- **Imparitätsprinzip:**

    Prinzip der Ungleichheit führt zur ungleichen Behandlung von nicht realisierten Gewinnen und Verlusten, denn:

    > - Nicht realisierte Gewinne dürfen nicht ausgewiesen werden.
    > - Nicht realisierte Verluste müssen bereits ausgewiesen werden.

    ↓

Der Ausdruck kaufmännischer Vorsicht findet seine konkrete Anwendung in folgenden Unterprinzipien:

- **Anschaffungswertprinzip (Realisationsprinzip)**

    Bei der Bewertung von Vermögensgegenständen dürfen die Anschaffungskosten nicht überschritten werden.

- **Niederstwertprinzip**

    Gibt es am Bilanzstichtag zwei mögliche Wertansätze (Tageswert lt. Börse oder Marktpreis und realisierter Anschaffungswert/-buchwert), so ist für die Bewertung grundsätzlich der niedrigere Wert anzusetzen.

Beachte: Das **gemilderte Niederstwertprinzip** gilt für Anlagegüter bei vorübergehender, relativ unbedeutender Differenz zwischen Tages- und Anschaffungswert/-buchwert (max. ca. 10 %).

▪ Höchstwertprinzip für die Bewertung der Schulden

Von zwei möglichen Wertansätzen am Bilanzstichtag (Fremdkapital: z. B. Dollarkurs aktuell und bereits gebuchte Dollarverbindlichkeit), ist stets der **höhere** Wert zu passivieren.

Sammel- oder Gruppenbewertung (gleichartige Vorräte)

Durchschnittsbewertung

▪ Jährliche Durchschnittswertermittlung

$$\varnothing \text{ Anschaffungskosten je Mengeneinheit} = \frac{\text{Anschaffungskosten aus AB} + \text{Zukäufe}}{\text{Gesamtmenge}}$$

Die durchschnittlichen Anschaffungskosten je Mengeneinheit im Jahr werden mit dem Tageswert 31.12. verglichen; entsprechend dem Niederstwertprinzip erfolgt die Bewertung für die Bilanz.

▪ Permanente Durchschnittswertermittlung

Nach jedem Lagerzu- bzw. -abgang werden laufend die durchschnittlichen Anschaffungskosten je Mengeneinheit ermittelt. Der aktuelle Wert am 31.12. wird mit dem Tageswert 31.12. verglichen; entsprechend dem Niederstwertprinzip erfolgt die Bewertung für die Bilanz.

Verbrauchsfolgebewertung

▪ Fifo-Methode (first in – first out)

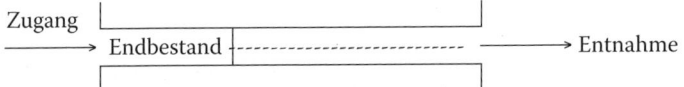

Der Endbestand stammt stets aus den letzten Zugängen und ist deshalb auch mit den letzten Preisen zu bewerten. Die durchschnittlichen Anschaffungskosten je Mengeneinheit werden mit dem Tageswert 31.12. verglichen; entsprechend dem Niederstwertprinzip erfolgt die Bewertung für die Bilanz.

▨ **Lifo-Methode (last in – first out)**

Der Endbestand stammt stets aus dem Anfangsbestand bzw. den ersten Zugängen im Geschäftsjahr und ist deshalb auch mit den ersten Preisen zu bewerten. Die durchschnittlichen Anschaffungskosten je Mengeneinheit werden mit dem Tageswert 31.12. verglichen; entsprechend dem **Niederstwertprinzip** erfolgt die Bewertung für die Bilanz.

▨ **Hifo-Methode (highest in – first out)**

Die am teuersten eingekauften Güter werden zuerst verbraucht, der Endbestand wird deshalb mit den niedrigsten Preisen bewertet. Die durchschnittlichen Anschaffungskosten je Mengeneinheit werden mit dem Tageswert 31.12. verglichen; entsprechend dem **Niederstwertprinzip** erfolgt die Bewertung für die Bilanz.

Beachte: Handelsrechtlich sind alle Bewertungsverfahren zulässig, steuerrechtlich nur die Durchschnittsbewertung.

2.1.2 Kostenstellenrechnung

Aufgaben:

▨ Übernahme der Kosten (insbesondere Gemeinkosten) aus der Kostenartenrechnung (RK II, KLR-Bereich Ergebnistabelle II) und verursachungsgemäße Verteilung auf die Orte/Kostenstellen ihrer Entstehung mithilfe des BAB (Betriebsabrechnungsbogen, einfacher oder erweiterter BAB)

▨ Ermittlung der Gemeinkostenzuschlagssätze in % (GK%), d.h. durchschnittliche Kostenwerte für jede Hauptkostenstelle im Unternehmen als Kalkulationsgrundlage für die Kostenträgerrechnung (Produktkalkulation)

▨ Ermittlung der Kostenüber- bzw. Kostenunterdeckung (Soll-Ist-Kosten-Vergleich)

▨ Kostenkontrolle/Ergebniskontrolle/Wirtschaftlichkeitskontrolle

Ziel: Die Vollkostenrechnung verteilt alle Kosten nach dem Verrechnungsprinzip auf die Kostenstellen (= Orte der Kostenentstehung) und auf die Kostenträger (Produkte), um die perioden- und stückbezogenen Selbstkosten (Kalkulation) bestimmen zu können und eine Kostenkontrolle zu ermöglichen.

2.1.2.1 Betriebsabrechnungsbogen (einfacher BAB)

Betriebsabrechnungsbogen (einfacher BAB) nach IKR					
Konto-Nr.	Kosten lt. RK II Betriebsergeb-nisrechnung	Material	Fertigung	Verwaltung	Vertrieb
602	102.000	2.000	95.000		5.000
603	7.000	900	5.200	400	500
605	218.000	20.100	181.500	7.200	9.200
630	174.000	7.000	51.000	70.000	46.000
640	121.000	6.000	72.000	25.000	18.000
616	19.000	2.000	14.300	1.400	1.300
700	5.000	1.000		4.000	
690	52.000	5.300	26.500	12.000	8.200
652	132.000	17.700	88.500	11.000	14.800
Summe der GK	830.000	62.000	534.000	131.000	103.000
Zuschlagsgrundlage		496.000	356.000		
		Kto. 600	Kto. 620		
Herstellkosten des Umsatzes				1.493.000	1.493.000
Zuschlagssätze		12,5 %	150 %	8,8 %	6,9 %

Quelle: in Anlehnung an Breitscheidel, Georg/Garbow, Werner: Rechnen für Industriekauf-leute, Darmstadt, Winklers Verlag, 2010

Ermittlung der Zuschlagssätze Gemeinkosten

1. Materialgemeinkostenzuschlag

$$MGK\% = \frac{MGK}{Materialeinzelkosten} \cdot 100$$

$$= \frac{62.000}{496.000} \cdot 100 = 12,5\%$$

2. Fertigungsgemeinkostenzuschlag

$$FGK\% = \frac{FGK}{Fertigungslöhne} \cdot 100$$

$$= \frac{534.000}{356.000} \cdot 100 = 150\%$$

3. Verwaltungsgemeinkostenzuschlag

$$VwGK\% = \frac{VwGK}{Herstellkosten} \cdot 100$$

$$= \frac{131.000}{1.493.000} \cdot 100 = 8,8\%$$

4. Vertriebsgemeinkostenzuschlag

$$VtGK\% = \frac{VtGK}{Herstellkosten} \cdot 100$$

$$= \frac{103.000}{1.493.000} \cdot 100 = 6,9\%$$

Betriebsabrechnungsbogen BAB					
Kostenart/ Konto-Nr.	Kosten lt. RK II Betriebsergebnisrechnung	Material	Fertigung	Verwaltung	Vertrieb
Summe der GK					
Zuschlagsgrundlage	Kto. 600				
	Kto. 620				
Herstellkosten des Umsatzes					
Zuschlagssätze		%	%	%	%

2.1.2.2 Ergebniskontrollübersicht (Bausteinsystem)

		Baustein I				Baustein II		Baustein III	Baustein IV	
Zeile	Kalkulationsschema	Ist-Kosten (Nachkalkulation)		Ist-Zu-schlags-sätze	Soll-Zu-schlags-sätze	Soll-Kosten (Vorkalkulation)		Kosten-unter-/über-deckung	Kostenträger	
									Produkt A	Produkt B
		EUR	EUR	%	%	EUR	EUR	EUR	EUR	EUR
1	MEK									
2	+ MGK									
3	**MK**									
4	FEK Kst A									
5	+ FGK									
4	FEK Kst B									
5	+ FGK									
4	FEK Kst C									
5	+ FGK									
4	FEK Kst D									
5	+ FGK									
6	**FK**									
7	**HK der Prod.**									
8	+ BV–									
9	– BV+									
10	**HK des Umsatzes**									
11	+ VwGK									
12	+ VtGK									
13	**SK**									

Baustein V

14	Netto-Verkaufs-erlöse			
15	Umsatzergebnis			
16	± Über-/Unter-deckung			
17	Betriebsergebnis			

Ergebniskontrollrechnung im Bausteinsystem I–V

Baustein I: ⇨ Ist-Kosten-Kalkulation

■ Ist-Kosten-Nachkalkulation (Ermittlung der Selbstkosten), ein Abschlussergebnis aus dem BAB

Baustein II: ⇨ Soll-Kosten-Kalkulation

■ Soll-(Normal)-Kosten-Vorkalkulation
Ziel: Ermittlung der Selbstkosten (gesamt) aufgrund der Soll-Zuschlagssätze aus dem BAB des Vorjahres (Vormonates)

Baustein III: ⇨ Soll-Ist-Kosten-Abweichung

■ Kostenüberdeckung: Sollkosten > Istkosten = Zusatzgewinn
■ Kostenunterdeckung: Sollkosten < Istkosten = Gewinnminderung/ Verlust
■ zu ermitteln für alle Arten der Gemeinkosten und bei den Selbstkosten (SK) gesamt

Baustein IV: ⇨ Soll-Kosten-Kalkulation differenziert nach Kostenträgern

■ Sollkosten-Differenzierung nach Produkten (Kostenträgerblatt)
■ Erweiterung von Baustein II zu IV (Produktdifferenzierung)
Ziel: Ermittlung der Selbstkosten je Produkt aufgrund der Soll-Zuschlagssätze aus dem BAB des Vorjahres (Vormonats)

Baustein V: ⇨ Betriebsergebnisrechnung
Ziel: Ermittlung des Betriebsgewinns oder Betriebsverlusts

Beachte:
Zeile 15: Umsatzergebnis = **Differenz zwischen Ist-Verkaufserlösen und Selbstkosten-Soll**
Zeile 16: Überdeckung/Unterdeckung = Differenz zwischen Ist-Kosten und Soll-Kosten
Zeile 17: Betriebsergebnis

Beachte: Die ermittelte Summe muss mit dem Betriebsergebnis der Ergebnistabelle II übereinstimmen!

Beispiel: Ergebniskontrollrechnung im Bausteinsystem I–V[1]

		Baustein I		Ist-Zuschlagssätze	Soll-Zuschlagssätze	Baustein II		Baustein III	Baustein IV	
Zeile	Kalkulationsschema	Ist-Kosten (Nachkalkulation)				Soll-Kosten (Vorkalkulation)		Kostenunter-/überdeckung	Kostenträger	
									Produkt A	Produkt B
		EUR	EUR	%	%	EUR	EUR	EUR	EUR	EUR
1	MEK	2.100.000				2.100.000			1.100.000	1.000.000
2	+ MGK	63.000		3	5		105.000	+ 42.000	55.000	50.000
3	MK		2.163.000				2.205.000		1.155.000	105.000
4	FEK Kst A	476.000				476.000			276.000	200.000
5	+ FGK	238.000		50	40		190.400	− 47.600	110.400	80.000
4	FEK Kst B	397.500				397.500			197.500	200.000
5	+ FGK	530.000		133,33	150		596.250	+ 66.250	296.250	300.000
4	FEK Kst C	512.500				512.500			312.500	200.000
5	+ FGK	410.000		80	90		461.250	+ 51.250	281.250	180.000
4	FEK Kst D	192.800				192.800			92.800	100.000
5	+ FGK	241.000		125	100		192.800	− 48.200	92.800	100.000
6	FK		2.997.800				3.019.500		1.659.500	1.360.000
7	HK der Prod.		5.160.800				5.224.500		2.814.500	2.410.000
8	+ BV−									
9	− BV+		− 50.800				− 50.800		− 20.800	− 30.000
10	HK des Umsatzes		5.110.000				5.173.700		2.793.700	2.380.000
11	+ VwGK	656.000		12,8	10		517.370	− 138.630	279.370	238.000
12	+ VtGK	322.000		6,3	10		517.370	+ 195.370	279.370	238.000
13	SK		6.088.000				6.208.440	+ 120.440	3.352.440	2.856.000

Baustein V

14	Netto-Verkaufserlöse	7.000.000	4.300.000	2.700.000
15	Umsatzergebnis	+ 791.560	+ 947.560	− 156.000
16	± Über-/Unterdeckung	+ 120.440		
17	Betriebsergebnis	912.000		

[1] Quelle: in Anlehnung an Schmolke, Siegfried/Deitermann, Manfred/Rückwart, Wolf-Dieter: Industrielles Rechnungswesen, 38. Auflage, Darmstadt, Winklers Verlag, 2010

▦ Diese Ergebnisrechnung resultiert aus einem erweiterten BAB (mehrere Fertigungshauptstellen)

▦ **Zusätzliche Angaben:**
  – **Für Baustein II:**

MGK		5 %
FGK	– Kst A	40 %
FGK	– Kst B	150 %
FGK	– Kst C	90 %
FGK	– Kst D	100 %
BV	+ 50.800,00 EUR	
VwGK		10 %
VtGK		10 %

Alle Einzelkosten und Bestandsveränderungen bleiben unverändert, d. h. Soll-Kosten = Ist-Kosten.

  – **Für Baustein IV:**

MEK		1.100.000,00 EUR	
FEK	– Kst A	276.000,00 EUR	= **Sollkosten für**
FEK	– Kst B	197.500,00 EUR	**Produkt A**
FEK	– Kst C	312.500,00 EUR	
FEK	– Kst D	92.800,00 EUR	
BV	+ 20.800,00 EUR		

  – **Für Baustein V:**
    Konto 500 gesamt: 7.000.000,00 EUR   Produkt A: 4.300.000,00 EUR,
                                          Produkt B: 2.700.000,00 EUR

2.1.3   Kostenträgerrechnung

▦ Die **Kostenträgerrechnung = Kalkulation** hat die Aufgabe, die Kosten für jedes einzelne Produkt = Kostenträger (1 ME eines Produktes oder einer Serie oder eines Auftrages) zu ermitteln; dabei werden die Kosten dem Verursachungsprinzip entsprechend den Kostenträgern zugerechnet; die so ermittelten Selbstkosten sollen über den Verkaufserlös zurückfließen.

▦ Die Kalkulationsmethode richtet sich nach dem Fertigungsverfahren:

Massenfertigung	= Divisionskalkulation
Sortenfertigung	= Äquivalenzziffernkalkulation
Einzelfertigung	= Zuschlagskalkulation
Serienfertigung	= Zuschlagskalkulation

2.1.3.1 Äquivalenzziffernkalkulation

- Sie wird bei Sortenfertigung angewandt, d. h. einer Form der Massenfertigung nicht einheitlicher, aber ähnlicher Produkte wie z. B. Herstellung verschiedener Biersorten, Ziegelstein-, Blech-, Spanplatten-, Glühlampensorten usw.
- Die insgesamt angefallenen Selbstkosten können hier den einzelnen Sorten und den einzelnen Mengeneinheiten nicht direkt zugeordnet werden.
- Unterschiedlich hohe Stückkosten werden durch unterschiedliche Materialstärke der Produkte, durch unterschiedliches Gewicht, durch unterschiedliche Brenndauer, durch unterschiedlich lange Lagerung o. Ä. verursacht.
- Um die ermittelten **Selbstkosten** gesamt den einzelnen Sorten **verursachungsgetreu zurechnen** zu können, werden **Äquivalenzziffern (Wertungs- oder Gewichtungsziffern bzw. Kostenverursachungsschlüssel)** eingesetzt, die das Stückkostenverhältnis der einzelnen Sorten zueinander widerspiegeln.

Beispiel:
In einem Betrieb werden Glühlampen hergestellt:

Sorte I	5.000 Stck	10 Watt (120 Lumen)
Sorte II	10.000 Stck	20 Watt (240 Lumen)
Sorte III	4.000 Stck	50 Watt (600 Lumen)

Die Gesamtkosten (Selbstkosten) betragen 90.000,00 EUR.

① Sorte	ME	Ausführung	② Äquivalenzziffer	③ RE	⑤		SK je Sorte	⑥ SK je Stück
I	5.000	10 Watt	1	5.000	· 2,00 EUR/RE =		10.000,00 EUR	2,00 EUR
II	10.000	20 Watt	2	20.000	· 2,00 EUR/RE =		40.000,00 EUR	4,00 EUR
III	4.000	50 Watt	5	20.000	· 2,00 EUR/RE =		40.000,00 EUR	10,00 EUR
				④ 45.000				

Lösungsschritte:

1) Schema erstellen, bekannte Werte eintragen (Selbstkosten gesamt, Sorte, Menge)

2) Äquivalenzziffern ermitteln
   Kostenverursachungsschlüssel, hier: Wattzahlen, werden ins Verhältnis zueinander gesetzt, z. B. dadurch, dass man eine Wattzahl = 1 setzt und die anderen im Verhältnis dazu ausdrückt:

10 Watt = 1,0	0,5	0,2
20 Watt = 2,0	1,0	0,4
50 Watt = 5,0	2,5	1,0

3) Äquivalenzziffern multiplizieren mit Mengeneinheiten je Sorte = Recheneinheit (RE)
   Summe der RE ermitteln

   $$RE_{Sorte\ I} = ME_{Sorte\ I} \cdot Äquivalenzziffer_{Sorte\ I}$$

4) Wert einer RE ermitteln

   $$Wert\ für\ eine\ RE = \frac{Selbstkosten\ gesamt}{Summe\ der\ RE}$$

   $$= \frac{90.000,00\ EUR}{45.000,00\ RE} = 2,00\ EUR/RE$$

5) Wert für eine RE multiplizieren mit Recheneinheiten je Sorte = Selbstkosten gesamt je Sorte (Probe: Addition der SK je Sorte = SK gesamt)

   Beispiel:

5.000	· 2,00 EUR =	10.000,00 EUR
20.000	· 2,00 EUR =	40.000,00 EUR
20.000	· 2,00 EUR =	40.000,00 EUR
		90.000,00 EUR

6) Selbstkosten je Mengeneinheit (ME)

   $$Selbstkosten\ je\ Mengeneinheit = \frac{Selbstkosten\ je\ Sorte}{Mengeneinheiten\ je\ Sorte}$$

   $$Sorte\ I = \frac{10.000,00\ EUR}{5.000\ Stck/ME} = 2,00\ EUR/ME$$

2.1.3.2 Zuschlagskalkulation

		MEK		Materialeinzelkosten	Konten 600, 601
	+	MGK %		Materialgemeinkosten, lt. BAB	
	−	SE		Schrotterlöse	Konto 543
I.	=	**MK**		**Materialkosten**	
		FEK	Kst A	Fertigungseinzelkosten Kst A	Konto 620
	+	FGK %	Kst A	Fertigungsgemeinkosten, lt. BAB	
		FEK	Kst B	Fertigungseinzelkosten Kst B	Konto 620
	+	FGK %	Kst B	Fertigungsgemeinkosten, lt. BAB	
		FEK	Kst C	Fertigungseinzelkosten Kst C	Konto 620
	+	FGK %	Kst C	Fertigungsgemeinkosten, lt. BAB	
		usw.			
	+			Maschinenkosten	
	+	RGK %		Restgemeinkosten	
	+	SEKF		Sondereinzelkosten der Fertigung	Konten 617, 672
II.	=	**FK**		**Fertigungskosten**	
		I. MK		Materialkosten	
	+	II. FK		Fertigungskosten	
III.	=	**HKdProd**		**Herstellkosten der Produktion/ des Abrechnungszeitraumes**	
	+	BV−		Bestandsminderungen	Konto 520
	−	BV+		Bestandsmehrungen	Konto 520
IV	=	**HKdUms**		**Herstellkosten des Umsatzes**	
	+	VwGK %		Verwaltungsgemeinkosten, lt. BAB	
	+	VtGK %		Vertriebsgemeinkosten, lt. BAB	
	+	SEKV		Sondereinzelkosten des Vertriebs	Konto 615
V	=	**SK**		**Selbstkosten**	

2.1.3.3 Verkaufskalkulation

Nach der **Ermittlung der Selbstkosten erfolgt bei allen Kalkulations-methoden** die **Ermittlung des Angebotspreises** durch Anhängen eines **Verkaufsblockes**/einer **Verkaufskalkulation**:

Vorwärtskalkulation

	Selbstkosten (i. d. R. = Sollkosten)		90,00 EUR	
+	Gewinn	11,1 %	10,00 EUR	
	Barverkaufspreis		100,00 EUR	(98 %)
+	Skonto, Provision	2 % (i. H.)	2,04 EUR	
	Zielverkaufspreis		102,04 EUR	(90 %)
+	Rabatt	10 % (i. H.)	11,34 EUR	
	Listenverkaufspreis/Angebotspreis		**113,38 EUR**	

2.1.3.4 Gewinn- oder Differenzkalkulation

Hier erfolgt eine Rückrechnung vom Listenverkaufspreis zum Barverkaufs-preis; die dann entstehende Differenz zwischen Barverkaufspreis und Selbst-kosten (Ist-Kosten) entspricht i. d. R. dem tatsächlich entstandenen Gewinn.

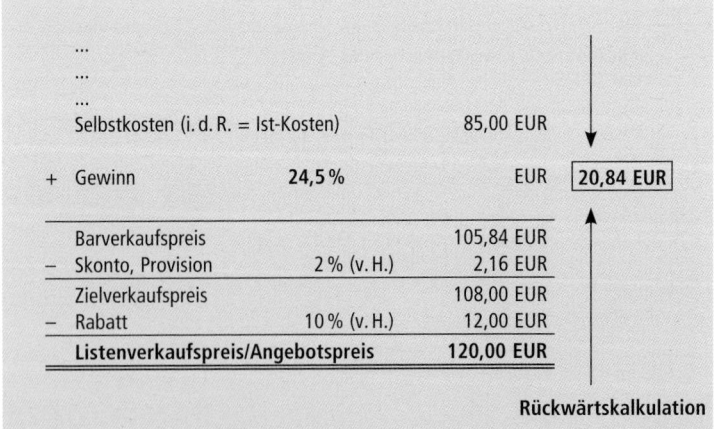

	...			
	...			
	...			
	Selbstkosten (i. d. R. = Ist-Kosten)		85,00 EUR	
+	Gewinn	**24,5 %**	EUR	**20,84 EUR**
	Barverkaufspreis		105,84 EUR	
–	Skonto, Provision	2 % (v. H.)	2,16 EUR	
	Zielverkaufspreis		108,00 EUR	
–	Rabatt	10 % (v. H.)	12,00 EUR	
	Listenverkaufspreis/Angebotspreis		**120,00 EUR**	

Rückwärtskalkulation

2.1.3.5 Handelswarenkalkulation

LEP	Listeneinkaufspreis	
+ TZ	Teuerungszuschlag	
+ MMZ	Mindermengenzuschlag	
− R	Rabatt	
ZEP	Zieleinkaufspreis	
− SK	Skonto	
BEP	Bareinkaufspreis	
+ BK	Bezugskosten	
BP	Bezugspreis	
+ HWGK %	Handelswarengemeinkosten	
SK	Selbstkosten	
+ Gew	Gewinn	
BVP	Barverkaufspreis	
*		
*		Angebotspreis
*		
+	Verkaufskalkulation	
LVP	Listenverkaufspreis	

- **Kalkulationszuschlag**
  = Differenz zwischen Bezugspreis (100 %) und Angebotspreis, ausgedrückt in Prozent vom Bezugspreis
- **Kalkulationsfaktor**
  = Zahl, die mit dem Bezugspreis multipliziert unmittelbar den Angebotspreis ergibt

Ermittlung:
$$\text{Kalkulationsfaktor} = \frac{100\,\% + \text{Kalkulationszuschlag}\,\%}{100}$$

- **Handelsspanne**
  = Differenz zwischen Bezugspreis und Angebotspreis (100 %), ausgedrückt in Prozent vom Angebotspreis

2.2 Teilkostenrechnung/ Deckungsbeitragsrechnung

Grundlagen: Bei der Kritik zur Vollkostenrechnung (z. B. nicht ausreichende Berücksichtigung von Marktpreisen) setzen die zur Deckungsbeitragsrechnung führenden Überlegungen ein.

Ziel: Anpassung an die Bedingungen des Marktes hinsichtlich Preis, Absatzmengen und Sortiment; Erhaltung der Arbeitsplätze/Beschäftigung/ Auslastung der Kapazität und Erzielung von Gewinn

Problem: Soll insbesondere in Zeiten konjunkturellen Rückgangs mit fallenden Marktpreisen auch noch zu einem nicht mehr kostendeckenden Preis produziert werden?

Entscheidend: Der Marktpreis des Erzeugnisses ist Grundlage der Kalkulation.

Kalkulationsschema DBR:

Verkaufspreis (VP) z. B.		1.500,00 EUR
– variable Kosten (vK)		– 1.000,00 EUR
= **Deckungsbeitrag** **(DB)**		500,00 EUR
– Fixkosten		– 200,00 EUR
= Gewinn		300,00 EUR

2.2.1 Möglichkeiten der Deckungsbeitragsrechnung

▪ Gesonderte Kostenbetrachtung durch Aufteilung aller Kosten in die Bereiche: fixe und variable Kosten (im Gegensatz zur Vollkostenrechnung ⇒ EK, SEK, GK)

▪ Ermittlung der **Nutzenschwelle/Gewinnschwellenmenge/des Break- even-Points**

▪ Feststellung des Verhandlungsspielraumes in Bezug auf den VP bei Übernahme von Zusatzaufträgen nach Erreichen der Nutzenschwelle

Beachte: Der Deckungsbeitrag setzt sich dann aus 100 % Gewinn zusammen.

- Feststellung der **Verkaufspreisuntergrenze** für kurzfristige, marktorientierte Entscheidungen
  ⇨ VP − variable Kosten = **DB 0** ⇨ = **absolute (kurzfristige) Preisuntergrenze**
- Unterlagen für kapazitätsorientierte Absatzentscheidungen schaffen, die Arbeitsplätze sichern
- Bestimmung der Fertigungsreihenfolge entsprechend der Höhe der **Deckungsbeiträge (absolut und relativ)** und unter **Berücksichtigung von Kapazitätsengpässen** (die Produkte mit dem höchsten DB werden zuerst gefertigt = wirtschaftliche Fertigung)
- **falsche unternehmerische Entscheidungen** auf der Basis der Vollkostenrechnung **verhindern**

2.2.2 Break-even-Point (Nutzenschwelle/ Gewinnschwellenmenge)

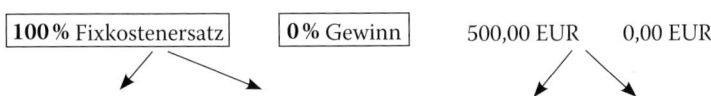

| 100 % Fixkostenersatz | 0 % Gewinn | 500,00 EUR | 0,00 EUR |

Die Produktions- und Verkaufsmenge, bis zu der der **Deckungsbeitrag zu 100 % Fixkostenersatz** darstellt

	VP	Verkaufspreis	1.500,00 EUR
− vK		variable Kosten	1.000,00 EUR
	DB	Deckungsbeitrag	500,00 EUR

Oder:

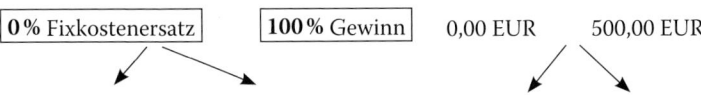

| 0 % Fixkostenersatz | 100 % Gewinn | 0,00 EUR | 500,00 EUR |

Die Produktions- und Verkaufsmenge, von der an der **Deckungsbeitrag zu 100 % Gewinn** darstellt

	VP	Verkaufspreis	1.500,00 EUR
− vK		variable Kosten	1.000,00 EUR
	DB	Deckungsbeitrag	500,00 EUR

Ermittlung der Nutzenschwelle

$$\text{Gewinnschwellenmenge} = \frac{\text{Fixkosten gesamt}}{\text{Deckungsbeitrag je Mengeneinheit}}$$

Beispiel:

$$\frac{\text{Fixkosten gesamt: 100.000,00 EUR}}{\text{Deckungsbeitrag je ME: 500,00 EUR}} = \textbf{200 ME}$$

- Ab 201 ME Absatz stellt der **DB** zu **100 % Gewinn** dar (jenseits der Nutzenschwelle).
- Es entsteht ein Preisverhandlungsspielraum in Höhe des Deckungsbeitrages (z. B. 500,00 EUR).
- Künftig können Zusatzaufträge auch unter dem sonst üblichen Verkaufspreis (z. B. 1.500,00 EUR) akzeptiert werden (Kapazitäts- und Arbeitsplatzsicherung).
- Die **absolute Preisuntergrenze** liegt dort, wo der Deckungsbeitrag = 0,00 EUR ist, bzw. dort, wo der Verkaufspreis identisch mit den variablen Kosten (z. B. 1.000,00 EUR) ist.

Beachte:
- Eine **VP-Senkung** (vor Erreichen des Break-even-Points) führt zu einer **Erhöhung** der Nutzenschwelle.
- Eine **VP-Erhöhung** (vor Erreichen des Break-even-Points) führt zu einer **Senkung** der Nutzenschwelle.

Langfristige Preisuntergrenze = Selbstkosten (Variable Kosten + Fixe Kosten) + Gewinn (für Investitionen)

2.2.3 Bestimmung der Fertigungsrangfolge

- Ausrichtung der Produktion in Mehrprodukt-Unternehmen auf die rentabelsten Erzeugnisse
- Festlegung der Fertigungsrangfolge entsprechend der Höhe der erzielbaren/erwirtschafteten Deckungsbeiträge

Fertigungsrangfolge nach absoluten Deckungsbeiträgen

Beispiel:

Erzeugnisgruppe	Nettoverkaufserlös je ME	Variable Stück-kosten	Deckungsbeitrag je ME
A	200,00 EUR	110,00 EUR	90,00 EUR
B	150,00 EUR	118,00 EUR	32,00 EUR
C	180,00 EUR	116,00 EUR	64,00 EUR
D	90,00 EUR	42,00 EUR	48,00 EUR

Fertigungsrangfolge: A – C – D – B

Fertigungsrangfolge nach relativen Deckungsbeiträgen

Relativer DB: der auf eine Produktionsstunde/-Minute umgerechnete Deckungsbeitrag je Produkt

Beispiel:

Erzeugnis-gruppe	Absoluter DB je ME	Montagezeit je ME in Min.	Montierte ME je Produktionsstunde	Relativer DB je Produktionsstunde
A	90,00 EUR	15	4	360,00 EUR
C	64,00 EUR	20	3	192,00 EUR
D	48,00 EUR	10	6	288,00 EUR
B	32,00 EUR	5	12	384,00 EUR

Fertigungsrangfolge: B – A – D – C

Beachte: Sofern unterschiedliche Fertigungszeiten in Mehrproduktunternehmen vorliegen, richtet sich die Fertigungsrangfolge unter wirtschaftlichen Aspekten stets nach dem relativen DB.

2.2.4 Kapazitätsengpässe und Betriebserfolg

- I. d. R. gibt es im Industriebetrieb immer Engpässe, die die Produktionsmengen beschränken.
- Optimale Produktionsentscheidungen unter Berücksichtigung bestimmter Absatzmengen:

↓

Beispiel:
Optimale Kapazität: 1.200 Stunden
Fertigungsrangfolge: B – A – D – C

Fertigungs-rangfolge	Absetz-bare Mengen	Montierte ME je Produk-tionsstunde	Montage-zeit insg. in Std.	Produktions-mengen	Produktions-rückstand
B	10.800	12	900	10.800	0
A	800	4	200	800	0
D	900	6	100	600	Restmenge: 300
C	3.000	3	0	0	Restmenge: 3000
			1.200		

Beachte: Evtl. müssen bei der Festlegung der wirtschaftlichen Fertigungsrangfolge noch andere Prioritäten berücksichtigt werden, z. B. :

- Neukunde
- Stammkunde
- Groß-/Kleinabnehmer
- Rüstzeiten

- Maschinenausfall
- Materialverfügbarkeit
- Fehlzeiten

Betriebserfolg: ⟶ **Deckungsbeitrag gesamt – Fixkosten gesamt**

B	10.800 ME ·	32,00 EUR DB absolut	=	345.600,00 EUR	DB	
A	800 ME ·	90,00 EUR DB absolut	=	72.000,00 EUR	DB	
D	600 ME ·	48,00 EUR DB absolut	=	28.800,00 EUR	DB	
C	0 ME		=	0,00 EUR	DB	
				446.400,00 EUR	DB gesamt	
		z. B.	–	350.000,00 EUR	Fixkosten gesamt	
				96.400,00 EUR	**Betriebsgewinn**	

2.2.5 Produktionsentscheidungen auf der Basis von Voll- und Teilkostenrechnung im Vergleich

Vollkostenrechnung

Beispiel[1]
Ein Industriebetrieb stellt drei verschiedene Erzeugnisse her, die die Produktionsstätten annähernd gleichmäßig durchlaufen. Die Vollkostenrechnung liefert für die Rechnungsperiode (RP) folgende Zahlen:

Selbstkosten- und Ergebnisrechnung der Vollkostenrechnung	Erzeugnis A	Erzeugnis B	Erzeugnis C	Kostenträger insgesamt
Materialeinzelkosten	60.000,00	40.000,00	50.000,00	150.000,00
+ 10 % Material-GK	6.000,00	4.000,00	5.000,00	15.000,00
Materialkosten	66.000,00	44.000,00	55.000,00	165.000,00
Fertigungslöhne	90.000,00	40.000,00	50.000,00	180.000,00
+ 100 % Fertigungs-GK	90.000,00	40.000,00	50.000,00	180.000,00
Fertigungskosten	180.000,00	80.000,00	100.000,00	360.000,00
Herstellkosten	246.000,00	124.000,00	155.000,00	525.000,00
+ 20 % Verwaltungs- und Vertriebs-GK	49.200,00	24.800,00	31.000,00	105.000,00
Selbstkosten	295.200,00	148.800,00	186.000,00	630.000,00
Verkaufserlöse	335.200,00	178.800,00	176.000,00	690.000,00
Betriebsergebnis der RP	40.000,00	30.000,00	–10.000,00	60.000,00

Die Einzelkosten betragen insgesamt:		
	Fertigungsmaterial	150.000,00
	+ Fertigungslöhne	180.000,00
	Einzelkosten insgesamt	330.000,00

Die Gemeinkosten betragen insgesamt:		
	Materialgemeinkosten	15.000,00
	+ Fertigungsgemeinkosten	180.000,00
	+ Verw.- u. Vertriebs-GK	105.000,00
	Gemeinkosten insgesamt	300.000,00

---

[1] vgl. Schmolke, Siegfried/Deitermann, Manfred/Rückwart, Wolf-Dieter: Industrielles Rechnungswesen, 38. Auflage, Darmstadt, Winklers Verlag, 2010

Produktionsentscheidung auf Basis der Vollkostenrechnung:
Produktelimination C

Begründung: Verlust von 10.000,00 EUR

Teilkostenrechnung

| **Annahme:** | Einzelkosten | 330.000,00 = variable Kosten |
| | Gemeinkosten | 300.000,00 = zu 90 % fixe Kosten |

Das Erzeugnis C scheidet aus der Produktion aus.

Ergebnisrechnung		Erzeugnis A EUR	Erzeugnis B EUR	insgesamt EUR
	Verkaufserlöse	335.200,00	178.800,00	514.000,00
−	Variable Kosten	164.520,00[1]	86.880,00[2]	251.400,00
=	Deckungsbeitrag	170.680,00	91.920,00	262.600,00
−	Fixe Kosten			270.000,00
	Betriebsverlust der RP			− 7.400,00

Nebenrechnung Erzeugnis A:

EUR			
60.000,00	MEK	variabel	
90.000,00	FEK	variabel	
150.000,00		variabel	
6.000,00	MGK		
90.000,00	FGK		
49.200,00	VGK		
145.200,00	GK	davon 10 % variabel	
14.520,00			
164.520,00		**variable Kosten**	

Nebenrechnung Erzeugnis B:

EUR			
40.000,00	MEK	variabel	
40.000,00	FEK	variabel	
80.000,00		variabel	
4.000,00	MGK		
40.000,00	FGK		
24.800,00	VGK		
68.800,00	GK	davon 10 % variabel	
6.880,00			
86.880,00		**variable Kosten**	

Das Erzeugnis C scheidet **nicht** aus der Produktion aus

Ergebnisrechnung	Erzeugnis A EUR	Erzeugnis B EUR	Erzeugnis C EUR	insgesamt EUR
Verkaufserlöse	335.200,00	178.800,00	176.000,00	690.000,00
− Variable Kosten	164.520,00	86.880,00	108.600,00	360.000,00
= Deckungsbeitrag	170.680,00	91.920,00	67.400,00	330.000,00
− Fixe Kosten				270.000,00
Betriebsgewinn der RP				**60.000,00**

Beachte:

- Solange ein Erzeugnis einen Deckungsbeitrag erzielt, ist es i. d. R. un-wirtschaftlich, dieses Erzeugnis aus der Produktion herauszunehmen, denn der DB trägt in bestimmtem Umfang weiter zur Abdeckung der Fixkosten bei.
- Die Deckungsbeitragsrechnung hilft, falsche Unternehmensentschei-dungen auf der Basis der Vollkostenrechnung zu verhindern.

Teil III — Wirtschafts- und Sozialprozesse

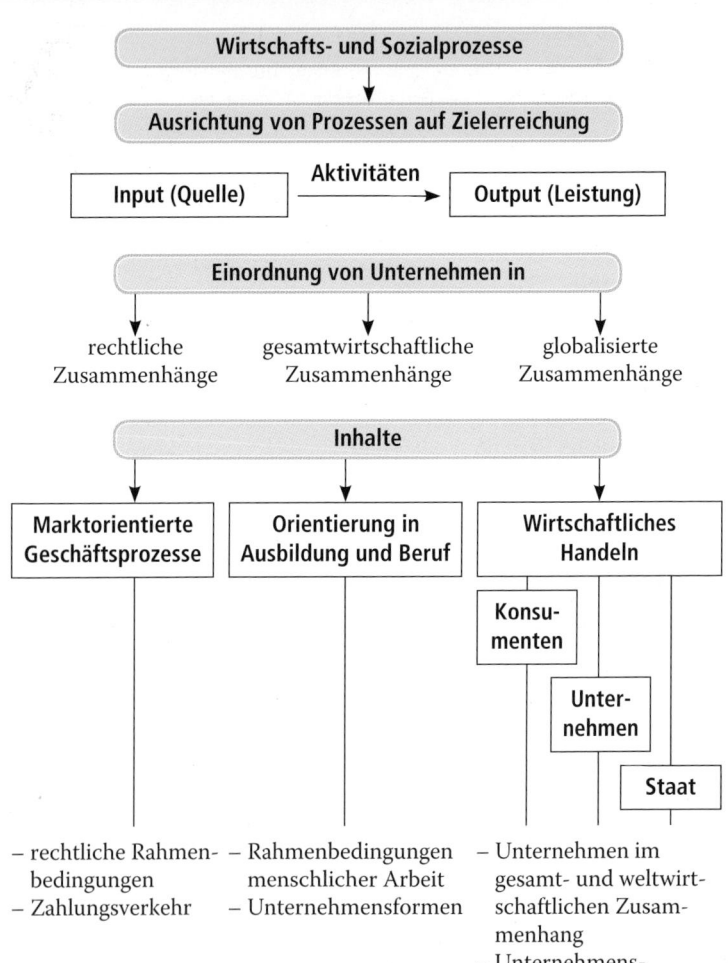

Wirtschafts- und Sozialprozesse

↓

Ausrichtung von Prozessen auf Zielerreichung

Input (Quelle) — Aktivitäten → Output (Leistung)

Einordnung von Unternehmen in

- rechtliche Zusammenhänge
- gesamtwirtschaftliche Zusammenhänge
- globalisierte Zusammenhänge

Inhalte

Marktorientierte Geschäftsprozesse

Orientierung in Ausbildung und Beruf

Wirtschaftliches Handeln

Konsumenten

Unternehmen

Staat

- rechtliche Rahmenbedingungen
- Zahlungsverkehr

- Rahmenbedingungen menschlicher Arbeit
- Unternehmensformen

- Unternehmen im gesamt- und weltwirtschaftlichen Zusammenhang
- Unternehmensstrategien, -projekte

1 Rechtliche Rahmenbedingungen des Wirtschaftens

Marktorientierte Geschäftsprozesse (Lernfeld 2)

Die Freiheit der Individuen muss durch Rechtsnormen eingeschränkt werden, wenn geordnete Beziehungen und ein Zusammenleben von Menschen möglich sein sollen.

1.1 System rechtlich relevanter Fähigkeiten

Als Rechtsfähigkeit bezeichnet man die Fähigkeit, Träger von Rechten und Pflichten zu sein (Rechtssubjekt).

Natürliche Personen
↓
Menschen von der Geburt bis zum Tod

Juristische Personen
↓
künstlich (theoretisch) geschaffene Personen/Gebilde, geboren durch Eintragung ins Handelsregister bis hin zur Löschung

Beispiele:
- Kapital-/Aktiengesellschaften
- GmbH
- Vereine, Stiftungen
- Sparkassen, IHK
- Genossenschaften (Genossenschaftsregister)

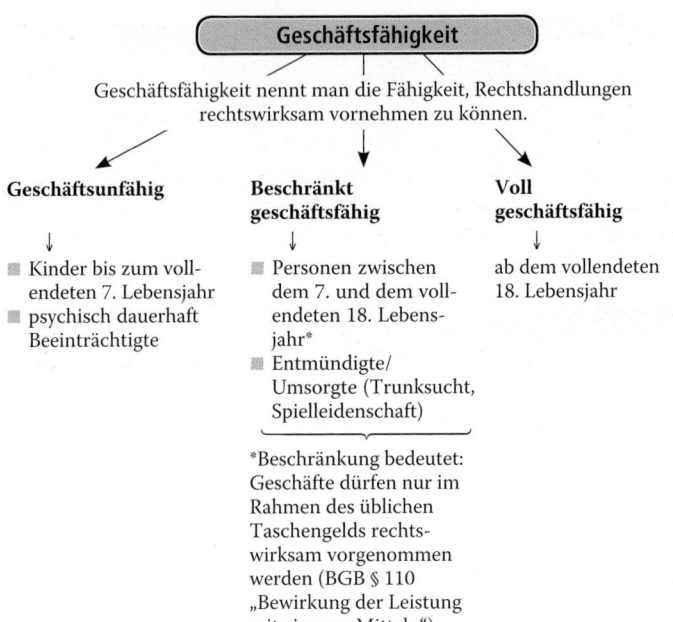

Geschäftsfähigkeit

Geschäftsfähigkeit nennt man die Fähigkeit, Rechtshandlungen rechtswirksam vornehmen zu können.

Geschäftsunfähig	Beschränkt geschäftsfähig	Voll geschäftsfähig
▦ Kinder bis zum vollendeten 7. Lebensjahr ▦ psychisch dauerhaft Beeinträchtigte	▦ Personen zwischen dem 7. und dem vollendeten 18. Lebensjahr* ▦ Entmündigte/ Umsorgte (Trunksucht, Spielleidenschaft)	ab dem vollendeten 18. Lebensjahr

*Beschränkung bedeutet: Geschäfte dürfen nur im Rahmen des üblichen Taschengelds rechtswirksam vorgenommen werden (BGB § 110 „Bewirkung der Leistung mit eigenen Mitteln").

1.2 Rechtsgeschäfte

Tatbestand aus einer oder mehreren Willenserklärungen, der ein gewolltes Tun beinhaltet. Durch Rechtsgeschäfte bzw. Willenserklärungen werden Geschäfte/Verträge begründet oder aufgehoben.

1.2.1 Formen/Formvorschriften bei Rechtsgeschäften

Mündliche Verträge: grundsätzlich alle Verträge bis auf folgende Ausnahmen: **Zuschlagsverträge,** z. B. Versteigerungen, Börsengeschäfte, Pferdegeschäfte und **schriftliche** Verträge

Schriftliche Verträge		
Einfache Schriftform	■ Ratenverträge ■ Bürgschaften ■ Schuldversprechen ■ Tarifverträge	■ Arbeitsverträge ■ Ausbildungsverträge ■ Miet- und Pachtverträge, wenn Laufzeit länger als 1 Jahr
Schriftform mit öffentlicher Beglaubigung	Die Richtigkeit der Unterschriften wird vom Notar oder von einer Behörde bestätigt. ⇨ Eintragungen in öffentliche Register, z. B. Grundbuch, Handelsregister, Vereinsregister	
Schriftform mit notarieller Beurkundung	Willenserklärungen werden vom Notar als öffentliche Urkunde abgefasst. ⇨ Der Notar formuliert den Vertragsinhalt und ist für diesen verantwortlich. ■ Haus- und Grundstücksgeschäfte ■ Eheverträge ■ Ergebnisse von AG-Hauptversammlungen	

1.2.2 Arten der Rechtsgeschäfte

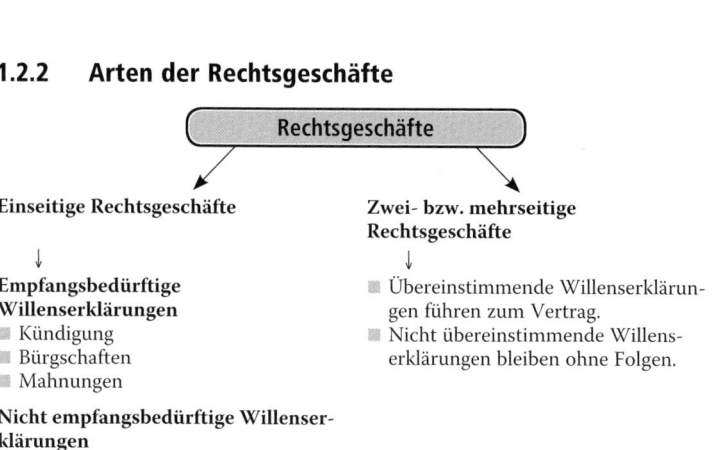

Rechtsgeschäfte

Einseitige Rechtsgeschäfte

↓

Empfangsbedürftige Willenserklärungen
■ Kündigung
■ Bürgschaften
■ Mahnungen

Nicht empfangsbedürftige Willenserklärungen
■ Testament

Zwei- bzw. mehrseitige Rechtsgeschäfte

↓

■ Übereinstimmende Willenserklärungen führen zum Vertrag.
■ Nicht übereinstimmende Willenserklärungen bleiben ohne Folgen.

1.2.3 Wirksamkeit von Rechtsgeschäften

Nichtige Rechtsgeschäfte
(von vornherein ungültig)

1. Geschäfte Geschäftsunfähiger (BGB § 108)

2. Geschäfte beschränkt geschäftsfähiger Personen über den Rahmen des Taschengeldes ohne Zustimmung des gesetzlichen Vertreters (BGB § 107 ff.)

3. Schein- und Scherzgeschäfte

4. Geschäfte mit Formmängeln

5. Geschäfte gegen die guten Sitten

6. Geschäfte, die gegen gesetzliche Verbote verstoßen

7. Geschäfte im Zustand der Hilflosigkeit/Bewusstlosigkeit

Anfechtbare Rechtsgeschäfte
(schwebend unwirksam)

1. Geschäfte mit Inhaltsirrtum

2. Geschäfte mit Übermittlungsfehlern

3. Geschäfte durch arglistige Täuschung

4. Geschäfte durch Drohung

1.3 Allgemeine Vertragsarten

Darlehensvertrag (BGB §§ 607–610)	Überlassung vertretbarer (austauschbarer) Sachen, i. d. R. Geld, zum Gebrauch gegen Entgelt (Zinsen), Rückgabe gleichartiger Sachen erforderlich
Leihvertrag (BGB §§ 598–606)	Überlassung von Sachen zum Gebrauch ohne Entgelt, Rückgabepflicht derselben Sachen in gleichem Zustand
Mietvertrag (BGB §§ 535–538)	Überlassung von Sachen zum Gebrauch gegen Entgelt, i. d. R. in Raten
Pachtvertrag (BGB §§ 581–597)	Überlassung von Sachen und Rechten zur gewerblichen Nutzung mit Fruchtgenuss (Gewinn) gegen Entgelt
Werkvertrag (BGB §§ 631–650)	Lohnarbeit ⇨ **Ausführung einer Arbeit an einer fremden Sache** (Auftraggeber stellt das Material, Auftragnehmer fordert Lohn und evtl. Ersatz von Hilfsstoffkosten) ⇨ Werkvertrag **bedingt Erfolgsgarantie**, z. B. Reparatur, Entwurf einer Werbekampagne

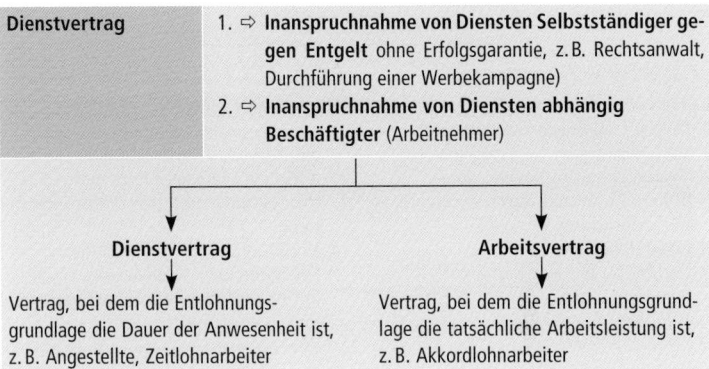

| Dienstvertrag | 1. ⇨ **Inanspruchnahme von Diensten Selbstständiger gegen Entgelt** ohne Erfolgsgarantie, z. B. Rechtsanwalt, Durchführung einer Werbekampagne) |
| | 2. ⇨ **Inanspruchnahme von Diensten abhängig Beschäftigter** (Arbeitnehmer) |

Dienstvertrag	**Arbeitsvertrag**
Vertrag, bei dem die Entlohnungsgrundlage die Dauer der Anwesenheit ist, z. B. Angestellte, Zeitlohnarbeiter	Vertrag, bei dem die Entlohnungsgrundlage die tatsächliche Arbeitsleistung ist, z. B. Akkordlohnarbeiter

1.4   Kaufvertragsformen

Einteilung nach der Lieferzeit

Fixkauf	Fester Kauf mit exakt bestimmtem Liefertermin und dem Zusatz „fix": z. B. „16.03., 11.00 fix" ⇨ Lieferung muss auf den Punkt erfolgen (keine Karenzzeit)
Zeit- oder Terminkauf	⇨ Lieferung 14.05. – Lieferkarenzzeit: +/– 2-3 Tage ⇨ 33. KW – Lieferkarenzzeit: +/– 1 Woche ⇨ 2. Dekade – Lieferkarenzzeit: +/– 10 Tage ⇨ Anfang, Mitte, Ende März – Lieferkarenzzeit: +/– 10 Tage
Kauf auf Abruf	Fester Kauf einer Großmenge, bei dem Teillieferungen zu einem späteren Zeitpunkt vereinbart, abgerufen und in Rechnung gestellt werden

Stückkauf	Kauf eines Unikates, z. B. Modellkleid
Gattungskauf	Kauf von vertretbaren umtauschbaren Sachen, z. B. Konfektionskleidung

Kauf auf Abruf

Vorteile des Käufers
- Preisvorteil durch Großeinkauf
- Verlagerung der Lagerkosten
- Verlagerung des Lagerrisikos
- höhere Liquidität durch geringere Kapitalbindung
- Liefersicherheit
- Flexibilität bei Änderung der Bedarfsmengen

Vorteile des Lieferers
- günstigere Bezugsmöglichkeiten aufgrund des Großauftrags
- optimale Material-, Personal-, Produktions- und Investitionsplanung
- Verwirklichung wirtschaftlicher Fertigung, d. h. Realisierung optimaler Losgröße (= kostengünstigste Fertigungsmenge)
  ⇨ ermöglicht niedrigere Verkaufspreise
    = höhere Konkurrenzfähigkeit
    = mehr Umsatz
    = mehr Gewinn

Spezifikationskauf/Bestimmungskauf
Fester Kauf einer pauschal bestimmten Menge, bei dem nähere Einzelheiten über die Beschaffenheit der Güter (Ausführungsform) zu einem späteren Zeitpunkt noch bestimmt werden (⇨ Modebranche)

Vorteile des Käufers
- Sicherung eines grundlegenden Bedarfs (Liefersicherheit)
- Erhaltung der Flexibilität für Mode- und Geschmackswandel
- Preisvorteil aufgrund langfristiger Planung

Vorteile des Lieferers
- günstigere Bezugsmöglichkeiten aufgrund des Großauftrags
- optimale Material-, Personal-, Produktions- und Investitionsplanung
- Verwirklichung wirtschaftlicher Fertigung, d. h. Realisierung optimaler Losgröße (= niedriger Fertigungskosten)
  ⇨ ermöglicht niedrigere Verkaufspreise
    = höhere Konkurrenzfähigkeit
    = mehr Umsatz
    = mehr Gewinn

Bürgerlicher Kauf	Beide Vertragspartner sind Verbraucher.
Einseitiger Handelskauf	Vertragspartner: Kaufmann und Verbraucher
Zweiseitiger Handelskauf	Vertragspartner: Kaufmann und Kaufmann
Kauf auf Probe	Fester Kauf mit Rückgaberecht innerhalb einer bestimmten Frist; Schweigen bedeutet Billigung des Kaufvertrages
Kauf nach Probe	Die Eigenschaften eines i. d. R. kostenlosen Musters/ Probe sind verbindlich für die später zu lieferende Menge. Muster = Beweismittel bei Streitigkeiten.
Kauf zur Probe	Kauf von Kleinmengen zum „Ausprobieren" und Bezahlung derselben
	Beachte: Eigenschaften der Kleinmengen sind nicht verbindlich für spätere Lieferungen.

1.5 Der Kaufvertrag

1.5.1 Anbahnungsmöglichkeiten

Oft Mitteilungsformen, die rechtlichen Willenserklärungen ähneln, jedoch juristisch nichts anderes sind als unverbindliche Mitteilungen

Allgemeine Anfrage	Z. B. Übersendung von Katalogen/Preislisten
Bestimmte Anfrage	Z. B. Bitte um Auskunft über Art, Güte, Beschaffenheit, Preis und Lieferzeit bestimmter – z. T. bekannter – Güter
Angebot mit Freizeichnungsklausel	Kein Angebot im rechtlichen Sinne Zusätze: ▪ Unverbindlich ▪ Ohne Gewähr ▪ Solange der Vorrat reicht ▪ Freibleibend ▪ Abgabe nur in Haushaltsmengen ▪ Ohne Obligo
Erklärungen an die Allgemeinheit	Beispiele: ▪ Schaufensterauslagen ▪ Zeitungsinserate, Plakate ▪ Fernsehwerbung ▪ Postwurfsendungen

1.5.2 Kaufverträge und Willenserklärungen im rechtlichen Sinne

1. Willenserklärung: ⇨ **Angebot** im juristischen Sinne

Definition: Ein Angebot ist eine **an eine bestimmte Person gerichtete** Willenserklärung, durch die sich der Anbietende bereit erklärt, zu einem **bestimmten Zeitpunkt einwandfreie Ware gegen Entgelt** zu liefern und dem Käufer das **Eigentum**[1] daran zu **verschaffen**.

2. Willenserklärung: ⇨ **Bestellung,** Annahme

Definition: Der Käufer verpflichtet sich, die gelieferten **Güter anzunehmen, zu prüfen** und den vereinbarten **Kaufpreis zu entrichten**.

1.5.3 Verbindlichkeit/Gültigkeit von Angeboten

1. Angebote sind so lange verbindlich, wie unter verkehrsüblichen Bedingungen eine Antwort erfolgen kann:

Inland :   8–14 Tage (E-Mail/Fax 2–3 Tage)
Europa: 20 Tage
Übersee: 6 Wochen

2. **Befristete Angebote:** gültig bis zum genannten Termin

3. **Mündliche Angebote:** müssen sofort, d. h. auf der Stelle, angenommen werden.   ⌐───▶ (noch während des Gesprächs)

Beachte: Der Widerruf von Angeboten (mit der sofortigen Wirkung der Ungültigkeit) ist so lange möglich, wie der Widerruf schneller als das Angebot beim Empfänger eintrifft.

1.5.4 Inhalt des Angebotes/Kaufvertrages

▪ Art der Güter
▪ Menge der Güter
▪ Qualität der Güter, d. h. genormte Materialzusammensetzung (Güteklasse), Handelsklasse, DIN-Norm, Qualitätsstufe, Qualitätsklasse: z. B. Stahl, ST 35, Beton B 20 …

---

[1] *Eigentum = rechtliche Verfügungsgewalt über eine Sache*
Besitz = tatsächliche Verfügungsgewalt über eine Sache

■ Beschaffenheit der Güter, d. h. Ausführungsform der Güter (z. B. Farbe, matt/poliert, gehärtet, entgratet, eloxiert, versilbert, gelötet)

■ Preis der Güter: Listeneinkaufspreis (evtl. + Mindermengenzuschläge), Rabatt, Bonus

Rabatt, sofort gewährter Preisnachlass
Beispiele:

■ Mengenrabatt ■ Personalrabatt
■ Treuerabatt ■ Saisonrabatt
■ Sonderrabatt ■ Jubiläumsrabatt
■ Wiederverkäuferrabatt ■ Naturalrabatt

Bonus, nachträglich gewährter Preisnachlass, i. d. R. rückwirkend, am Ende des Geschäftsjahres
Ziel des Lieferers: – Erhaltung von Kundentreue
  – Erzielung einer wirtschaftlichen Umsatzgröße

a) **Beachte: unverbindlicher Richtpreis** = Preisempfehlung des Herstellers ohne rechtliche Verbindlichkeit im Handel (Abweichung +/– stets möglich)
   Ziel: Schaffung eines einheitlich relativ hohen Preisniveaus, möglich bei Markengütern/Artikeln mit z. T. hohem Qualitätsstandard und eingetragenem Waren-/Firmenzeichen

b) **Preisgleitklauseln** verändern u. U. die einst vereinbarten Preise, z. B. nach einer bestimmten Zeitspanne.

■ **Zahlungsbedingungen**

Skonto: Vergütung für schnelles Zahlen
Ziel: Erhöhte Liquidität durch vorzeitige Geldeinnahme
  Senkung des Zahlungsausfallrisikos

Rechenmöglichkeiten:

---

1. Ermittlung des Überweisungsbetrages/des Skontobetrages (SKE brutto)

Beispiel:
Rechnungsbetrag = 20.000,00 EUR (einschließlich MwSt.), 8 Tage
2 % Skonto, 30 Tage netto

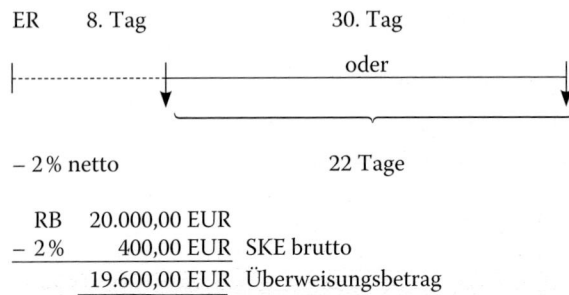

ER	8. Tag	30. Tag

oder

− 2 % netto   22 Tage

RB	20.000,00 EUR	
− 2 %	400,00 EUR	SKE brutto
	19.600,00 EUR	Überweisungsbetrag

2. Ermittlung des Jahresprozentsatzes für Skontoabzug

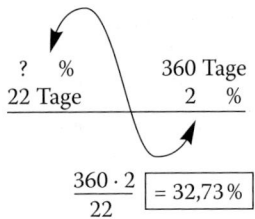

? %	360 Tage
22 Tage	2 %

$$\frac{360 \cdot 2}{22} \boxed{= 32{,}73\,\%}$$

Durch einen Vergleich mit dem Jahreszinssatz für Bankkredite (z. B. 9 %) lässt sich die Entscheidung treffen, ob der Rechnungsbetrag auch dann unter Abzug von Skonto gezahlt werden sollte, wenn dafür ein Bankkredit in Anspruch genommen werden müsste.

3. Berechnen der Kreditkosten bei vorzeitiger Zahlung

Kapital	Zinstage		Summe d. #	Zinsdivisor	# = 4312
19.600,00 EUR	22 Tage	196 · 22	4312	(360 : z. B. 9 %) = 40	D = 40

$$Zi = \frac{K \cdot p \cdot t}{100 \cdot 360} = \underline{\underline{107{,}80 \text{ EUR Kreditkosten}}}$$

4. Ermittlung des Finanzierungsgewinns

	400,00 EUR	SKE brutto
−	107,80 EUR	Kreditkosten
	292,20 EUR	Finanzierungsgewinn

▪ **Lieferungsbedingungen**

Liefertermin	z. B.	– sofort
		– 23. KW
		– 13.03.
		– Mitte Mai

Transportkosten

↓

Gesetzliche Regelung: WARENSCHULDEN SIND HOLSCHULDEN

Deshalb trägt der Käufer alle Transportkosten und -risiken.

Möglichkeiten vertraglicher Transportkostenregelung

	Werk Lieferer	Versand- bahnhof		Empfangs- bahnhof	Werk Kunde
Deutsche **Bahn AG**	→----------+------------+--+------------------------------------+---+------------→				
	Rollgeld 1 Ladekosten		Fracht		Rollgeld 2 Entladekosten
LKW	→--→				
			Fracht		

①

⇨ **ab Werk**
ab Fabrik   Käufer trägt alle Kosten
ab Lager

②

⇨ **unfrei**
ab Bahnhof hier   Lieferer zahlt Rollgeld 1
ab Versandstation
ab hier

③

⇨ **frei Waggon**
frei Schiff   Lieferer zahlt Rollgeld 1 + Verladekosten
frei LKW

④

⇨ **frei dort**
frachtfrei   Käufer zahlt Entladekosten + Rollgeld 2

⑤

⇨ **frei Haus**   Lieferer trägt alle Kosten

⇨ **Frachtparität,** d. h. der Ort/Radius, bis zu dem der Lieferer die Fracht übernimmt

⇨ **Frachtbasis,** d. h. der Ort/Radius, von dem an der Käufer die Fracht bezahlt

---

Verpackung

Gesetzliche Regelung: – Produktverpackung zahlt der Lieferer
                       – Transportverpackung zahlt der Käufer

Formulierung im Kaufvertrag: – einschließlich Verpackung
                              – ausschließlich Verpackung

Versicherung

Formulierung im Kaufvertrag: – einschließlich Versicherung
                              – ausschließlich Versicherung

| Zoll | (nur bei Importen)
|---|

Beispiel:

> „Unsere Lieferungsbedingungen lauten: Lieferung 23. KW, unfrei, einschließlich Verpackung, ausschließlich Versicherung."

Erfüllungsort

Der Ort, an dem der Schuldner seine Leistungen zu erbringen hat
Lieferer schuldet Ware ⇨ 1. Erfüllungsort
Käufer schuldet Geld   ⇨ 2. Erfüllungsort

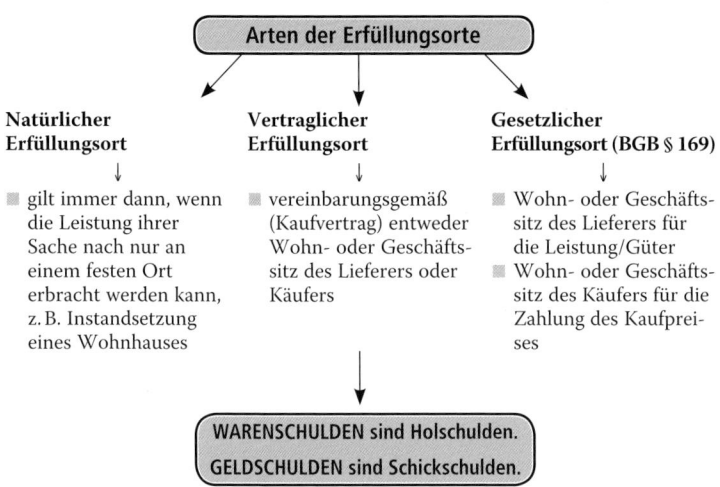

Arten der Erfüllungsorte

Natürlicher Erfüllungsort

↓

■ gilt immer dann, wenn die Leistung ihrer Sache nach nur an einem festen Ort erbracht werden kann, z. B. Instandsetzung eines Wohnhauses

Vertraglicher Erfüllungsort

↓

■ vereinbarungsgemäß (Kaufvertrag) entweder Wohn- oder Geschäftssitz des Lieferers oder Käufers

Gesetzlicher Erfüllungsort (BGB § 169)

↓

■ Wohn- oder Geschäftssitz des Lieferers für die Leistung/Güter
■ Wohn- oder Geschäftssitz des Käufers für die Zahlung des Kaufpreises

WARENSCHULDEN sind Holschulden.
GELDSCHULDEN sind Schickschulden.

Bedeutung des Erfüllungsortes

1. Kostenübergang: Wer trägt ab wann welche Kosten?

Gesetzliche Regelung: Käufer trägt Transportkosten und Kosten des Geldversandes

Beachte: Zeitpunkt des Geldversands
■ Ist ein exakter Zahlungstermin im Kaufvertrag vereinbart, z. B. 04.05., so muss das Geld an diesem Tag beim Lieferer eintreffen.
■ Gilt dies nicht (z. B. zahlbar 30 Tage nach Rechnungserhalt, Rechnungseingang/-datum 04.04.), so reicht es, wenn der Käufer am 04.05. das Geld abschickt.

2. Gefahrenübergang: Wer trägt ab wann welches Risiko?

■ Zufällig entstandene Schäden trägt ab Erfüllungsort der Käufer.
■ Bei vertraglichem Erfüllungsort trägt derjenige die Kosten, der die Gefahr trägt.
■ Bei verschuldeten Schäden an der Ware haftet unabhängig vom Erfüllungsort der Schuldige.

3. **Gerichtsstand:** Der Ort, an dem der Schuldner verklagt werden kann (Wohn- oder Geschäftssitz des Lieferers bei Problemen im Lieferzusammenhang, Wohn- oder Geschäftssitz des Käufers bei Zahlungsproblemen).

- Bis 5.000,00 EUR Streitwert ⇨ Amtsgericht
- Über 5.000,00 EUR Streitwert ⇨ Landgericht

Ausnahme: ausschließlicher Gerichtsstand, d. h. vertragliche Vereinbarung von Lieferer und Käufer auf einen festgelegten Gerichtsort

Beachte: bei <u>Ratenkäufen</u> nur Wohnsitz des Käufers möglich (Verbraucherschutz)

1.6 Störungen von Kaufverträgen

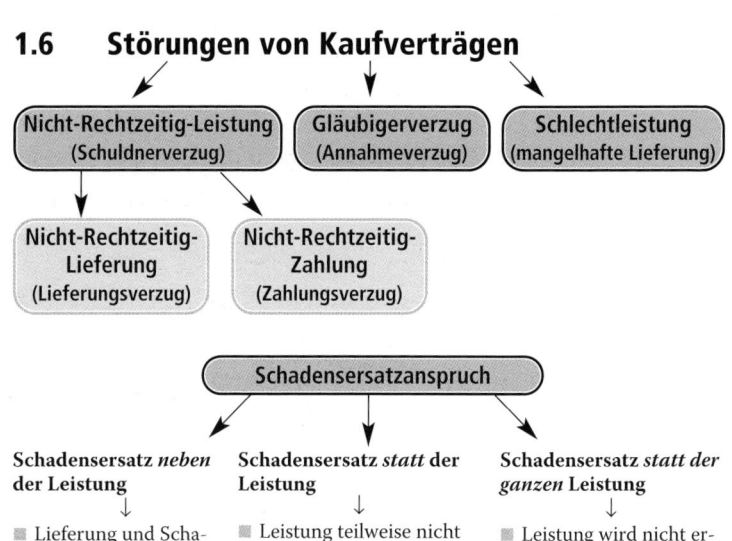

Schadensberechnung

Konkreter Schadensersatz
↓
exakt feststellbar
tatsächlich entstandene und nachweisbare Schäden

Beispiele:
- Konventionalstrafe = Vertragsstrafe zur pauschalen Schadensregulierung
- tatsächlich entgangener Gewinn
- Produktionsstillstandskosten

Beachte: keine Folgeschäden

Abstrakter Schadensersatz
↓
nur in der Vorstellung vorhanden
vermutete Schäden, die nicht exakt definiert werden können, z. B. vermutlich entgangene Aufträge/Gewinne

1.6.1 Nicht-Rechtzeitig-Lieferung (Lieferungsverzug)

Definition: Verzögerung der Lieferungs-Leistung ohne Einwirkung höherer Gewalt

Voraussetzungen

1. Rechtsgültig geschlossener Kaufvertrag (Schuldverhältnis)

2. Fälligkeit der Lieferung entsprechend dem Kaufvertrag

3. Im **Normalfall:**
   Mahnung mit angemessener Nachfristsetzung
   ⇨ Lieferungsverzug tritt unmittelbar ein, Rechte können jedoch erst nach Fristablauf geltend gemacht werden.

   Beachte: Laut § 286 2 BGB ist eine **Mahnung mit Fristsetzung nicht in folgenden Fällen erforderlich** (Lieferungsverzug tritt automatisch ein):

   - Verkäufer verweigert Lieferung ernsthaft und endgültig, obwohl Liefertermin kalendermäßig bestimmt ist oder bestimmbar ist (z. B. Terminkauf 14.03., Fixkauf 14.04.)
   - Zweckkauf (fester Kauf zu einem bestimmten Anlass, z. B. Brautkleid)
   - Besondere Gründe:
     – Selbstmahnung des Schuldners mit eigener Ankündigung des Liefertermins
     – eilbedürftige Pflichten, z. B. Reparatur Wasserrohrbruch

Rechte aus der Nicht-Rechtzeitig-Lieferung

1. Auf Lieferung bestehen

2. Auf Lieferung bestehen und Schadensersatz neben der Leistung verlangen: Verzögerungsschaden (§ 286 BGB)

3. Rücktritt vom Vertrag § 323 BGB und/oder Schadensersatz statt der Leistung (§ 281 BGB)

4. Schadensersatz statt der ganzen Leistung § 281 BGB: Nichterfüllungsschaden

5. Ersatz vergeblicher Aufwendungen (§ 284 BGB), z. B. Vertragskosten anstelle von Schadensersatz

1.6.2 Nicht-Rechtzeitig-Zahlung (Zahlungsverzug)

⇨ Verzögerung der Zahlungsleistung ohne höhere Gewalt

Voraussetzungen

1. Rechtsgültiger Kaufvertrag (Schuldverhältnis)

2. Fälligkeit der Zahlung entsprechend dem Kaufvertrag Eintritt der Fälligkeit automatisch 30 Tage nach Rechnungsdatum/-erhalt

3. Nichtleistung durch Schuldner

4. Verschulden (entfällt bei Rücktritt vom Vertrag)

5. Leistungsaufforderung → Mahnung mit Fristsetzung spätestens innerhalb von 30 Tagen seit Fälligkeit

   Entbehrlich: – wenn der Schuldner die Zahlung verweigert
   – wenn Zahlungstermin kalendermäßig bestimmt ist
   – wenn besondere Umstände vorliegen, z. B.
   – Selbstmahnung des Schuldners mit eigener Ankündigung des Zahlungstermins
   – Schuldner entzieht sich der Mahnung

Beachte: Der Schuldner muss auf die Rechtsfolgen hingewiesen werden, z. B. durch einen Passus im Kaufvertrag.

Rechte aus der Nicht-Rechtzeitig-Zahlung

1. Zahlung verlangen und evtl. Schadensersatz neben der Leistung

   ⇨ **Verzögerungsschaden** (§ 286 2,3 BGB)
   z. B. Kaufpreis + **Verzugszinsen** (ab 30. Tag) § 288 BGB
         5 % über Basiszins, wenn Verbraucher beteiligt sind
         8 % über Basiszins, wenn Verbraucher nicht beteiligt
         sind

2. Rücktritt vom Vertrag (§ 323 2 BGB)

3. Schadensersatz statt der ganzen Leistung → Nichterfüllungsschaden (§ 281 BGB)

4. Ersatz vergeblicher Aufwendungen (§ 284 BGB), z. B. Vertragskosten anstelle von Schadensersatz

Gerichtliches Mahnverfahren

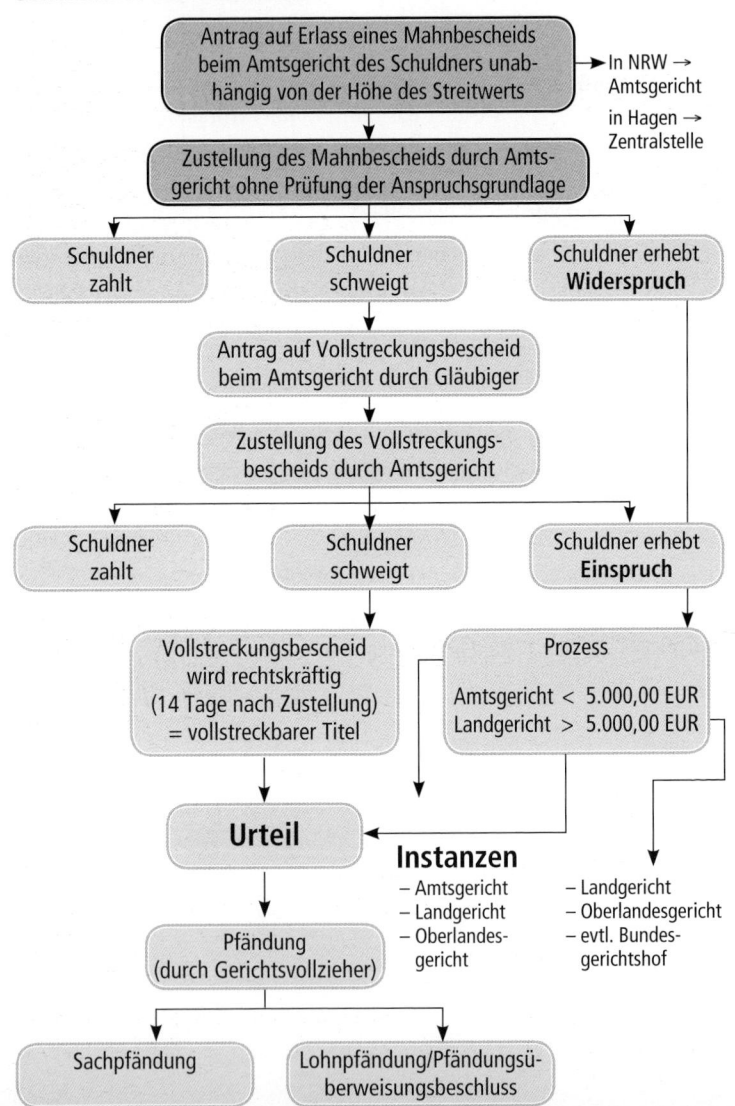

Antrag auf Erlass eines Mahnbescheids beim Amtsgericht des Schuldners unabhängig von der Höhe des Streitwerts

→ In NRW → Amtsgericht
in Hagen → Zentralstelle

Zustellung des Mahnbescheids durch Amtsgericht ohne Prüfung der Anspruchsgrundlage

Schuldner zahlt

Schuldner schweigt

Schuldner erhebt **Widerspruch**

Antrag auf Vollstreckungsbescheid beim Amtsgericht durch Gläubiger

Zustellung des Vollstreckungsbescheids durch Amtsgericht

Schuldner zahlt

Schuldner schweigt

Schuldner erhebt **Einspruch**

Vollstreckungsbescheid wird rechtskräftig (14 Tage nach Zustellung) = vollstreckbarer Titel

Prozess

Amtsgericht < 5.000,00 EUR
Landgericht > 5.000,00 EUR

Urteil

Instanzen
– Amtsgericht
– Landgericht
– Oberlandesgericht

– Landgericht
– Oberlandesgericht
– evtl. Bundesgerichtshof

Pfändung (durch Gerichtsvollzieher)

Sachpfändung

Lohnpfändung/Pfändungsüberweisungsbeschluss

Ergebnis der Pfändung

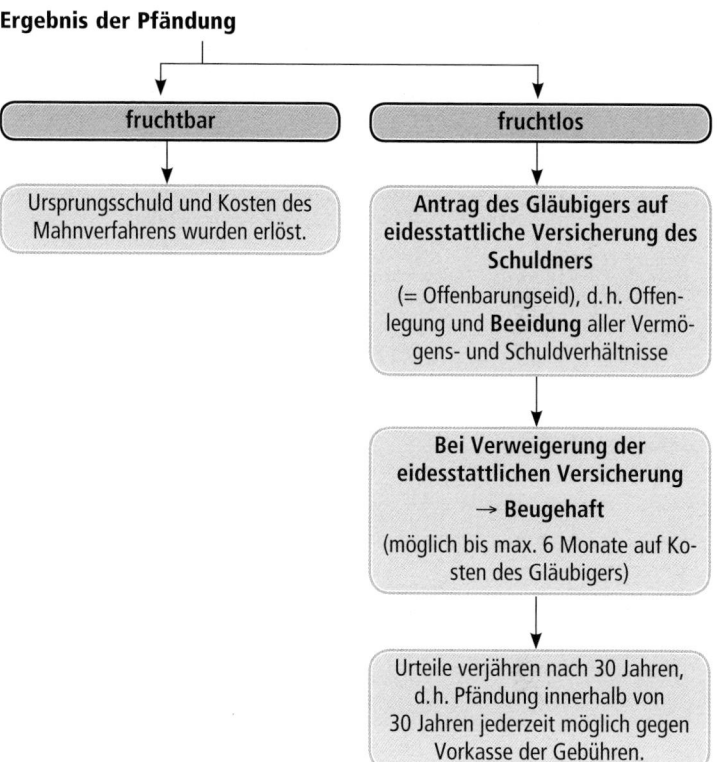

1.6.3 Gläubigerverzug (Annahmeverzug)

Rechtsgültiger Kaufvertrag liegt vor: Güter wurden zur rechten Zeit, am rechten Ort, in der richtigen Menge, Güte und Beschaffenheit geliefert und *nicht* angenommen (§ 293 BGB).

Folge: unmittelbarer Eintritt des Annahmeverzugs, d. h., Risiko/Gefahr der Güter gehen unmittelbar auf den Käufer über (+ evtl. Mehrkosten durch Fremdlagerung, unnötigen Transport ...)

Rechte aus dem Annahmeverzug

Rücktritt vom Vertrag

(§ 346 BGB)

Sinnvoll:

- wenn Güter anderweitig zu einem höheren Preis verkauft werden können
- wenn Güter anderweitig dringlich geliefert werden müssen
- wenn Zahlungsunfähigkeit des Käufers befürchtet wird

Selbsthilfeverkauf

a) **Selbsthilfeverkauf mit Androhung** (§ 384 BGB)

Versteigerung mit dem Minimum einer Wochenfrist durch öffentlich bestellten Versteigerer

b) **Selbsthilfeverkauf *ohne* Androhung** (§ 383 BGB)

Sonderfall: Nothilfeverkauf, d.h. sofortige Versteigerung bei verderblichen Gütern durch öffentlich bestellten Versteigerer

Klage auf Abnahme

verbunden mit Einlagerung der Güter auf Kosten des Käufers (§ 304 BGB)

Sinnvoll:

- bei Spezialanfertigungen
- bei Restmengen, die im Selbsthilfeverkauf nicht abgesetzt werden konnten

Beachte:

- Eventuelle Mindereinnahmen gehen zulasten des schuldhaften Käufers.
- zur Eintreibung einer evtl. Restschuld vgl. gerichtliches Mahnverfahren

1.6.4 Schlechtleistung (mangelhafte Lieferung)

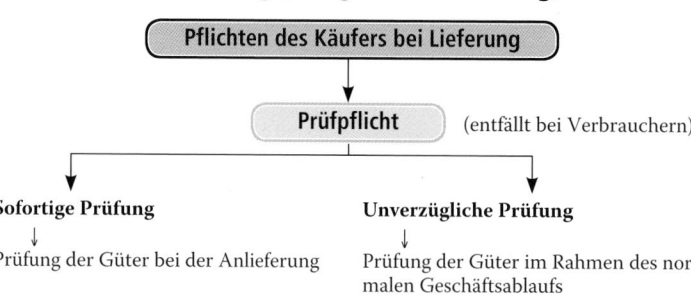

Pflichten des Käufers bei Lieferung

Prüfpflicht (entfällt bei Verbrauchern)

Sofortige Prüfung
↓
Prüfung der Güter bei der Anlieferung

- Kontrolle der Begleitpapiere (Lieferschein bzw. Frachtbrief) auf richtige Empfängerangabe
- Kontrolle der Zahl der gelieferten Gepäckstücke mit Lieferschein
- Feststellung äußerlich erkennbarer Schäden an den Gepäckstücken

⇨ bei Mängeln: Bestätigungsvermerk auf Lieferschein durch Frachtführer

Unverzügliche Prüfung
↓
Prüfung der Güter im Rahmen des normalen Geschäftsablaufs

- Vergleich Lieferschein und tatsächlich gelieferte Menge
- Wareneingangskontrolle

⇨ Qualitätsprüfung durch Stich- oder Vollprobe (in Großunternehmen eigenständige Abteilung „Prüfwesen")

- bei mangelhafter Lieferung:

⇨ Meldung Lager an Einkauf
⇨ Einkauf erteilt Mängelrüge

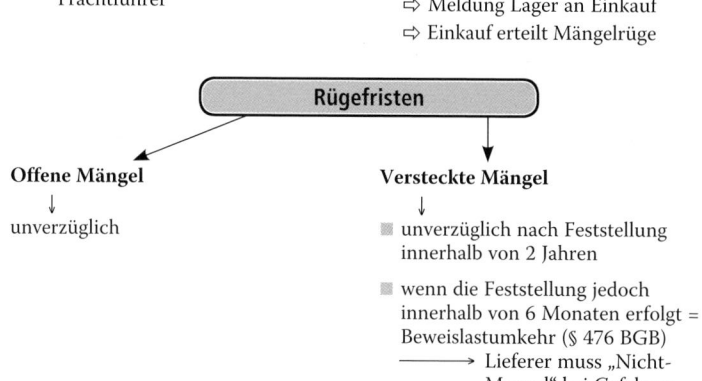

Rügefristen

Offene Mängel
↓
unverzüglich

Versteckte Mängel
↓
- unverzüglich nach Feststellung innerhalb von 2 Jahren

- wenn die Feststellung jedoch innerhalb von 6 Monaten erfolgt = Beweislastumkehr (§ 476 BGB)
⟶ Lieferer muss „Nicht-Mangel" bei Gefahrenübergang beweisen.

Mängelarten (im kaufmännischen Sinn):

1. **Gattungsmängel:** Mängel in der Art, z. B. Kartoffeln statt Schrauben
2. **Quantitätsmängel:** Mängel in der Menge
3. **Qualitätsmängel:** Mängel in der Güte = genormter Materialstandard
4. **Beschaffenheitsmängel:** Ausführungsform
5. **offene Mängel:** direkt erkennbar
6. **versteckte Mängel:** erst erkennbar bei Gebrauch/Verarbeitung

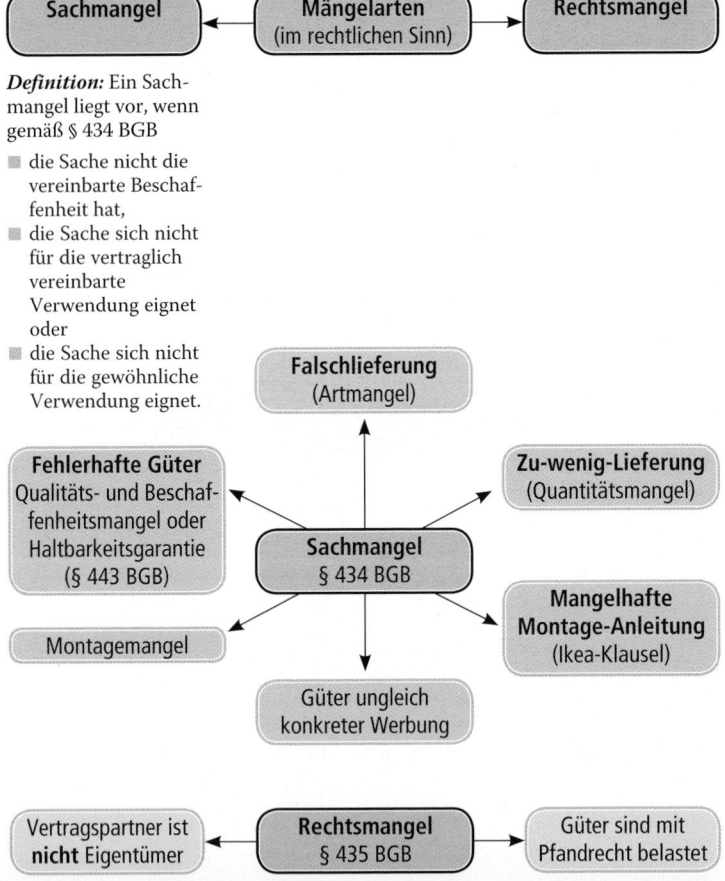

Sachmangel ← **Mängelarten** (im rechtlichen Sinn) → **Rechtsmangel**

Definition: Ein Sachmangel liegt vor, wenn gemäß § 434 BGB

- die Sache nicht die vereinbarte Beschaffenheit hat,
- die Sache sich nicht für die vertraglich vereinbarte Verwendung eignet oder
- die Sache sich nicht für die gewöhnliche Verwendung eignet.

Falschlieferung (Artmangel)

Fehlerhafte Güter Qualitäts- und Beschaffenheitsmangel oder Haltbarkeitsgarantie (§ 443 BGB)

Zu-wenig-Lieferung (Quantitätsmangel)

Sachmangel § 434 BGB

Mangelhafte Montage-Anleitung (Ikea-Klausel)

Montagemangel

Güter ungleich konkreter Werbung

Vertragspartner ist **nicht** Eigentümer ← **Rechtsmangel** § 435 BGB → Güter sind mit Pfandrecht belastet

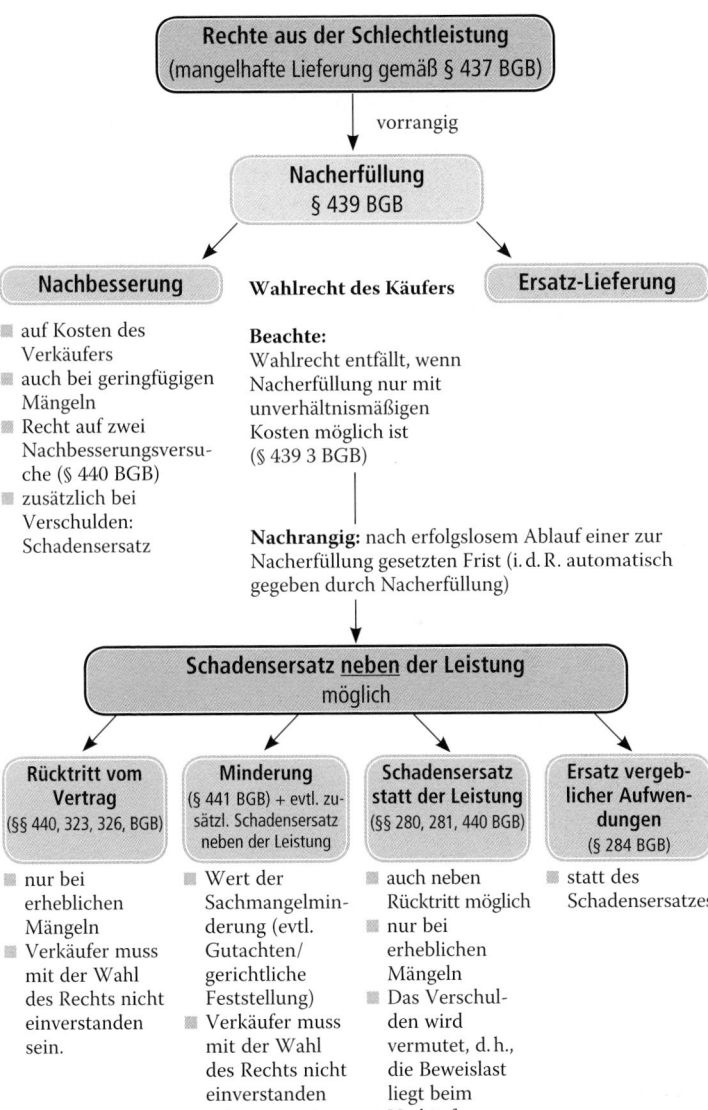

Rechte aus der Schlechtleistung
(mangelhafte Lieferung gemäß § 437 BGB)

↓ vorrangig

Nacherfüllung
§ 439 BGB

Nachbesserung

Wahlrecht des Käufers

Ersatz-Lieferung

- auf Kosten des Verkäufers
- auch bei geringfügigen Mängeln
- Recht auf zwei Nachbesserungsversuche (§ 440 BGB)
- zusätzlich bei Verschulden: Schadensersatz

Beachte:
Wahlrecht entfällt, wenn Nacherfüllung nur mit unverhältnismäßigen Kosten möglich ist (§ 439 3 BGB)

Nachrangig: nach erfolglosem Ablauf einer zur Nacherfüllung gesetzten Frist (i. d. R. automatisch gegeben durch Nacherfüllung)

Schadensersatz neben der Leistung
möglich

Rücktritt vom Vertrag
(§§ 440, 323, 326, BGB)

Minderung
(§ 441 BGB) + evtl. zusätzl. Schadensersatz neben der Leistung

Schadensersatz statt der Leistung
(§§ 280, 281, 440 BGB)

Ersatz vergeblicher Aufwendungen
(§ 284 BGB)

- nur bei erheblichen Mängeln
- Verkäufer muss mit der Wahl des Rechts nicht einverstanden sein.

- Wert der Sachmangelminderung (evtl. Gutachten/gerichtliche Feststellung)
- Verkäufer muss mit der Wahl des Rechts nicht einverstanden sein.

- auch neben Rücktritt möglich
- nur bei erheblichen Mängeln
- Das Verschulden wird vermutet, d. h., die Beweislast liegt beim Verkäufer.

- statt des Schadensersatzes

Voraussetzungen:	▪ siehe Rücktritt	▪ siehe Rücktritt	▪ siehe Rücktritt
▪ Erheblichkeit des Fehlers	**außer:** Erheblichkeit des Fehlers	▪ Verschulden: § 280 1 BGB	▪ Verschulden: § 280 1 BGB
▪ Fristsetzung zur Nacherfüllung entfällt:			

▪ Fristsetzung zur Nacherfüllung entfällt: ⟶
- ▪ Verkäufer verweigert Nacherfüllung
- ▪ zwei fehlgeschlagene Nachbesserungsversuche
- ▪ Unzumutbarkeit
- ▪ Fixkauf
- ▪ Zweckkauf
- ▪ besondere Umstände

▪ fruchtloser Fristablauf
▪ **Rücktrittserklärung**

1.6.5 Verjährung der Gewährleistungsansprüche

Regelmäßige kaufrechtliche Verjährungsfrist bei Mängeln:

Grundsätzlich verjähren Ansprüche nach 2 Jahren ab Ablieferung/Übergabe, § 438 BGB; Verjährungsfrist für Forderungen beträgt 3 Jahre.

Beachte: Verjährung kann vertraglich verkürzt werden:

Bei Neu-Gütern:
z. B. **1 Jahr** laut AGB außer Bauleistungen nach VOB

Einschränkungen:
- ▪ **Nicht** beim einseitigen Handelskauf
- ▪ **Nicht** bei Verbrauchsgüterkäufen

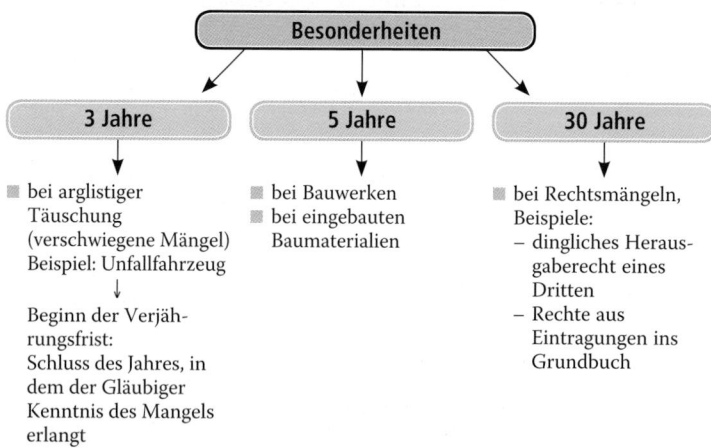

Besonderheiten

3 Jahre
- ▪ bei arglistiger Täuschung (verschwiegene Mängel) Beispiel: Unfallfahrzeug

  ↓

  Beginn der Verjährungsfrist: Schluss des Jahres, in dem der Gläubiger Kenntnis des Mangels erlangt

5 Jahre
- ▪ bei Bauwerken
- ▪ bei eingebauten Baumaterialien

30 Jahre
- ▪ bei Rechtsmängeln, Beispiele:
  - – dingliches Herausgaberecht eines Dritten
  - – Rechte aus Eintragungen ins Grundbuch

Neubeginn der Verjährung (Unterbrechung)

Vom Tage der Unterbrechung an beginnt die Verjährungsfrist von Neuem
(volle Laufzeit), § 212 BGB.

Gläubiger

↓

gerichtliche/behördliche
Vollstreckungshandlung:

- Mahnbescheid
- Vollstreckungsbescheid
- Klageschrift des Gläubigers
- Anmeldung der Forderung zur
  Insolvenz

Schuldner

↓

Anerkennung der Schuld:

- Teilzahlung
- Zinszahlung
- ausdrückliches Schuldanerkenntnis
- Sicherheitsleistung (Anerkennung von
  Mängelansprüchen durch Mängelbesei-
  tigung → Nachbesserung)
- Bitte um Stundung (Zahlungsaufschub)

Hemmung der Verjährung

Vom Tage der Hemmung an ruht die Verjährungsfrist für die Zeit der Hemmung; nach
Aufhebung der Hemmung läuft die Verjährungsfrist normal weiter (Ampeleffekt).

Verhandlungen über den Anspruch (§ 203 BGB)	Rechtsverfolgung (§ 204 BGB)	Leistungsverweigerungsrecht des Schuldners (§ 205 BGB)	Höhere Gewalt (§ 206 BGB)
■ Zwischen Gläubiger und Schuldner finden Verhandlungen statt. Nachfrist: Die Hemmung endet frühestens 3 Monate nach Ende der Verhandlungen.	■ Klage ■ Zustellung Mahnbescheid ■ Anspruchsanmeldung im Insolvenzverfahren ■ Veranlassung eines Schlichtungsverfahrens ■ Beginn eines schiedsrichterlichen Verfahrens Nachfrist: Die Hemmung endet 6 Monate nach rechtskräftiger Entscheidung bzw. anderweitiger Beendigung des eingeleiteten Verfahrens.	■ aufgrund einer Vereinbarung zwischen Gläubiger und Schuldner, z. B. Gewährung einer Stundung der Forderung durch Gläubiger (Moratorium)	■ Katastrophen/ Krieg ■ Terroranschläge ■ wenn der Gläubiger innerhalb der letzten 6 Monate der Verjährungsfrist an der Rechtsverfolgung gehindert ist.

1.6.6 Eigentumsvorbehalt

> „Die Waren bleiben bis zur vollständigen Bezahlung Eigentum des Verkäufers."

Wirkung:

Aufgrund dieses Vertragsbestandteiles wird der Käufer bei Übergabe lediglich Besitzer und nicht Eigentümer. Der Verkäufer hat bei Nichtzahlung das Recht des Rücktritts vom Vertrag und damit das Recht auf Rückgabe der Ware.

Beachte: Bei Pfändung der Ware durch Dritte kann der Verkäufer durch Widerspruchsklage die Freigabe verlangen; bei Insolvenz besteht das Aussonderungsrecht (Insolvenzordnung).

Arten:

1. Einfacher Eigentumsvorbehalt

Er erlischt, wenn die Sache (Ware) untergeht, d. h., wenn sie mit einem Grundstück fest verbunden ist, eingebaut bzw. verarbeitet ist oder von einem gutgläubigen Dritten erworben wird.

2. Erweiterter Eigentumsvorbehalt

a) **nachgeschalteter** Eigentumsvorbehalt, d. h., der Käufer darf die Güter nur unter seinem eigenen Eigentumsvorbehalt weiterveräußern.

b) **verlängerter** Eigentumsvorbehalt, d. h., der Käufer darf die Güter verarbeiten oder weiterverkaufen. Als Ersatz für den untergegangenen Eigentumsvorbehalt wird der Verkäufer Eigentümer des hergestellten Gegenstandes und kann die daraus entstandenen Forderungen beanspruchen (Abtretung).

Beachte: Der sogenannte <u>nachträgliche</u> Eigentumsvorbehalt ist vertragswidrig (erst auf Rechnung oder Lieferschein vermerkt); der Käufer kann widersprechen.

2 Zahlungsverkehr

Marktorientierte Geschäftsprozesse (Lernfeld 2)

2.1 Das Zahlungsmittel Geld

Definitionen	■ Geld: Wirtschaftliches Tauschmittel ⇒ Man kann Geld in jedes beliebige Gut oder in jede beliebige Dienstleistung wandeln. ■ Währung: Gesetzliche Geld-/Tauscheinheit eines Landes
Merkmale des Geldes	■ Teilbarkeit ■ Transportierbarkeit ■ Übertragbarkeit ■ Lagerbarkeit
Aufgaben/Funktionen des Geldes	■ Tauschmittelfunktion ■ Wertmesserfunktion ■ Wertübertragungsfunktion ■ Wertaufbewahrungsfunktion
Formen des Geldes	■ Münzen, Noten, Buch- oder Giralgeld

2.2 Zahlungsformen

2.2.1 Möglichkeiten barer Zahlung

Beim Zahlungsvorgang zwischen Gläubiger und Schuldner erfolgt ein Austausch von Noten und Münzen, ohne dass die Zahlungspartner ein Konto benutzen.

1. **Persönlich** ⎫
2. **Durch Boten** ⎭ Belege, Quittungen, Kassenzettel

3. **Wertbrief** (Inland bis 50.000,00 EUR, Ausland bis 5.000,00 EUR) Bei Verlust haftet die Post bis zur Höhe des auf dem versiegelten Umschlag angegebenen Wertes.

4. **Western Union Bargeld Service** (bis zu 999,99 EUR) Beträge entweder online per Kreditkarte oder über einen der Vertriebsstandorte von Western Union

5. **Telegrafische Anweisung** (Höhe unbegrenzt)

2.2.2 Möglichkeiten halbbarer Zahlung

Gläubiger oder Schuldner besitzen ein Konto ⇨ entweder Bareinzahlung auf Konto oder vom Konto wird bar ausgezahlt.

Zahlschein	▪ Bareinzahlung beim Postamt oder Bank auf Konto des Gläubigers (gebührenpflichtig) **Ausnahme:** Einzahlung auf eigenes Konto
Zahlungsanweisung (nur bei der Post)	▪ Vom Postbankkonto des Schuldners durch Geldbriefträger dem Gläubiger bar ins Haus
Barscheck/ Postbarscheck	Der Schuldner gibt/schickt Gläubiger den ausgefüllten Barscheck. Der Gläubiger erhält i. d. R. bei kontoführender Stelle von dem bezogenen Geldinstitut Bargeld.
Postnachnahme	Bargeldeinzug durch die Post beim Schuldner, Gutschrift der Post auf dem Postbankkonto oder Bankkonto des Gläubigers (Zahlungseinzug evtl. verknüpft mit Paket-Sendung)

2.2.3 Möglichkeiten bargeldloser Zahlung

Gläubiger und Schuldner besitzen jeweils ein Konto ⇨ Buchgeld wandert von Konto zu Konto über Girozentralen

Einzelüberweisung	Kontobelastung für Schuldner am Auftragtag, Gutschrift auf Gläubigerkonto, i. d. R. 3–5 Tage später
Sammelüberweisung	vereinfachte Form der Einzelüberweisung
Verrechnungsscheck	▪ Schuldner (Scheckaussteller) schickt Verrechnungsscheck dem Gläubiger ▪ Scheckeinreichung durch Gläubiger bei Gläubigerbank zum Einzug ▪ Abwicklung i. d. R. 10–14 Tage ⇨ Vorteil für Schuldner: lange(r) Zahlungsweg/-zeit bringt bis zur Kontobelastung/Zinsgewinne
Dauerauftrag	Schuldner **gibt seiner Bank die Vollmacht**/den Auftrag, zu wiederkehrenden Terminen gleiche Geldbeträge an einen Gläubiger zu überweisen (z. B. Miete, Versicherungen).

Lastschriftverfahren	▪ Schuldner gibt Gläubiger die Vollmacht zum Einzug der Forderungen. ▪ I. d. R. gleiche Termine mit ungleichen Beträgen (aber auch jede andere Kombination ist möglich), z. B. Telefonrechnung
Electronic Banking	
Maestro-Karte	▪ Bargeldabhebungen am Geldautomaten in Verbindung mit PIN (Persönliche Identifikationsnummer) ▪ Bargeldverfügungsrahmen liegt beim eigenen Kreditinstitut bei 1.000,00 EUR, bei fremden bei ca. 500,00 EUR ▪ Nutzung des Geldautomaten bei eigenem Kreditinstitut kostenlos ▪ Nutzung von **electronic cash** (ec-cash), d. h. bargeldlose Bezahlung im Handel mit der Karte in Verbindung mit PIN möglich ▪ Nutzung für **Maestro-Zahlungen**, d. h. ec-cash im Ausland ▪ Nutzung in Form einer Geldkarte – Chip zur Nutzung als elektronische Geldbörse, d. h. Kartenchips werden bei der Bank geladen und später, z. B. bei der Bedienung von Automaten, entladen. ▪ Nutzung der Maestro-Karte zur Abrufung des aktuellen Kontenstandes bzw. von Kontoauszügen möglich.
Elektronisches Lastschriftverfahren ELV	▪ Zahlung mit EC-Karte am Kaufort mit unmittelbarer Belastung auf dem Bankkonto des Schuldners (Käufers) Ablauf: 1. Kunde übergibt Händler die EC-Karte. 2. Händler liest die Karte in Kartenleser ein. 3. Evtl. Abfrage händlereigener Sperrdatei bzw. Autorisierungsanfrage an Rechenzentrum 4. Freigabe 5. Unterschrift des Kunden 6. Weiterleitung der Daten an Händlerbank 7. Lastschrifteinzug von Kundenbank 8. Lastschrifteinzug durch Belastung des Kundenkontos 9. Gutschrift auf Konto des Händlers
Onlinebanking	▪ Voraussetzung: Computer mit Internetanschluss, freigeschaltetes Bankkonto, spezielle Banksoftware ▪ Einwahl ins Internet über Dienstanbieter (z. B. T-Online) und Aufrufen der Internetseite des jeweiligen Kreditinstituts

Onlinebanking	■ Auf der Startseite den Link „Onlinebanking" bzw. „Home-banking" anklicken
	■ Anmeldung/Identifizierung mithilfe der Kontonummer und der PIN sowie ggf. einer TAN (Transaktionsnummer) aus einer TAN-Liste des Kreditinstituts oder von einem TAN-Generator
Kreditkarten	Beispiele: Eurocard, Visa, American Express, Diners Club

Abwicklung des Kreditkartengeschäfts

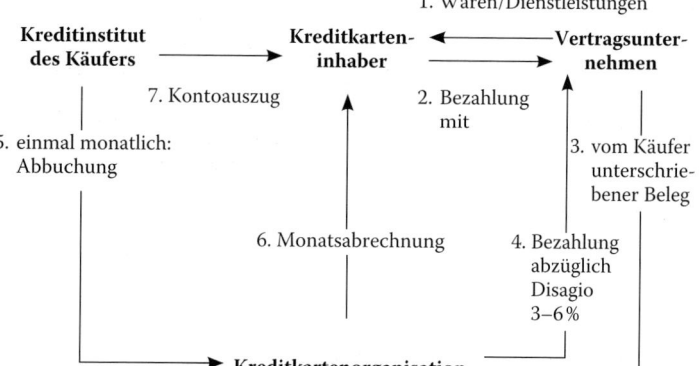

1. Der Karteninhaber kauft Güter oder Dienstleistungen eines Vertrags-unternehmens.
2. Der Karteninhaber zahlt durch Vorlage der Karte und Unterschrift auf dem Leistungsbeleg und erhält einen Beleg.
3. Das Vertragsunternehmen sendet den Leistungsbeleg an die Kreditkar-tenorganisation zur Abrechnung.
4. Die Kreditkartenorganisation überweist dem Vertragsunternehmen den Kaufpreis abzüglich Disagio von 3–6%.
5. Die Kreditkartenorganisation fasst alle Leistungsbelege einer Karte zusam-men und belastet einmal monatlich das Bankkonto des Karteninhabers.
6. Gleichzeitig erhält der Karteninhaber einmal monatlich seine Monats-abrechnung, die genau seine Käufe mit der Kreditkarte während des Monats enthält.
7. Das Kreditinstitut des Karteninhabers stellt ihm den neuen Kontoauszug zu; der Karteninhaber kann Belastung und Monatsabrechnung verglei-chen.

Nachteile des Electronic-Bankings (aus Kundensicht)

- Missbrauchsgefahr
- Verseuchungsgefahr durch Computerviren
- Probleme bei fehlender Fachkompetenz
- keine Geldtransaktionen bei Störungen im Netz
- Problem „gläserner Mensch"

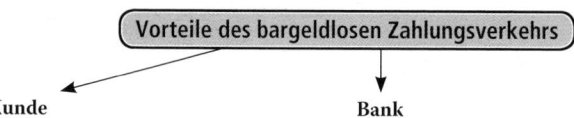

Vorteile des bargeldlosen Zahlungsverkehrs

Kunde

- bequem, sicher, schnell
- unabhängig von Öffnungszeiten der Bank
- Transaktionen von jedem Ort der Welt möglich
- Nachweis der Geldübertragung
- kein Geld zählen ⇨ keine Irrtümer
- höherer Kapitalverfügungsrahmen durch Dispositionskredite

Bank

- Zinsgewinne durch Bodensatz
- Zinsvorteile durch Dispokredite
- geringer Verwaltungsaufwand
- einmalige Kreditwürdigkeitsprüfung für Dispositionskredit
- hohe Gebührenerstattung (Verwaltungskostenersatz)

3 Rahmenbedingungen menschlicher Arbeit

In Ausbildung und Beruf orientieren (Lernfeld 1)

3.1 Grundlagen menschlicher Arbeit

Ziele der Personalwirtschaft: alle Probleme im Zusammenhang mit
- der Bereitstellung,
- dem Einsatz,
- der Entwicklung und
- dem Ausscheiden von Arbeitnehmern optimal lösen,

und zwar so, dass die Leistung der Arbeitskräfte im Sinne der Betriebsziele maximiert wird.

Humanisierung der Arbeit

Durch nichtgeldliche Maßnahmen wird versucht, die Motivation und Leistung der Arbeitskräfte zu steigern.

Beachte: Verbesserung der Arbeitsbedingungen kann mit dem Ziel der Leistungssteigerung konkurrieren.

Verbesserung der Arbeitsorganisation	Aus den Eigenschaften der jeweiligen Arbeitsplätze lässt sich die Notwendigkeit zur Veränderung der Arbeitsorganisation ableiten.
Betriebsklima	Art und Weise, in der Menschen im Betrieb miteinander, mit Vorgesetzten/Untergebenen und mit Außenstehenden umgehen. Diese Umgangsweisen können durch äußere Maßnahmen unterstützt werden.
Unternehmenskultur	Unternehmenskultur bezeichnet die Entscheidung und Begründung für bestimmte im Unternehmen praktizierte Verhaltensweisen im zwischenmenschlichen Bereich, z. B. Führungsstil, Präsentation des Unternehmens gegenüber der Außenwelt.
Ergonomische Arbeitsplatzgestaltung	Die äußere Gestaltung eines Arbeitsplatzes kann sich positiv oder negativ auf die Arbeitszufriedenheit und damit auf die Arbeitsleistung sowie Arbeitssicherheit auswirken (vgl. dazu auch REFA Arbeitsablaufstudien).

Arbeitsschutz

Allgemeiner Arbeitsschutz
↓

Technischer Arbeitsschutz
↓

wird durch die Gewerbeordnung geregelt (GO § 120a)

Arbeitszeitordnung
- Höchstarbeitszeit 8 Std. pro Tag (max. 48 Std. Woche)
- an 30 Tagen im Jahr max. 10 Std.
- ununterbrochene Mindestruhezeit: 11 Std.
- Mindestruhezeit nach 6 Arbeitsstunden: 30 Min.

Jugendarbeitsschutzgesetz
- Verbot der Kinderarbeit
- Verbot der Akkord- und Fließbandarbeit für Jugendliche
- Höchstarbeitszeit 8 Std. mit max. 5-Tage-Woche
- Ruhepausenlänge: mindestens 15 Min., nach 6 Std. mindestens 60 Min.
- Urlaub für unter 16-Jährige mindestens 30 Werktage
- Arbeitsverbot nach 5 Zeitstunden Berufsschule (nur für Jugendliche)

Mutterschutzgesetz
- Beschäftigungsverbot 6 Wochen vor und 8 Wochen nach der Niederkunft
- Verbot von schwerer körperlicher Arbeit
- Kündigungsverbot während der Schwangerschaft und 6 Monate nach der Entbindung
- Elternzeit (max. 14 Monate)

Maschinenschutzgesetz
- Verbindlichkeit von Bestimmungen der Sicherheitstechnik und Unfallverhütungsvorschriften für neue Betriebsmittel

Verordnung über Arbeitsstoffe
- Verpackung, Schutzmaßnahmen, Verwendungsbeschränkungen sowie gesundheitliche Kontrollen

Arbeitsstättenverordnung
- Menschengerechte Arbeitsplätze
- Mindestvorschriften über Belüftung und Geräuschbelästigung

Arbeitssicherheitsgesetz
- Verpflichtung der Betriebe, Betriebsärzte und Sicherheitsfachkräfte einzustellen bzw. die Dienste der Berufsgenossenschaften in Anspruch zu nehmen

Arbeitsschutzüberwachung
- Gewerbeaufsichtsamt
- Berufsgenossenschaften
- Bundesanstalt für Arbeitsschutz und Unfallforschung
- TÜV

3.2 Einteilungsmöglichkeiten des Betriebspersonals

3.2.1 Arbeitsrechtliche Stellung

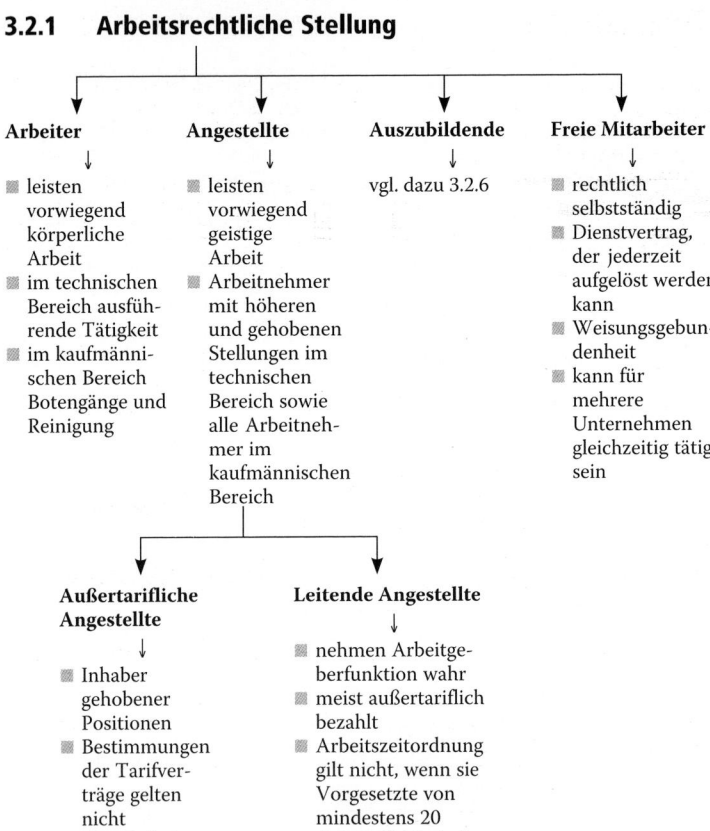

Arbeiter
↓
- leisten vorwiegend körperliche Arbeit
- im technischen Bereich ausführende Tätigkeit
- im kaufmännischen Bereich Botengänge und Reinigung

Angestellte
↓
- leisten vorwiegend geistige Arbeit
- Arbeitnehmer mit höheren und gehobenen Stellungen im technischen Bereich sowie alle Arbeitnehmer im kaufmännischen Bereich

Auszubildende
↓
vgl. dazu 3.2.6

Freie Mitarbeiter
↓
- rechtlich selbstständig
- Dienstvertrag, der jederzeit aufgelöst werden kann
- Weisungsgebundenheit
- kann für mehrere Unternehmen gleichzeitig tätig sein

Außertarifliche Angestellte
↓
- Inhaber gehobener Positionen
- Bestimmungen der Tarifverträge gelten nicht
- Einzelarbeitsverträge

Leitende Angestellte
↓
- nehmen Arbeitgeberfunktion wahr
- meist außertariflich bezahlt
- Arbeitszeitordnung gilt nicht, wenn sie Vorgesetzte von mindestens 20 Angestellten sind
- Kündigungsschutzgesetz gilt nicht, da sie selbstständig Arbeitnehmer einstellen können
- Betriebsverfassungsgesetz gilt nicht

3.2.2 Rang der Mitarbeiter

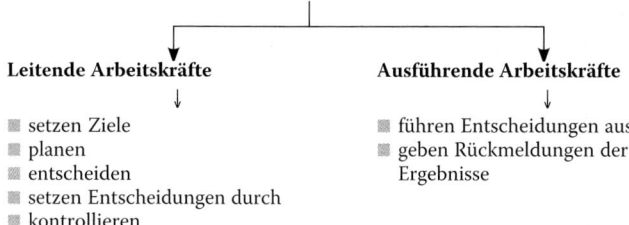

Leitende Arbeitskräfte

↓

- setzen Ziele
- planen
- entscheiden
- setzen Entscheidungen durch
- kontrollieren

Ausführende Arbeitskräfte

↓

- führen Entscheidungen aus
- geben Rückmeldungen der Ergebnisse

Stufen der Unternehmenshierarchie

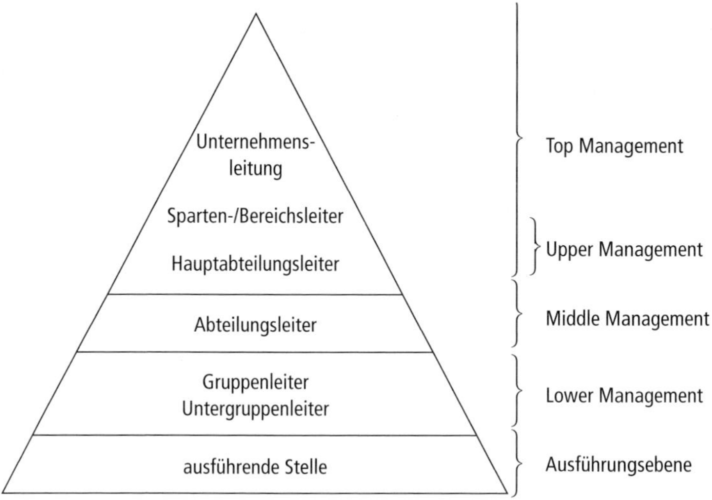

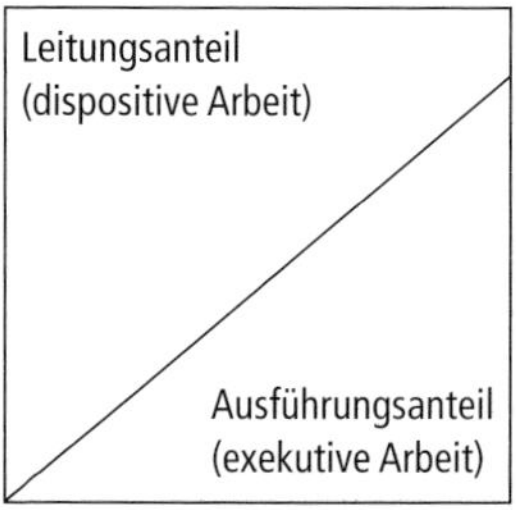

Hierarchie	Management
Unternehmensleitung	Top Management
Sparten-/Bereichsleiter	Upper Management
Hauptabteilungsleiter	
Abteilungsleiter	Middle Management
Gruppenleiter Untergruppenleiter	Lower Management
ausführende Stelle	Ausführungsebene

Leitungsanteil (dispositive Arbeit)

Ausführungsanteil (exekutive Arbeit)

Top Management	Unternehmer, Gesellschafter, Teilhafter, Geschäftsführer, Direktoren **Aufgabenbereiche:** ■ Festlegung der Unternehmensziele ■ Festlegung der betrieblichen Organisation ■ Eingreifen bei außergewöhnlichen Schadensfällen ■ Repräsentation
Middle Management	Betriebsleiter, Leiter Einkauf/Verkauf, Personalleiter **Aufgabenbereiche:** ■ Festlegung der Zwischenziele ■ Anweisungen mit Durchführungskontrolle ■ Koordination verschiedener Aufgabenbereiche
Lower Management	Gruppenleiter, Werkmeister, Abteilungsleiter kleinerer Abteilungen **Aufgabenbereiche:** ■ Maschinen- und Stellenbelegungspläne ■ Maßnahmen zur Vorbereitung der Arbeit ■ Überwachung der unterstellten Mitarbeiter
Ausführungsebene	Vorarbeiter, Arbeiter, Hilfskräfte, z. T. Auszubildende **Aufgabenbereiche:** ■ Sorgfältige Ausführung der übertragenen Arbeiten

3.2.3 Vollmachtsarten

Vertretungsbefugnis ⇨ Wenn sie erteilt wird, dürfen in einem bestimmten Rahmen rechtsgültige Rechtsgeschäfte für den Vollmachtgeber getätigt werden (BGB § 166).

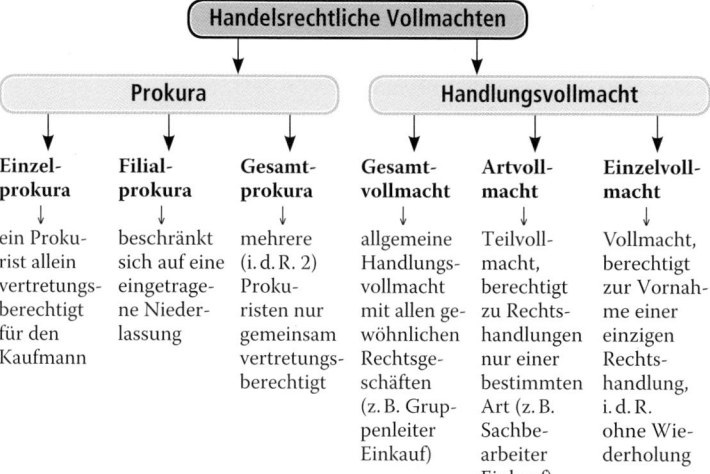

Handelsrechtliche Vollmachten					
Prokura			**Handlungsvollmacht**		
Einzelprokura	**Filialprokura**	**Gesamtprokura**	**Gesamtvollmacht**	**Artvollmacht**	**Einzelvollmacht**
ein Prokurist allein vertretungsberechtigt für den Kaufmann	beschränkt sich auf eine eingetragene Niederlassung	mehrere (i. d. R. 2) Prokuristen nur gemeinsam vertretungsberechtigt	allgemeine Handlungsvollmacht mit allen gewöhnlichen Rechtsgeschäften (z. B. Gruppenleiter Einkauf)	Teilvollmacht, berechtigt zu Rechtshandlungen nur einer bestimmten Art (z. B. Sachbearbeiter Einkauf)	Vollmacht, berechtigt zur Vornahme einer einzigen Rechtshandlung, i. d. R. ohne Wiederholung

Prokura

Definition: Vertretungsbefugnis, die zu allen gewöhnlichen und außergewöhnlichen Geschäften und Rechtshandlungen ermächtigt, die der Betrieb eines Handelsgewerbes mit sich bringt (HGB § 49).

Beispiele für außergewöhnliche Rechtsgeschäfte:
- Kredite aufnehmen
- Prozesse führen
- Wechselverbindlichkeiten eingehen
- Produktionszweige ändern
- rangniedrigere Vollmachten erteilen

Prokuristen ist gesetzlich untersagt,
- Bilanzen und Steuererklärungen der Firmeninhaber zu unterschreiben,
- anderen Personen Prokura zu erteilen und zu entziehen bzw. die eigene Prokura auf andere zu übertragen,
- die Unternehmung zu verkaufen oder aufzulösen oder Insolvenz anzumelden,

- Gesellschafter aufzunehmen oder zu entlassen,
- für Geschäftsinhaber einen Eid zu leisten,
- Grundstücke zu verkaufen oder zu belasten (**Ausnahme:** besondere Vollmacht),
- Eintragungen ins Handelsregister zu beantragen,
- die Firma zu löschen oder zu ändern.

Einschränkungen der Prokura:

- sind nur im **Innenverhältnis** möglich,
- gelten im **Außenverhältnis** nicht.
- Bei Zuwiderhandlung macht sich der Prokurist gegenüber dem Unternehmer schadensersatzpflichtig.
- Abgeschlossenes Rechtsgeschäft bleibt für das Unternehmen bindend.

Unterschriftenzusatz:

„pp." oder „ppa." ⇨ per Prokura = durch Vollmacht

Erteilung und Löschung der Prokura:

- Einzelunternehmung: vom Inhaber
- OHG und KG: von den geschäftsführenden Gesellschaftern gemeinsam (Widerruf von einem Gesellschafter möglich)
- AG und Genossenschaft: vom Vorstand
- GmbH: von der Mehrheit der Gesellschafter
- muss ausdrücklich erteilt werden
- beginnt mit dem Augenblick der Erteilung
- kann jederzeit widerrufen werden
- endet bei:
  - Verkauf der Unternehmung
  - Auflösung der Unternehmung
  - Ausscheiden des Prokuristen
  - Liquidation (= freiwillige Auflösung eines Unternehmens)
  Beachte: Prokura endet **nicht bei Tod des Inhabers.**
- muss ins Handelsregister eingetragen werden
- Handelsregistereintragungen müssen unterscheiden: Einzel-, Filial- und Gesamtprokura
- Eintragungen haben nur deklaratorische Bedeutung.
- Erlöschen der Prokura muss ins Handelsregister eingetragen werden

Handlungsvollmacht

Handlungsvollmacht nennt man die Ermächtigung zur Vornahme einer bestimmten zu dem Handelsgewerbe gehörenden Art von Geschäften, sie erstreckt sich auf alle Geschäfte und Rechtshandlungen, die der Betrieb eines solchen Handelsgewerbes gewöhnlich mit sich bringt (BGB §§ 54/57).

Bevollmächtigte dürfen nicht:
- Rechtsgeschäfte vornehmen, die Prokuristen verboten sind,
- außergewöhnliche Rechtsgeschäfte vornehmen,
- Handlungsvollmacht auf andere übertragen.
  Beachte: Sie dürfen Untervollmachten erteilen.

Unterschriftenzusatz:
- „i. V." ⇨ in Vollmacht (Gesamtvollmacht)
- „i. A." ⇨ im Auftrag (Art- oder Einzelvollmacht)

Vollmachten können erteilt werden:
- vom Geschäftsinhaber
- von Prokuristen
- formlos (Vollmacht wird nicht ins Handelsregister eingetragen)
- ausdrücklich mündlich oder schriftlich
- durch stillschweigende Duldung

Vollmacht endet:
- bei Widerruf
- bei Geschäftsauflösung
- bei Ende der Beschäftigung
- bei Liquidation
- nach Ende einer vereinbarten Frist
- nach Abschluss eines Geschäftes (bei Einzelvollmacht)
- bei Geschäftsverkauf nur dann, wenn sie durch den neuen Inhaber widerrufen wird

3.2.4 Arbeitszeit

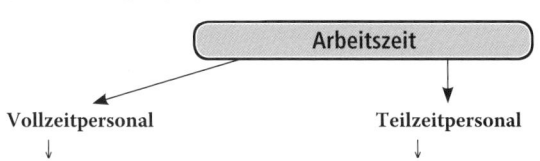

Vollzeitpersonal	**Teilzeitpersonal**
↓	↓
▪ volle Tarifarbeitszeit	▪ meist Halbtagstätigkeiten (oft Frauen)
▪ leitende und gehobene Tätigkeit	▪ selten Aufstiegsmöglichkeiten oder qualifizierte Tätigkeiten
	▪ Möglichkeiten zum „Job-Sharing" (Arbeitsplatzteilung)

3.2.5 Arbeitsvertrag

- Stammpersonal
- Zeit- und Gleitpersonal

↓

- wird von Unternehmen für Zeitarbeit kurzfristig als Aushilfe überlassen
- Arbeitsvertrag zwischen Unternehmen für Zeitarbeit und Arbeitnehmer
- generell Ausführung von Arbeiten ohne Einarbeitung
- beseitigt kurzfristig personelle Engpässe beim Stammpersonal

- Vorteile für Arbeitnehmer:
  - Saisonarbeit möglich
  - individuelle Arbeitszeitvereinbarung möglich
  - Vermeidung von Arbeitslosigkeit
  - Anknüpfungsmöglichkeiten für Vollarbeitszeit in verschiedenen Unternehmen
  - Erweiterung des beruflichen Erfahrungshorizonts

Abschluss des Arbeits-/Dienstvertrags

Hauptpflichten

- eine bestimmte Arbeit leisten
- die geleistete Arbeit entlohnen

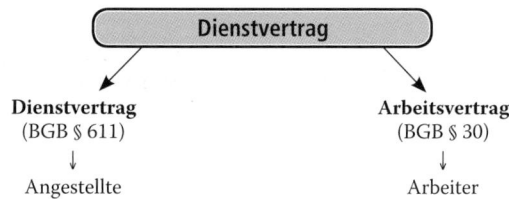

Dienstvertrag	
Dienstvertrag (BGB § 611) ↓ Angestellte	**Arbeitsvertrag** (BGB § 30) ↓ Arbeiter

Merkmale

1. Vertragsgemeinschaft auf Dauer
2. Leistungsgemeinschaft
3. Vertragsdauer/-freiheit
   - Abschluss schriftlich oder mündlich
   - Gültige Bestimmungen dürfen beim Dienstvertrag nicht verletzt werden (Gesetze, Tarifverträge, Betriebsvereinbarungen).

Inhalt
- Beginn des Arbeitsverhältnisses
- ggf. Zeitdauer
- Kündigungsfristen
- Dauer der Probezeit (max. sechs Monate)
- genaue Bezeichnung der Tätigkeit
- Art und Höhe der Entlohnung
- weitere Bezüge (z. B. Zulagen, VL)
- Arbeits- und Pausenzeiten
- Dauer des Jahresurlaubes
- erlaubte Nebentätigkeiten
- Wettbewerbsverbote

Gesetzliche Grundlagen (Betriebsverfassungsgesetz)
- Betriebsverordnung
- Tarifvertrag
- Bundesurlaubsgesetz
- Kündigungsschutzgesetz
- Arbeitszeitgesetz
- Mutterschutzgesetz
- Bundeserziehungsgeldgesetz

- Einzelarbeitsvertrag
- Betriebsvereinbarung
- Tarifvertrag
- Arbeitsgesetzgebung

Pflichten/Rechte der Vertragspartner

Pflichten des Arbeitgebers

↓

- Vergütungspflicht
  Arbeitsentgelt und Lohnfortzahlung
  im Krankheitsfalle 6 Wochen
  (BGB § 611, § 614, § 616)
- Fürsorgepflicht
- Sicherheit am Arbeitsplatz
  (BGB § 618)
- Wahrung der guten Sitten
- Urlaubsgewährung (z. T. unter
  Berücksichtigung betrieblicher
  Erfordernisse)
- Anmeldung zur Sozialversicherung
- Zeugnispflicht (BGB § 630)

Pflichten des Arbeitnehmers

↓

- Pflicht zur Arbeitsleistung (BGB
  § 611, § 613)
- Pflicht zur Unterlassung von
  Wettbewerb
  gesetzlich: während der Vertragsdau-
  er HGB § 60
  vertraglich: evtl. auch nach Ende des
  Dienstvertrages HGB § 74
- Schweigepflicht
- Gehorsamspflicht
- Treuepflicht

Mitbestimmung des Betriebsrates entsprechend dem Betriebsverfassungsgesetz

- Der Betriebsrat kann verlangen, dass Arbeitsplätze (...) vor ihrer Besetzung innerhalb des Betriebes ausgeschrieben werden (§ 93).
- Richtlinien der Unternehmung über die personelle Auswahl bei Einstellungen, Versetzungen, Umgruppierungen und Kündigungen bedürfen der Zustimmung des Betriebsrates (§ 95.1).
- Der Arbeitgeber hat vor jeder Einstellung und Versetzung den Betriebsrat zu unterrichten und die Zustimmung des Betriebsrates zu den geplanten Maßnahmen einzuholen (§ 99).

Stimmt der Betriebsrat einer Entscheidung nicht zu, so kann der Arbeitgeber **Klage beim Arbeitsgericht** einreichen.

Der Betriebsrat kann Einspruch erheben, wenn

- Tarifvertrag oder Gesetze verletzt werden oder
- beschäftigte Arbeitnehmer gekündigt oder anders benachteiligt werden.

3.2.6   Ausbildung (Ausbildungsvertrag)

Die Berufsausbildung findet im Ausbildungsbetrieb und in der Berufsschule statt. Das Duale System ist im **Berufsbildungsgesetz (BBiG)** geregelt.

Gesetzliche Grundlagen für Betriebe:

- Berufsbildungsgesetz
- Ausbildungsordnungen
- Vorschriften der Kammern

Gesetzliche Grundlagen für Berufsschulen:

- Schulgesetz (SchulG)
- Rahmenlehrpläne des Bundes
- Lehrpläne der Bundesländer
- Die Ausbildungszeit beträgt i. d. R. drei Jahre; sie kann bei bestimmter Vorbildung bzw. Leistung um maximal ein Jahr verkürzt werden (Anrechnung).
- Die Probezeit beträgt in der Industrie i. d. R. vier Monate, mindestens aber einen Monat; während dieser Zeit kann jeder Vertragspartner das Ausbildungsverhältnis ohne Angabe von Gründen fristlos kündigen (§§ 13, 15 BBiG).
- Abschluss eines Berufsbildungsvertrages (Mustervordruck der Industrie- und Handelskammern) spätestens vor Beginn der Ausbildung schriftlich (bei Minderjährigen mit Unterschrift der gesetzlichen Vertreter).

Beachte: Auflösung des Ausbildungsvertrages **bei Minderjährigen** bedarf **nicht** der **Unterschrift der gesetzlichen Vertreter**.

- Ausbilder und Auszubildender übernehmen gegenseitig Rechte und Pflichten (BBiG §§ 6–12, JArbSchG §§ 33–35).

Die Ausbildung schafft Eignung für umfassende Grundkenntnisse im Ausbildungsberuf, wobei ein Teil der Ausbildungszeit auch in ausländischen Betrieben verbracht werden kann.

Pflichten von Ausbildern und Auszubildenden

Ausbildender	Auszubildender

- Vermittlung der dem Ziel entsprechenden Kenntnisse und Tätigkeiten/Fertigkeiten
- planmäßig, zeitgemäß und sachlich gegliederter Ausbildungsplan
- selbstausbildend oder Ausbildungsbeauftragte benennen
- kostenlose Bereitstellung von Ausbildungsmitteln
- Freistellung Berufsschulpflicht
  – Ausbildungsbeginn vor dem 21. Lebensjahr
  – An Berufsschultagen mit mehr als 5 Std. Unterricht = keine weitere betriebliche Ausbildung möglich (1 x Woche)
  – Der Berufsschultag von mehr als 5 Schulstunden wird tariflich wie ein 8-Std-Arbeitstag gewertet (Bundesarbeitsgericht)
  – Vor 9 Uhr ist an Berufsschultagen keine betriebliche Ausbildung möglich
- charakterliche Förderung
- Vermeidung sittlicher oder körperlicher Gefährdung
- Übertragung von Aufgaben/Verrichtungen, die dem Zweck der Ausbildung dienen
- Zeugnispflicht
- Vergütungspflicht
- rechtzeitige Prüfungsanmeldung
	- sorgfältige Durchführung übertragener Aufgaben/Verrichtungen im Rahmen der Ausbildung
	- Teilnahme an Ausbildungsmaßnahmen, für die eine Freistellung erfolgte
	- Befolgung von Weisungen im Rahmen der Berufsausbildung
	- Beachtung der Betriebsordnung
	- pflegliche Behandlung von Werkzeugen, Einrichtungen
	- Lernpflicht, Verschwiegenheitspflicht
	- Berichtsheftführung

3.3 Personalentlassung

Definition: Kündigung = schriftliche Erklärung eines Vertragspartners, dass er den Arbeitsvertrag lösen will. Sie wird wirksam, wenn sie dem anderen Vertragspartner zugegangen ist.

Auszug aus Manteltarifvertrag Industrie (§ 16 Kündigung)
1. Schriftlich, auf Verlangen begründet, Hinweis auf etwaige soziale Auswahl
2. Vor Ablauf der Kündigungsfrist ist auf Verlangen eine angemessene Freistellung zur Bewerbung zu gewähren (ohne Gehaltsabzug).
3. Recht auf Ausstellung eines Zwischenzeugnisses

3.3.1 Ordentliche Kündigung

Die ordentliche Kündigung (BGB § 622) muss schriftlich erfolgen und ist stets an eine Kündigungsfrist gebunden.

Kündigungsfristen (gesetzlich für Angestellte und Arbeiter)

Betriebszugehörigkeit	Kündigungsfrist
< 2 Jahre	4 Wochen, zum 15. oder zum Monatsende
> 2 Jahre	1 Monat, zum Monatsende
> 5 Jahre	2 Monate, zum Monatsende
> 8 Jahre	3 Monate, zum Monatsende
> 10 Jahre	4 Monate, zum Monatsende
> 12 Jahre	5 Monate, zum Monatsende
> 15 Jahre	6 Monate, zum Monatsende
> 20 Jahre	7 Monate, zum Monatsende

3.3.2 Außerordentliche Kündigung

Die außerordentliche Kündigung (BGB § 626) ist **stets** eine **fristlose Kündigung** aus **wichtigem Grund.**
Beispiele:
- Straftaten im Betrieb
- Tätlichkeiten
- Arbeitsverweigerung
- Grobe Beleidigung
- Verletzung der Arbeitsschutzbestimmungen

- Nichtzahlung der Vergütung
- Tätlichkeiten
- Alkohol- und Drogengenuss

Wer eine fristlose Kündigung verursacht, schuldet dem Vertragspartner Schadensersatz. Die Kündigung muss binnen zwei Wochen ausgesprochen werden, nachdem der Kündigungsgrund bekannt wurde.

3.3.3 Sozial ungerechtfertigte Kündigung

Sozialrechtfertigungsklausel

Der Arbeitgeber kann keinen Einspruch gegen eine fristgerecht ausgesprochene Kündigung durch den Arbeitnehmer erheben.
- Der Arbeitnehmer ist durch das Kündigungsschutzgesetz gegen eine Kündigung durch den Arbeitgeber geschützt.
- Bei Arbeitnehmern, die länger als sechs Monate ununterbrochen einer Unternehmung angehören: Die Kündigung ist unwirksam, wenn sie sozial ungerechtfertigt ist.

Eine Kündigung ist sozial ungerechtfertigt, wenn
- sie nicht in der **Person des Arbeitnehmers** begründet ist (z. B. fehlende Eignung, ansteckende Krankheiten, Fehlen der Arbeitserlaubnis),
- sie nicht im **Verhalten des Arbeitnehmers** begründet ist (z. B. Pflichtverletzung, mangelnde Arbeitsleistungen, dauernde Unpünktlichkeit),
- sie nicht auf **dringenden betrieblichen Erfordernissen** beruht (z. B. Produktionseinschränkung, Stilllegung einzelner Abteilungen, dauernder Auftragsmangel).
⇨ Beruht eine außerordentliche Kündigung auf solchen Erfordernissen, so ist sie trotzdem sozial ungerechtfertigt, wenn der Arbeitgeber bei der Auswahl der zu Kündigenden soziale Gesichtspunkte nicht ausreichend berücksichtigt hat (z. B. müsste einem Ledigen ohne Kinder vor einem Familienvater gekündigt werden).

3.3.4 Arbeitspapiere bei Kündigung

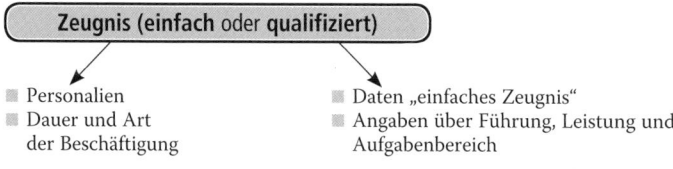

Zeugnis (einfach oder qualifiziert)

- Personalien
- Dauer und Art der Beschäftigung

- Daten „einfaches Zeugnis"
- Angaben über Führung, Leistung und Aufgabenbereich

- Lohnsteuerkarte mit entsprechenden Eintragungen, wie Dauer der Beschäftigung, Bruttolohn, Sozialversicherungsbeiträge, Lohnsteuer, VL, Fahrgeld
- Urlaubsbescheinigung
- Einkommensbestätigung über den durchschnittlichen Lohn der letzten drei Monate (zur Vorlage bei der Arbeitsagentur)
- Abmeldung von der Sozialversicherung
- Bestätigung über die ordnungsgemäße Rückgabe von Betriebseigentum

3.4 Arbeitsrecht

Säulen des Arbeitsrechts

Bundesgesetze	Tarifautonomie	Mitbestimmung	Betriebsverfassungsgesetz
Grundgesetz Arbeitsvertragsrecht Arbeitnehmerschutz und Berufsbildungsrecht Organe der Rechtsprechung: Arbeitsgerichtsbarkeit Sozialgerichtsbarkeit	Tarifverträge Arbeitskampf: Streik Aussperrung	Montanmitbestimmung (1951) Mitbestimmungsrecht (1976)	Betriebsverfassungsgesetz (1952) (BetrVG) Mitbestimmung und Mitwirkung Betriebsrat Betriebsratsaufgaben Jugend- und Auszubildendenvertretung

3.4.1 Bundesgesetze

Grundgesetz	Gleichberechtigungsgrundsatz (Lohngleichheit von Mann und Frau) Vereinigungsfreiheit (z. B. Zusammenschluss der Arbeitnehmer zu Gewerkschaften) Berufsfreiheit (freie Berufswahl) Sozialstaatsprinzip (Festlegung, dass die Bundesrepublik Deutschland ein Sozialstaat ist)

Arbeitsvertragsrecht	**Bürgerliches Gesetzbuch** (BGB) – Dienst- und Arbeitsverhältnis – Kündigung von Arbeitnehmern **Handelsgesetzbuch** (HGB) – Prokura und Handlungsvollmacht – Handlungsgehilfen – Handelsvertreter **Gewerbeordnung** (GewO) Betrifft gewerbliche Arbeitnehmer **Entgeltfortzahlungsgesetz** (EFG) Bei Krankheit erhält der Arbeitnehmer sechs Wochen lang sein vollständiges Arbeitsentgelt weitergezahlt. **Bundesurlaubsgesetz** (BUrlG) Jeder Arbeitnehmer hat einen Anspruch auf einen Mindesturlaub von 24 Werktagen pro Jahr. **Kündigungsschutzgesetz** (KSchG) Sozial ungerechtfertigte Kündigungen sind unwirksam.
Arbeitnehmerschutz- und Berufsbildungs- recht	**Arbeitszeitordnung** (AZO) Vorschriften zur regelmäßigen Arbeitszeit und Ausnahme- regelungen **Mutterschutzgesetz** (MuSchG) Regelungen zur Beschäftigung werdender Mütter; z. B. Beschäftigungsverbot sechs Wochen vor und acht Wochen nach der Entbindung **Jugendarbeitsschutzgesetz** (JArbSchG) Gilt für Personen, die noch nicht 18 Jahre alt sind. Das Gesetz regelt Arbeitszeit, Arbeitsschutz und Arbeitsbedin- gungen Jugendlicher. **Schwerbehindertengesetz** (SchwbG) Arbeitgeber, die über mindestens 16 Arbeitsplätze verfügen, müssen wenigstens 6 % davon an Schwerbehin- derte vergeben. **Berufsbildungsgesetz** (BBiG) Das Gesetz enthält die Regelungen für ein Berufsbildungs- verhältnis.

3.4.2 Organe der Rechtsprechung

Ordentliche Gerichtsbarkeit	Arbeitsgerichtsbarkeit	Verwaltungsgerichtsbarkeit	Finanzgerichtsbarkeit	Sozialgerichtsbarkeit
Amtsgericht: ■ Landgericht ■ Oberlandesgericht ■ Bundesgerichtshof	**Arbeitsgericht:** ■ Landesarbeitsgericht ■ Bundesarbeitsgericht	**Verwaltungsgericht:** ■ Oberverwaltungsgericht ■ Bundesverwaltungsgericht	**Finanzgericht:** ■ Finanzgerichte der Bundesländer ■ Bundesfinanzhof	**Sozialgericht:** ■ Landessozialgericht ■ Bundessozialgericht
Amtsgericht: ■ Antrag auf Mahnbescheid ■ Wechselprozess ■ Zivilprozess Streitwert < 5.000,00 EUR ■ Eröffnung von Vergleichs- und Insolvenzverfahren **Landgericht:** ■ Zivilprozess Streitwert > 5.000,00 EUR ■ Berufungsverhandlungen von Amtsgerichtsverfahren	**Arbeitsgericht:** ■ alle Streitigkeiten aus Dienst- und Arbeitsverträgen, z. B. Kündigungsklage, keine Provisionszahlung für Reisende, Einstellungsklage	**Verwaltungsgericht:** ■ alle Streitigkeiten mit öffentlichen Einrichtungen, z. B. Klage gegen vorzeitige Nichtzulassung zur Kaufmannsgehilfenprüfung, Versetzungsbeschlüsse der Schulen	**Finanzgericht:** ■ Alle Streitigkeiten zwischen dem Finanzamt und den Steuerzahlern	**Sozialgericht:** ■ alle Streitigkeiten zwischen den Sozialversicherungsträgern und den Beitragszahlern bzw. Leistungsempfängern, z. B. Klage gegen Rentenbescheid, Klage gegen Entscheidungen der Agentur für Arbeit

3.5 Sozialversicherung

- Versicherungspflicht
- Solidargemeinschaft
- Generationenvertrag (ist nirgendwo schriftlich fixiert)
- Dynamisierung der Rente (Rentenanpassungsgesetze)
- Prinzip der Selbstverwaltung durch Versicherungsträger

Arten, Leistungen und Beiträge zur Sozialversicherung

	Leistungen	Beiträge
Renten-versicherung	Rentenzahlungen Übergangsgeld Gesundheitsaufklärung Gesundheitsforschung Bau von Kur- und Altenheimen Kur- und Reha-Aufenthalte	(_____ %) Arbeitnehmer + Arbeitgeber je $^1/_2$ berechnet vom Bruttolohn (_____) BBGr
Arbeitslosen-versicherung	Arbeitslosengeld I und II Insolvenzausfallgeld Saison-Kurzarbeitergeld Berufsberatung Arbeitsvermittlung	(_____ %) Arbeitnehmer + Arbeitgeber je $^1/_2$ berechnet vom Bruttolohn (_____) BBGr
Kranken-versicherung	Krankenhilfe Ärztliche Behandlung ambulante und stationäre Behandlung Arzneien Hilfsmittel Krankengeld (nach 6 Wochen Entgeltfortzahlung) Vorsorgeuntersuchungen Mutter- und Familienhilfen	(_____ %) Arbeitnehmer + Arbeitgeber je $^1/_2$ berechnet vom Bruttolohn + ...% + Zusatzkosten Arbeitnehmer (_____) BBGr
Pflege-versicherung	Pflegeleistungen (häuslich und stationär)	(_____ %) Arbeitnehmer + Arbeitgeber je $^1/_2$ berechnet vom Bruttolohn + ...% + Zusatzkosten Arbeitnehmer (_____) BBGr

	Leistungen	Beiträge
Unfall-versicherung	▪ Unfallschutz durch Unfallvorsorge ▪ Heilbehandlung ▪ Übergangsgeld ▪ Berufshilfe ▪ Verletztenrente ▪ Sterbegeld ▪ Hinterbliebenenrente	▪ Umlageverfahren je nach Höhe der Arbeitsverdienste und der Gefahrenklasse ▪ (Arbeitgeber $^1/_1$)

▪ Die Beiträge werden je zur Hälfte von Arbeitgebern und Arbeitnehmern bezahlt (Ausnahme: Unfallversicherung: nur Arbeitgeber; Krankenversicherung: Sonderbeitrag Arbeitnehmer = 0,9 %; Pflegeversicherung: Kinderlose = + 0,25 %).

▪ **Versicherungspflicht** besteht für alle Arbeitnehmer und Auszubildenden (nur bei der Krankenversicherung endet die Pflichtversicherung bei der Beitragsbemessungsgrenze [BBGr]).

3.6 Tarifautonomie

Tarifvertragsgesetz (TVG)

Das Gesetz setzt die Rahmenbedingungen für einen Tarifvertrag, wie er von den unabhängigen (autonomen) Arbeitgeber- und Arbeitnehmervertretungen (Tarifvertragsparteien) abgeschlossen wird.

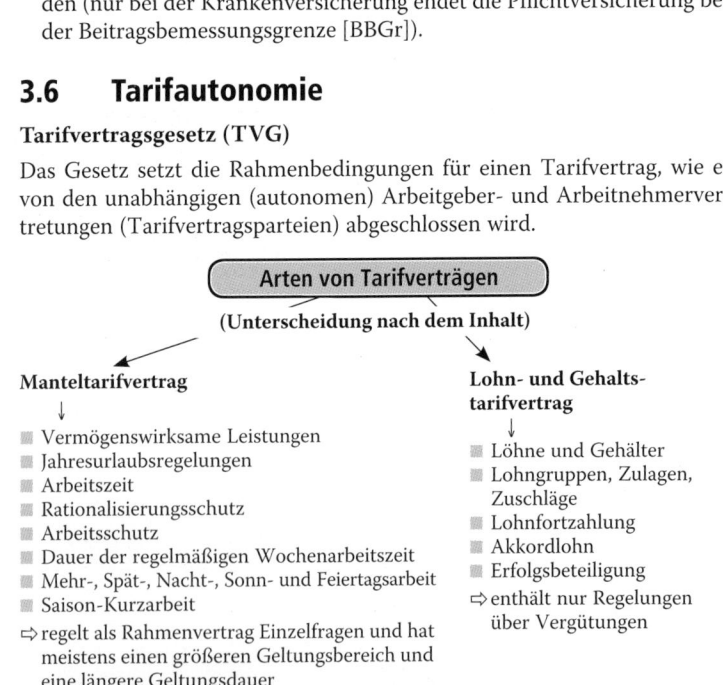

Arten von Tarifverträgen

(Unterscheidung nach dem Inhalt)

Manteltarifvertrag

↓

▪ Vermögenswirksame Leistungen
▪ Jahresurlaubsregelungen
▪ Arbeitszeit
▪ Rationalisierungsschutz
▪ Arbeitsschutz
▪ Dauer der regelmäßigen Wochenarbeitszeit
▪ Mehr-, Spät-, Nacht-, Sonn- und Feiertagsarbeit
▪ Saison-Kurzarbeit
⇨ regelt als Rahmenvertrag Einzelfragen und hat meistens einen größeren Geltungsbereich und eine längere Geltungsdauer

Lohn- und Gehaltstarifvertrag

▪ Löhne und Gehälter
▪ Lohngruppen, Zulagen, Zuschläge
▪ Lohnfortzahlung
▪ Akkordlohn
▪ Erfolgsbeteiligung
⇨ enthält nur Regelungen über Vergütungen

Tarifverhandlungen und Arbeitskampf

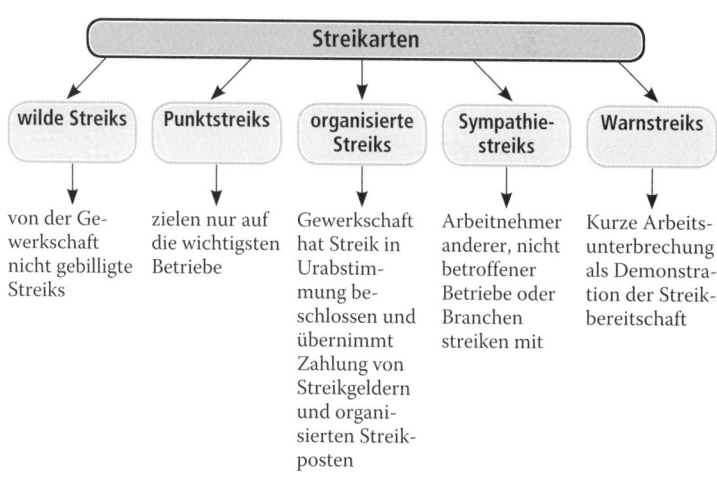

Tarifverhandlungen

↓

Keine Einigung,
Erklärung des Scheiterns der Verhandlungen

↓

Bei Scheitern Schlichtungsversuch durch Unparteiischen

↓

Urabstimmung über Kampfmaßnahmen, Streik, wenn mind. 75 %
der Gewerkschaftsmitglieder zustimmen

↓

Mögliche Gegenmaßnahmen der Arbeitgeber: Aussperrung

↓

Neue Verhandlungen

↓

Ende des Streiks, wenn mindestens 25 % der Gewerkschaftsmitglieder zustimmen

Streikarten

wilde Streiks	Punktstreiks	organisierte Streiks	Sympathie-streiks	Warnstreiks
von der Gewerkschaft nicht gebilligte Streiks	zielen nur auf die wichtigsten Betriebe	Gewerkschaft hat Streik in Urabstimmung beschlossen und übernimmt Zahlung von Streikgeldern und organisierten Streikposten	Arbeitnehmer anderer, nicht betroffener Betriebe oder Branchen streiken mit	Kurze Arbeitsunterbrechung als Demonstration der Streikbereitschaft

Aussperrung

Unter Aussperrung versteht man die Ausschließung der Arbeitnehmer von der Arbeit.

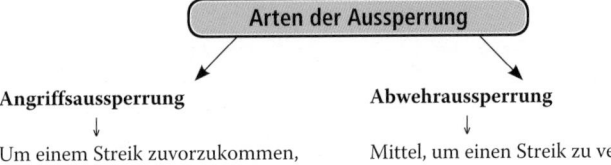

Angriffsaussperrung	Abwehraussperrung
Um einem Streik zuvorzukommen, sperren die Unternehmer alle Arbeitnehmer aus.	Mittel, um einen Streik zu verkürzen und damit abzuwehren (je mehr Arbeitnehmer ausgesperrt sind, desto mehr wird die Streikkasse beansprucht).

3.7 Betriebsverfassungsgesetz (BetrVG)

Das BetrVG ist eine gesetzliche Grundlage, um das Verhältnis zwischen Arbeitgeber und Arbeitnehmer zu regeln.

Inhalt:
- Mitbestimmungsrecht des Betriebsrates im Betrieb
- Betriebsratsbildung ab fünf Arbeitnehmern möglich
- Wahl des Betriebsrates: alle vier Jahre
- besonderer Kündigungsschutz (KSchG)
- Informationspflicht des Arbeitgebers gegenüber dem Betriebsrat, wenn sich betriebliche Entscheidungen mit den Interessen der Arbeitnehmer nicht vereinbaren lassen
- Strafbestimmungen, wenn die im Betriebsverfassungsgesetz vereinbarten Verpflichtungen verletzt werden

3.7.1 Mitbestimmungs- und Mitwirkungsrechte des Betriebsrates nach Betriebsverfassungsgesetz

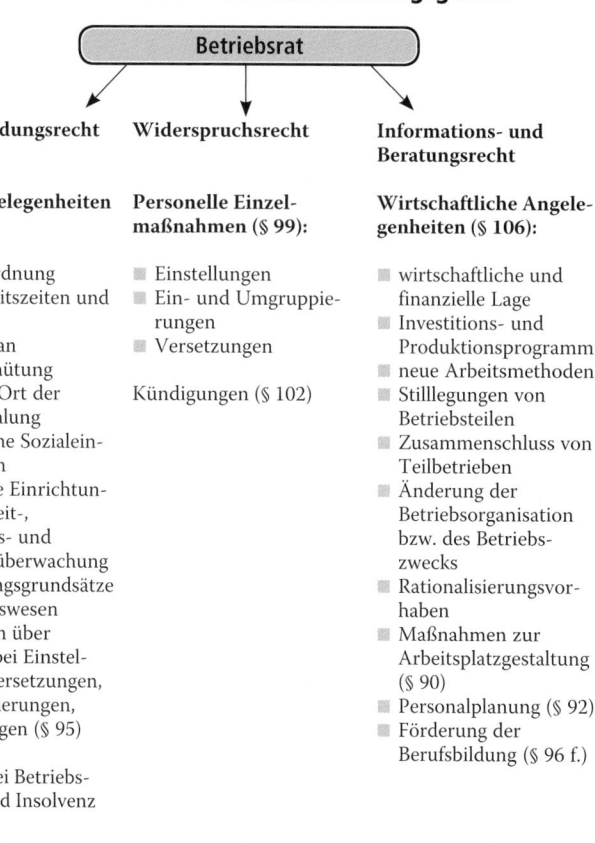

Betriebsrat

Mitentscheidungsrecht	Widerspruchsrecht	Informations- und Beratungsrecht
Soziale Angelegenheiten (§ 87):	**Personelle Einzelmaßnahmen (§ 99):**	**Wirtschaftliche Angelegenheiten (§ 106):**

Mitentscheidungsrecht

Soziale Angelegenheiten (§ 87):

- Betriebsordnung
- Tagesarbeitszeiten und Pausen
- Urlaubsplan
- Unfallverhütung
- Art, Zeit, Ort der Entgeltzahlung
- Betriebliche Sozialeinrichtungen
- technische Einrichtungen zur Zeit-, Verhaltens- und Leistungsüberwachung
- Entlohnungsgrundsätze
- Vorschlagswesen
- Richtlinien über Auswahl bei Einstellungen, Versetzungen, Umgruppierungen, Kündigungen (§ 95)

Sozialplan bei Betriebsänderung und Insolvenz (§ 111)

↓

Entscheidung nur mit Zustimmung des Betriebsrats möglich

Widerspruchsrecht

Personelle Einzelmaßnahmen (§ 99):

- Einstellungen
- Ein- und Umgruppierungen
- Versetzungen

Kündigungen (§ 102)

↓

Widerspruchsrecht aus schwerwiegenden Gründen

Informations- und Beratungsrecht

Wirtschaftliche Angelegenheiten (§ 106):

- wirtschaftliche und finanzielle Lage
- Investitions- und Produktionsprogramm
- neue Arbeitsmethoden
- Stilllegungen von Betriebsteilen
- Zusammenschluss von Teilbetrieben
- Änderung der Betriebsorganisation bzw. des Betriebszwecks
- Rationalisierungsvorhaben
- Maßnahmen zur Arbeitsplatzgestaltung (§ 90)
- Personalplanung (§ 92)
- Förderung der Berufsbildung (§ 96 f.)

↓

Widerspruch ist wirkungslos

3.7.2 Betriebsratsaufgaben

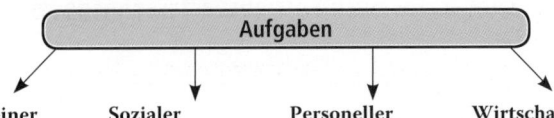

Aufgaben

Allgemeiner Bereich	**Sozialer Bereich**	**Personeller Bereich**	**Wirtschaftlicher Bereich**
▪ Interessenvertretung der Belegschaft ▪ Überwachung der Einhaltung der Gesetze und Vereinbarungen, die dem Schutz der Arbeitnehmer dienen ▪ Weiterleitung berechtigter Beschwerden an den Arbeitgeber ▪ Eingliederung Schwerbehinderter und sonstiger schutzbedürftiger Arbeitnehmer ▪ Vorbereitung der Wahl der Jugendvertretung ▪ Abhalten von Betriebsversammlungen	▪ Abschluss von Arbeitsordnungen (Tragen von Schutzkleidung, Rauchverbot, Torkontrollen) ▪ Beginn und Ende der täglichen Arbeitszeit sowie der Pausen ▪ gleitende Arbeitszeit, Überstunden, Sonderschichten ▪ Aufstellen von Entlohnungsgrundsätzen (Zeitlohn, Prämien, Akkord) ▪ Zeit, Ort und Art der Lohn- und Gehaltszahlung ▪ Aufstellung eines Urlaubsplans ▪ Überwachung der Arbeitnehmer durch Stechuhren, Filmkameras usw. ▪ Verwaltung der betrieblichen Sozialeinrichtungen ▪ Unfallverhütung ▪ betriebliches Vorschlagswesen ▪ Vermögenswirksame Leistungen	▪ Personalplanung (Auswahlrichtlinien, Formulierung von Einstellungs- und Personalfragebogen) ▪ Förderung der beruflichen Aus- und Weiterbildung ▪ Entfernung betriebsstörender Arbeitnehmer ▪ In Unternehmen mit mehr als 20 Arbeitnehmern ist der Betriebsrat von jeder – Einstellung – Entlassung – Ein- und Umgruppierung – Versetzung zu unterrichten. Verweigert er innerhalb einer Woche seine Zustimmung, so kann diese auf Antrag des Arbeitgebers durch das Urteil des Arbeitsgerichts ersetzt werden.	Mitbestimmungsrecht bei geplanten Betriebsänderungen, wenn dadurch wesentliche Nachteile für die Arbeitnehmer zu erwarten sind, z. B.: ▪ Stilllegung des Betriebes oder wesentlicher Teile ▪ Verlegung des Betriebes oder wesentlicher Teile ▪ Zusammenschluss mit anderen Betrieben ▪ grundlegende Änderung der Betriebsorganisation ▪ Einführung neuer Arbeitsmethoden und Fertigungsverfahren ▪ Aufstellung eines Sozialplanes zur Minderung der Folgen einer Betriebsänderung

3.7.3 Jugend- und Auszubildendenvertretung

- beantragt Maßnahmen beim Betriebsrat, die den Jugendlichen dienen
- Alter < 25 Jahre
- überwacht die Einhaltung der Rechtsnormen zugunsten der Jugendlichen
- leitet Anregungen Jugendlicher an den Betriebsrat weiter und wirkt auf ihre Erledigung hin
- kann zu Betriebsratssitzungen Vertreter entsenden
- kann vor und nach Betriebsratssitzungen Versammlung der Jugend- und Auszubildendenvertretung einberufen
- kann keine Verhandlungen mit dem Arbeitgeber führen
- kann Sprechstunden erteilen

3.7.4 Betriebsvereinbarung

Definition: schriftliche Regelung über betriebliche Fragen zwischen **Betriebsrat** und **Arbeitgeber**

Beispiele:
- gleitende Arbeitszeit
- regelmäßige werktägliche Arbeitszeit
- Pausenregelung
- Betriebsurlaub
- Ermittlung von Vorgabezeiten

4 Unternehmensformen

In Ausbildung und Beruf orientieren (Lernfeld 1)

4.1 Kaufmann und Firma

Kaufmann im Sinne des Handelsgesetzbuches (§ 1 HGB entspr. d. Änd. d. Handelsreformgesetzes HrefG v. 01.07.1998) ist jeder Gewerbetreibende ohne Rücksicht auf die Branche , d. h. jedes gewerbliche Unternehmen, das einen in kaufmännischer Weise eingerichteten Geschäftsbetrieb erfordert, unabhängig davon, ob eine kaufmännische Einrichtung auch tatsächlich vorhanden ist.

Abgrenzung Kaufmann/Nichtkaufmann

(Ist-)Kaufmann	Nichtkaufmann

Führung einer Firma, unter deren Namen Geschäftsbetriebe klagen oder verklagt werden können

Kleingewerbetreibende ohne die Erfordernis eines kaufmännisch eingerichteten Geschäftsbetriebes

(Ist-)Kaufmann	(Form-)Kaufmann	Nichtkaufmann

- Großbetriebe
- Kaufmann kraft Betätigung

- Kaufmann ohne Rücksicht auf den Gegenstand des Unternehmens: GmbH, AG, KGaA, Genossenschaft

- Kleinbetriebe und Betriebe der Land- und Forstwirtschaft
- Nichtkaufmann darf
  – keine Firma führen
  – keine Prokuristen ernennen

Beachte: Im Falle einer freiwilligen Eintragung ins HR (Kann-)Kaufmann: Kaufmann kraft berechtigter Eintragung (konstitutiv)

pflichtgemäße HR-Eintragung	HR-Eintragung
nur **deklaratorisch**	**konstitutiv**

Firmenname

Allen Einzelkaufleuten, Personengesellschaften, Kapitalgesellschaften und Genossenschaften ist die Wahl des Firmennamens (unter dem eine Firma ihre Geschäfte betreibt, klagen und verklagt werden kann) grundsätzlich freigestellt, d. h. nicht nur die Nennung von Namen der Vollhafter oder dem Geschäftszweck, sondern auch die Führung von reinen Sach- oder Fantasienamen ist erlaubt.

Jedoch obligatorisch: rechtsformspezifischer Zusatz oder vollständige Angabe der Rechtsform

Unternehmensform	Beispiele
Einzelunternehmung e. K., e. Kfm, e. Kfr. eingetragener Kaufmann, § 19 HGB	- Bits and Bytes e. K. (statt: Fritz Lang, PC-Fachgeschäft) - Fritz Lang e. K.

Unternehmensform	Beispiele
Personengesellschaften	
OHG	▪ Schnell und Sauber OHG (statt: Klein & Co, Teppichreinigung) ▪ Klein & Co OHG
KG	▪ Rohrleitung und Gruben KG (statt: Klein KG, Entsorgungen) ▪ Klein & Co KG
GmbH & Co KG	▪ Blumen Paul GmbH & Co KG (statt: Paul GmbH & Co KG)
Kapitalgesellschaften	
GmbH	▪ Quak-Quak GmbH (statt: Geflügelzucht GmbH)
AG	▪ Viehtransporte Walter AG (statt: Viehtransporte AG)
KGaA	▪ Sumsum GmbH & Co KGaA (statt: Paul Klein GmbH & Co KGaA)
Genossenschaft	
eG	▪ Allgemeine Baugenossenschaft eG

Beachte: erforderliche Angaben auf Geschäftsbriefen:

- ▪ Firmenname
- ▪ Rechtsform
- ▪ Hauptniederlassung/Gesellschaftssitz
- ▪ zuständiges Registergericht und Eintragungsnummer
- ▪ MwSt.-Id.-Nr., z. B. DE 01923656
- ▪ Steuer-Nr., z. B. 124/564/9944

Handelsregister

Das HR ist ein amtliches Verzeichnis aller Vollkaufleute, das vom Amtsgericht für dessen Bezirk geführt wird (HGB § 8). Es hat zwei Abteilungen:

- ▪ **Abteilung A** für **Einzelunternehmungen und Personengesellschaften**
- ▪ **Abteilung B** für **Kapitalgesellschaften**

Für **Genossenschaften** wird ein **Genossenschaftsregister** geführt (HGB § 10).

HR und Genossenschaftsregister sind öffentliche Verzeichnisse. Dies bedeutet:

- Jedermann kann die Register (und die von den Kaufleuten eingereichten Schriftstücke) einsehen und – gegen Gebühr – Abschriften verlangen.
- Eintragungen werden im Bundesanzeiger und in einem weiteren Blatt (i. d. R. in der örtlichen Tageszeitung) veröffentlicht.

Eingetragen werden:

- Firma
- Name des Inhabers
- Art des Geschäftes
- Sitz der Firma
- Kapitaleinlagen (KG, AG, GmbH)
- Filialen
- Bestellung und Widerruf von Prokuristen
- Vergleichsverfahren
- Liquidation
- Insolvenz

Bedeutung/Wirkung von HR-Eintragungen

rechtserzeugend (konstitutiv)	**rechtsbekundend (deklaratorisch)**
↓	↓
Die eingetragenen Tatsachen werden erst durch die Eintragung selbst wirksam, vorher hatten sie noch keine Gültigkeit.	Die Eintragung bezeugt nur einen Sachverhalt, der auch schon vor der Eintragung rechtsgültig war.
Dies gilt insbesondere für die ■ Gründung von Kapitalgesellschaften (Kaufmannseigenschaft), ■ Erhöhung des Grundkapitals bei Aktiengesellschaften.	Dies gilt insbesondere für die ■ Gründung von Personengesellschaften, ■ Änderung der Rechtsform von Personengesellschaften, ■ Kaufmannseigenschaften, ■ Erteilung und Entziehung der Prokura, ■ Veränderung der Kommanditeinlagen.

4.2 Unternehmensformen

4.2.1 Einzelunternehmung (solo trader)

Die Einzelunternehmung ist ein Unternehmen im Eigentum eines einzelnen Inhabers, der die Firma nach außen vertritt und die Geschäfte führt.

Einzelunternehmung

Vorteile	Nachteile
↓	↓
▪ Einzelunternehmer hat die alleinige Entscheidungsbefugnis. ⇨ schnelle Entscheidungen und rasche Reaktion auf neue Gegebenheiten ▪ keine Meinungsverschiedenheiten ▪ Einzelunternehmer muss seinen Gewinn nicht teilen.	▪ Einzelunternehmer muss das Eigenkapital allein aufbringen (begrenzte Finanzierungsmöglichkeiten). ⇨ kann notwendige oder gewünschte Betriebserweiterungen verhindern ▪ trägt das Verlustrisiko allein ▪ haftet auch mit seinem Privatvermögen ▪ Gefahr von Fehlentscheidungen

Gründung	eine geschäftsfähige Person
Firma	nach Wahl mit Zusatz: e. K. (e. Kfm./e. Kffr.)
Haftung	Inhaber allein mit gesamtem Geschäfts- und Privatvermögen
Geschäftsführung	Inhaber allein
Gewinnverteilung	Inhaber allein
Verlustverteilung	Inhaber allein
Auflösung	▪ Liquidation (freiwillig) ▪ Tod des Inhabers ▪ Insolvenz

4.2.2 Gesellschaften (partnerships)

Vertragliche Verbindungen, die Personen zur Erfüllung eines gemeinsamen Zweckes eingehen, heißen Vereinigungen.

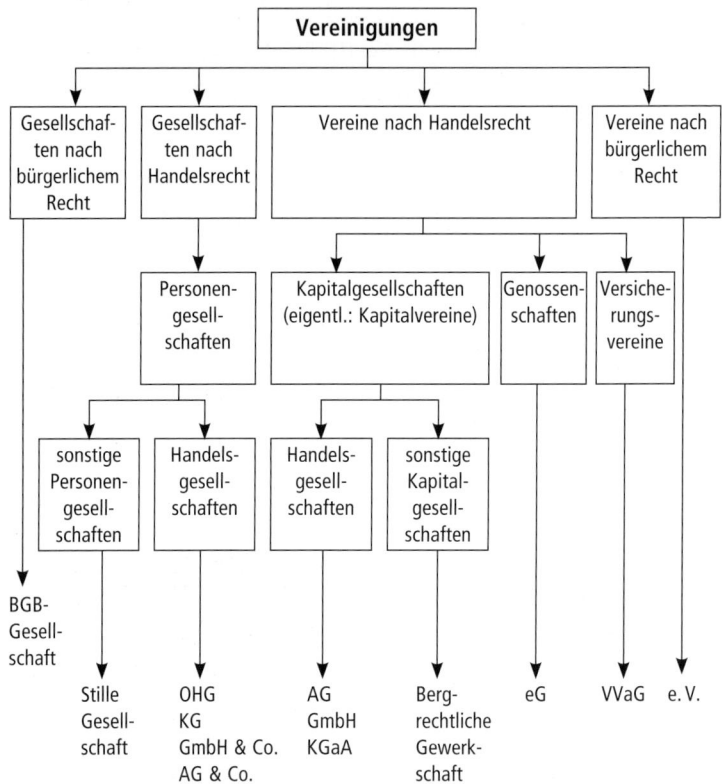

Gründe für die Bildung von Gesellschaftsunternehmungen:

- ▪ Notwendigkeit neuer Mitarbeiter wegen Krankheit, Alter, Tod des Unternehmers
- ▪ Notwendigkeit neuer Fachleute oder Führungskräfte
- ▪ Aufnahme von Familienmitgliedern (z. B. Sohn, Tochter)
- ▪ Kapitalzuführung durch neue Gesellschafter

- Vergrößerung der Kreditbasis durch Vergrößerung des haftenden Eigenkapitals
- Risikoverteilung auf mehrere Gesellschafter
- Beschränkung der Haftung auf das eingebrachte Kapital (bei GmbH und AG)
- Vergrößerung der Marktmacht durch Zusammenschluss mehrerer Unternehmen

OHG (general ordinary partnership)

1. Gründung	- Mindestens zwei geschäftsfähige Personen - Gesellschaftsvertrag - Kapitaleinlage - Eintragung HR
2. Firma	- Personenfirma - Zusatz: „OHG"

3. Haftung	- Jeder Gesellschafter haftet **unmittelbar, unbeschränkt** und **solidarisch**:
	  – **unmittelbar**, d. h. direkte Haftung ohne Haftungsverweis auf Mitgesellschafter
	  – **unbeschränkt**, d. h. Betriebs- und gesamtes Privatvermögen
	  – **solidarisch**, d. h. gesamtschuldnerisch, unabhängig davon, welcher Gesellschafter die Schulden verursacht hat
	  Beachte: Eintritt in bereits bestehende OHG = volle Haftung auch für Altschulden

4. Geschäftsführung	- Einzelgeschäftsführungsbefugnis für alle betriebsgewöhnlichen Handlungen **Beachte:** wenn kein anderer Gesellschafter widerspricht - Außergewöhnliche Handlungen, z. B. Prokuraerteilung, bedürfen der Zustimmung aller Gesellschafter. - Verpflichtung zur Geschäftsführung, d. h. tätige Mitarbeit - Verbot: Beteiligung als persönlich haftender Gesellschafter an anderen Unternehmen
5. Gewinnverteilung	- 4 % der Kapitaleinlage, der Rest nach Köpfen - Privatentnahmen jährlich bis zu 4 % der Kapitaleinlage möglich
6. Verlustverteilung	- Nach Köpfen

7. Auflösung	■ Auflösungsbeschluss der Gesellschafter
	■ Kündigung des Gesellschaftsvertrages
	■ Ablauf der vereinbarten Vertragsdauer
	■ Insolvenz
	■ Gründe für das Ausscheiden eines Gesellschafters (Tod, Gesellschafterbeschluss, Kündigung des Gesellschafters, Insolvenzverfahren über Privatvermögen eines Gesellschafters) stellen keine Auflösungsgründe für OHG dar.

Wirtschaftliche Aspekte der OHG

■ Aufgabenteilung in der Unternehmensleitung
■ geeignet für Ausweitung von Einzelunternehmung
■ geeignet für Unternehmenszusammenschlüsse, insbesondere kleiner und mittlerer Betriebe
■ kein Mindestkapital
■ verbreiterte Haftung ⇨ Erhöhung der Kreditwürdigkeit

KG (limited partnership)

Die KG ist wie die OHG eine Gesellschaft, in der die Gesellschafter unter gemeinsamer Firma ein Handelsgewerbe betreiben. Mindestens ein Gesellschafter ist Komplementär (Vollhafter), der mit seinem gesamten Vermögen haftet, und mindestens ein Gesellschafter ist Kommanditist (Teilhafter), der nur mit seiner Einlage haftet.

1. Gründung	■ Mindestens zwei geschäftsfähige Personen
	■ Gesellschaftsvertrag
	■ Eintragung ins HR
	■ Kein Mindestkapital
2. Firma	■ Personengesellschaft
	■ Zusatz „KG"
3. Haftung	■ Komplementär: Betriebs- und Privatvermögen unbegrenzt Besonderheit: Ist der Komplementär eine GmbH (juristische Person, die ja wiederum nur mit ihrem Stammkapital – oft nur Mindestkapital 25.000,00 EUR) haftet, so ist damit auch die Haftungsgrenze des Komplementärs aufgezeigt. ⇨ GmbH & Co. KG.
	■ Kommanditist: haftet nur mit der Höhe seiner Kapitaleinlage

4. Geschäftsführung	▪ **Nur Komplementäre** (= Rechte und Pflichten wie bei der OHG) ▪ **Kommanditisten:** Informationsrecht (z. B. Einsicht in Bilanzen) ▪ Recht auf Widerspruch bei außergewöhnlichen Geschäften ▪ Beteiligung an anderen Unternehmen auch als persönlich haftender Gesellschafter möglich
5. Gewinnverteilung	▪ 4 % der Kapitaleinlage ▪ Rest in angemessenem Verhältnis, d. h. i. d. R. im Verhältnis der Kapitaleinlagen von Voll- und Teilhaftern **Beachte:** Gewinnanteile der Kommanditisten müssen ausgezahlt werden, sie können nicht automatisch die Kommanditeinlage erhöhen.
6. Verlustverteilung	▪ In angemessenem Verhältnis (Kommanditisten maximal bis zur Höhe ihrer Einlage)
7. Auflösung	▪ Vgl. OHG **Beachte:** bei Tod eines Kommanditisten jedoch keine Auflösung

Wirtschaftliche Aspekte der KG

▪ starke Kapitalzufuhr durch Teilhafter ohne wesentliche Einschränkung der Entscheidungsbefugnisse der Vollhafter
▪ Kapital der Teilhafter ist zinsgünstiger und ermöglicht größere Investitionen.
▪ häufig gewählte Rechtsform für mittlere und größere Unternehmen
▪ Künftige Erben der Vollhafter sind meist Teilhafter, ohne dass die Unternehmensleitung direkt davon betroffen ist.

GmbH (private limited closed partnership)

Die GmbH ist eine Handelsgesellschaft, deren Stammkapital in Stammeinlagen (Geschäftsanteile) zerlegt ist. Sie ist eine eigene Rechtspersönlichkeit (juristische Person) und haftet gegenüber Dritten nur mit ihrem Vermögen. Die Gesellschafter haften nur mit ihrer Einlage.

1. Gründung	▪ Mindestens eine Person ▪ Stammkapital mindestens 25.000,00 EUR ▪ Notariell beurkundeter Gesellschaftsvertrag ▪ Eintragung ins HR, Abteilung B

2. Firma	▪ Personen- oder Sachfirma
	▪ Zusatz „GmbH"
3. Haftung	▪ Nur Stammkapital
4. Geschäftsführung	▪ Organe: Geschäftsführer, Gesellschafterversammlung, Aufsichtsrat
5. Gewinnverteilung	▪ Im Verhältnis der Geschäftsanteile
	▪ Veröffentlichung des Jahresabschlusses (wie AG)
6. Verlustverteilung	▪ Aus freiwilligen Rücklagen
	▪ Nach Geschäftsanteilen
	Beachte: Satzung kann **Nachschusspflicht** der Gesellschafter vorsehen, eine Befreiung davon ist möglich durch Verzicht auf bestehenden Geschäftsanteil (Fachbegriff: Abandonrecht).
7. Auflösung	▪ Durch Ablauf der vereinbarten Vertragsdauer
	▪ Durch Gesellschafterbeschluss (Dreiviertelmehrheit)
	▪ Durch Insolvenz
	▪ Durch Gerichtsurteil

Wirtschaftliche Aspekte der GmbH

▪ elastische Unternehmensführung durch Geschäftsführer, denn: Er erhält nur allgemeine Weisungen der Gesellschafter, d. h., er kann seine Entscheidungen den täglichen Erfordernissen entsprechend schnell treffen.
▪ Gründung mit bereits 25.000,00 EUR Stammeinlage möglich.
▪ Geringe Kreditbasis wegen Haftungsbeschränkung
▪ häufige Rechtsform kleinerer Familien- oder Einmannbetriebe

AG (public limited (joint) stock company)

Die AG ist eine Handelsgesellschaft, deren Grundkapital in Aktien zerlegt und von Aktionären aufgebracht ist. Sie ist eine eigene Rechtspersönlichkeit (juristische Person) und haftet gegenüber Dritten nur mit dem Gesellschaftsvermögen (= Grundkapital). Die Aktionäre haften der Gesellschaft gegenüber nur mit dem Wert ihrer Aktien.

1. Gründung	◼ Eine oder mehrere Personen
	◼ Notariell beurkundeter Gesellschaftsvertrag
	◼ Grundkapital (gezeichnetes Kapital) mindestens 50.000,00 EUR
	◼ Eigenkapital setzt sich zusammen aus:
	– Gezeichnetem Kapital (= Grundkapital)
	– Kapitalrücklage (Ausgabe der Aktien zum Nennwert, genaue Differenz zwischen Nennwert und Kurswert (= Agio) fließt in die Kapitalrücklage)
	– Gewinnrücklagen (gesetzliche Rücklagen: so lange 5 % vom Gewinn, bis 10 % des Grundkapitals erreicht sind), Rücklage für eigene Anteile, satzungsmäßige Rücklagen, andere Gewinnrücklagen
	– Gewinn-/Verlustvortrag aus dem Vorjahr
	– Jahresüberschuss/-fehlbetrag ⇨ Saldo GuV
2. Firma	◼ Zusatz „AG"
	Beachte: Wird eine Personengesellschaft in eine AG umgewandelt, darf der Name der Personengesellschaft mit dem Zusatz „AG" beibehalten werden, z. B. Volkswagen AG, Daimler-Benz AG.
	◼ Mindestinhalt der Satzung:
	– Firma
	– Gesellschaftssitz
	– Gegenstand der Unternehmung
	– Höhe des Grundkapitals und Aktiennennwerte (gegebenenfalls die Arten von Aktien)
	– Zusammensetzung von Vorstand und Aufsichtsrat
	– Form der Bekanntmachungen der AG
3. Haftung	◼ Grundkapital (= Summe der Nennwerte aller Aktien) + Rücklagen
4. Geschäftsführung	◼ Organe: Vorstand, Hauptversammlung, Aufsichtsrat

5. Gewinnverteilung	**Die Gewinnverwendung unterliegt gesetzlichen Bestimmungen:** Jahresabschluss
	– Einstellung in die gesetzlichen Rücklagen (5 % des um einen Verlustvortrag geminderten Jahresüberschusses, bis die gesetzlichen Rücklagen zusammen 10 % des Grundkapitals betragen) – Einstellung in andere Gewinnrücklagen durch den Vorstand (max. 50 % des Restbetrages, wenn die Satzung keinen höheren Betrag bestimmt) = Bilanzgewinn – Weitere Einstellungen in andere Gewinnrücklagen durch die Hauptversammlung – Dividendenausschüttung = Gewinnvortrag
6. Verlustverteilung	▪ Gewinnvorträge ▪ Gesetzliche und freie Rücklagen ▪ Grundkapital
7. Auflösung	▪ Durch Ablauf der in der Satzung festgelegten Vertragsdauer ▪ Durch Beschluss der Hauptversammlung (Dreiviertelmehrheit) ▪ Durch Insolvenz

Wirtschaftliche Aspekte der AG

▪ typische Form für kapitalintensive Großbetriebe
▪ breite Risikostreuung für Aktionäre, die in kleinen Stückelungen (z. B. Nennwert 50,00 EUR bzw. 25,00 EUR, ggf. auch nennwertlose) Anteilscheine erwerben und weiterverkaufen können
▪ Führung und Verantwortung durch besonders geeignete Fachkräfte (Angestellte)
▪ Teilung der Verantwortung entsprechend der Organe
▪ geringe Flexibilität bei grundsätzlichen Entscheidungen
▪ Zwang zur Veröffentlichung der Jahresabschlüsse

Genossenschaft eG

Die eingetragene Genossenschaft ist ein wirtschaftlicher Verein mit nicht geschlossener Mitgliederzahl. Sie hat das Ziel, den Erwerb oder die Wirtschaft ihrer Mitglieder zu fördern. Sie ist eine eigene Rechtspersönlichkeit (juristische Person) und Vollkaufmann (Formkaufmann) im Sinne des HGB. Der Aufbau einer Genossenschaft ähnelt dem einer AG. Die Genossenschaft ist jedoch kein Erwerbsunternehmen; sie will keinen max. Gewinn erzielen. Ihre Zielsetzung hat vielmehr einen sozialen Charakter: Die Mitglieder wollen gemeinschaftlich ihre wirtschaftlichen Interessen wahrnehmen, weil der Einzelne i. d. R. dazu nicht in der Lage ist. Genossenschaften gründen somit auf dem Solidaritätsgedanken/Kostendeckungsprinzip.

1. Gründung	▪ Sieben Genossen ▪ Eintragung ins Genossenschaftsregister
2. Firma	▪ Sachfirma ▪ Zusatz „eG"
3. Haftung	▪ Höhe der Genossenschaftsanteile oder ein in der Satzung festgelegter Betrag, eventuell auch Nachschusspflicht bei Verlusten, Haftungssumme i. d. R. nach Köpfen verteilt
4. Geschäftsführung	▪ Vorstand (zwei Genossen) ▪ Aufsichtsrat (drei Genossen) ▪ **Generalversammlung** (beschlussfassendes Organ)
5. Gewinnverteilung	▪ Kein Genossenschaftsziel ▪ Ziel = Kostendeckung
6. Verlustverteilung	▪ Entscheidung der Generalversammlung
7. Auflösung	▪ Beschluss der Generalversammlung (Dreiviertelmehrheit) ▪ Insolvenz ▪ Liquidation

5 Wirtschaftliches Handeln

Das Unternehmen im gesamt- und weltwirtschaftlichen Zusammen-hang einordnen, Unternehmensstrategie, -projekte umsetzen (Lernfeld 9, Lernfeld 12)

5.1 Marktwirtschaft und Wirtschaftsordnung

- Wirtschaft ist die Summe planvollen Handelns, aller Einrichtungen, Handlungen und Maßnahmen mit dem Ziel der Bedürfnisbefriedigung von Menschen.
- Bedürfnisse sind Mangelerscheinungen verbunden mit dem Ziel der Beseitigung.

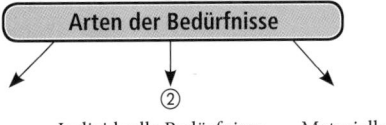

Arten der Bedürfnisse

①	②	③
Existenzbedürfnisse Kulturbedürfnisse Luxusbedürfnisse	Individuelle Bedürfnisse Kollektive Bedürfnisse	Materielle Bedürfnisse Immaterielle Bedürfnisse

- **Bedarf** = die mit Kaufkraft (aufgrund von Einkommen oder Kredit) ausgestatteten menschlichen Bedürfnisse
- **Güter** (gebündelte Nutzenmengen) = die Mittel, die zur Befriedigung menschlicher Bedürfnisse eingesetzt werden
- **Freie Güter:** in beliebiger Menge ohne Gegenleistung verfügbar
- **Wirtschaftliche (knappe) Güter:** in begrenzter Menge gegen Entgelt verfügbar

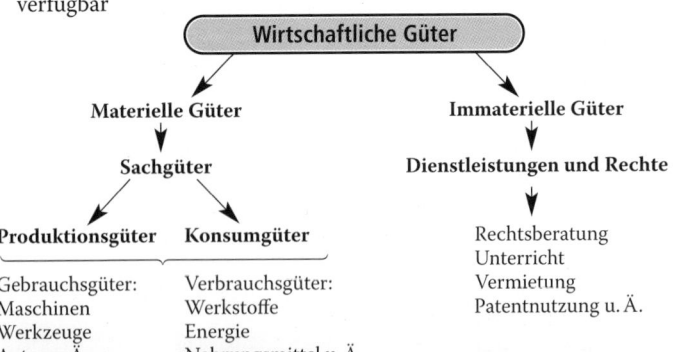

Wirtschaftliche Güter

Materielle Güter   **Immaterielle Güter**

Sachgüter   **Dienstleistungen und Rechte**

Produktionsgüter	**Konsumgüter**	
Gebrauchsgüter: Maschinen Werkzeuge Autos u. Ä.	Verbrauchsgüter: Werkstoffe Energie Nahrungsmittel u. Ä.	Rechtsberatung Unterricht Vermietung Patentnutzung u. Ä.

Anmerkung:

- Substitutionsgüter (Ersatzgüter): Butter/Margarine
- Komplementärgüter (Ergänzungsgüter): Staubsauger/Staubsaugerbeutel

Wirtschaftsordnung: Soziale Marktwirtschaft

Definition: realtypische Wirtschaftsform, entwickelt aus den idealtypischen Wirtschaftsordnungen Planwirtschaft und Freie Marktwirtschaft

Ziel: Verbindung des Prinzips der Freiheit auf der Grundlage der Marktwirtschaft mit dem des sozialen Ausgleichs und der sozialen Gerechtigkeit sowie der Sicherheit und des sozialen Fortschritts

Grundsatz:

> **„So viel Freiheit wie möglich, so viel staatlicher Zwang wie nötig."**

Väter der sozialen Marktwirtschaft: Alfred Müller-Armack, Walter Eucken, Ludwig Erhard

Merkmale:

- soziale Gestaltung der Marktwirtschaft durch Rahmenbedingungen, geschaffen durch die Wirtschafts-, Finanz- und Gesellschaftspolitik des Staates
- Verhinderung von Missbrauch wirtschaftlicher Macht
- Staat ist Wächter für das Funktionieren des Wettbewerbs (Kartellgesetz)
- erwerbswirtschaftliches Prinzip
- Privateigentum und Staatseigentum
- gesetzliche Regelungen zum Schutz schwächerer Vertragspartner
- **Wirtschaftspolitische Ziele:** Vollbeschäftigung, Preisniveaustabilität, Wirtschaftswachstum, außenwirtschaftliches Gleichgewicht
- **Sozialpolitische Ziele:** soziale Sicherheit (Sozialgesetzgebung), gerechte Einkommens- und Vermögensverteilung, Chancengleichheit, Tarifautonomie der Vertragspartner
- Marktkonforme Lenkungsmaßnahmen (Bildungspolitik, Steuerpolitik, Umschulungen u. a.)
- Lohnleitlinien (Mindestlöhne, Arbeitszeitordnung)
- eingeschränkte Gewerbefreiheit zur Sicherung und zum Schutz der Bevölkerung
- Bejahung des Leistungsprinzips mit sozialer Absicherung (z. B. für Kranke, Jugendliche und alte Menschen)

5.2 Markt und Preis

Definition Markt: jedes Zusammentreffen von Angebot und Nachfrage

5.2.1 Marktformen

Polypol:
- freie Konkurrenzwirtschaft, viele Nachfrager und viele Anbieter

Oligopol:
- Wenige große Marktteilnehmer beherrschen den Markt (Mineralöl-, Automobilmarkt); Wettbewerb ist eingeschränkt.
- Angebotsoligopol: wenige Anbieter und viele Nachfrager
- Nachfrageoligopol: wenige Nachfrager und viele Anbieter

Monopol:
- Angebotsmonopolist: keine Konkurrenz (z. B. Rohstoffmonopol)
- Nachfragemonopolist: keine Mitnachfrager (z. B. Telekom, Telefonzellen)

5.2.2 Angebots- und Nachfrageelastizitäten

Elastizität drückt aus, welche Mengenänderung auf eine Änderung des Preises erfolgt (prozentuale Mengenänderung : prozentuale Preisänderung).

Angebotselastizitäten-Veränderungen

Normales Angebot:

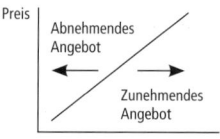

Das Angebot verhält sich **proportional** zur Preisentwicklung, sinkt der Preis, dann sinkt die Angebotsmenge und umgekehrt.   (E = normal)

Elastisches Angebot:

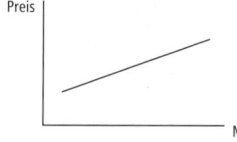

Preisänderungen bewirken eine **überproportionale** Änderung der Angebotsmenge. (E = hoch)

Unelastisches Angebot:

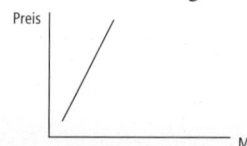

Preisänderungen bewirken eine **unterproportionale** Änderung der Angebotsmenge.
(E = niedrig)

Vollkommen elastisches Angebot:

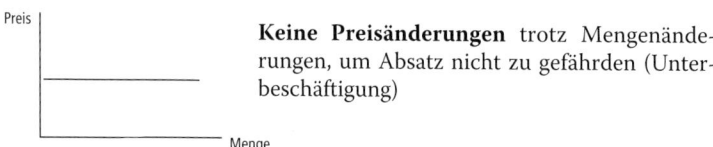

Keine Preisänderungen trotz Mengenänderungen, um Absatz nicht zu gefährden (Unterbeschäftigung)

Vollkommen unelastisches Angebot:

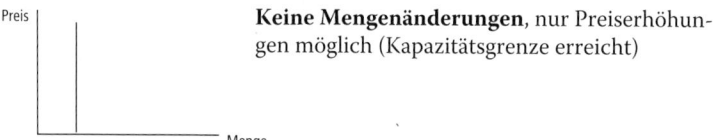

Keine Mengenänderungen, nur Preiserhöhungen möglich (Kapazitätsgrenze erreicht)

Nachfrageelastizitäten-Veränderungen

Normale Nachfrage:

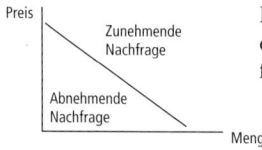

Die Nachfrage verhält sich umgekehrt zur Preisentwicklung, sinkt der Preis, so steigt die Nachfrage und umgekehrt.

Elastische Nachfrage:

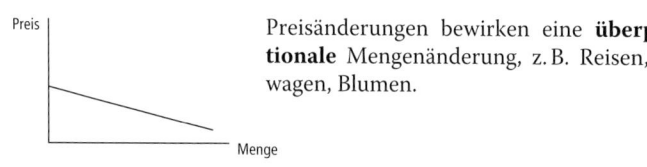

Preisänderungen bewirken eine **überproportionale** Mengenänderung, z. B. Reisen, Zweitwagen, Blumen.

Unelastische Nachfrage:

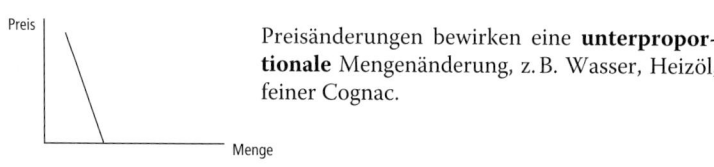

Preisänderungen bewirken eine **unterproportionale** Mengenänderung, z. B. Wasser, Heizöl, feiner Cognac.

Vollkommen elastische Nachfrage:

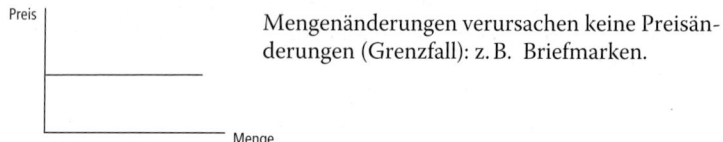

Mengenänderungen verursachen keine Preisänderungen (Grenzfall): z. B. Briefmarken.

Vollkommen unelastische Nachfrage:

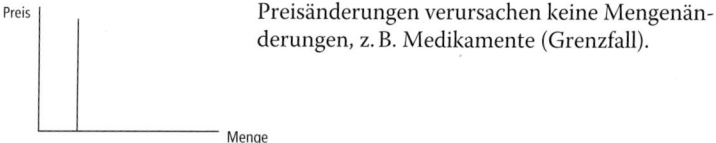

Preisänderungen verursachen keine Mengenänderungen, z. B. Medikamente (Grenzfall).

5.2.3 Marktpreisbildung

Definition Marktpreis: Gleichgewichtspreis im Schnittpunkt von Angebots- und Nachfragekurve bei vollständiger Konkurrenz

Bildung des Gleichgewichtspreises

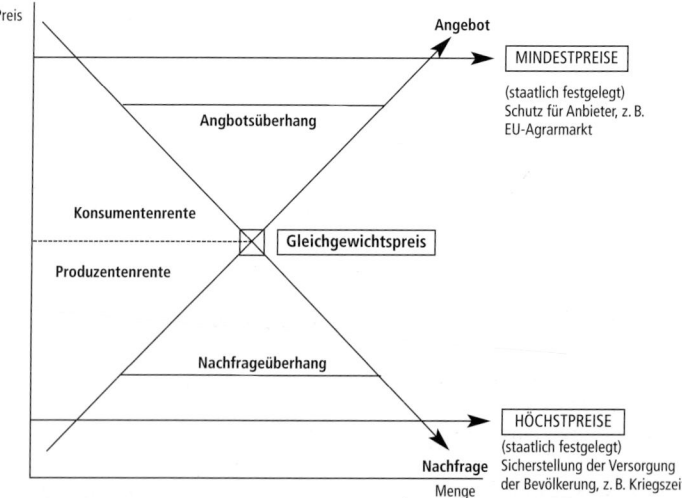

Erhöhung des Gleichgewichtspreises:
- Verschiebung der Nachfragekurve nach rechts (Erhöhung)
- Verschiebung der Angebotskurve nach links (Angebotssenkung) und umgekehrt

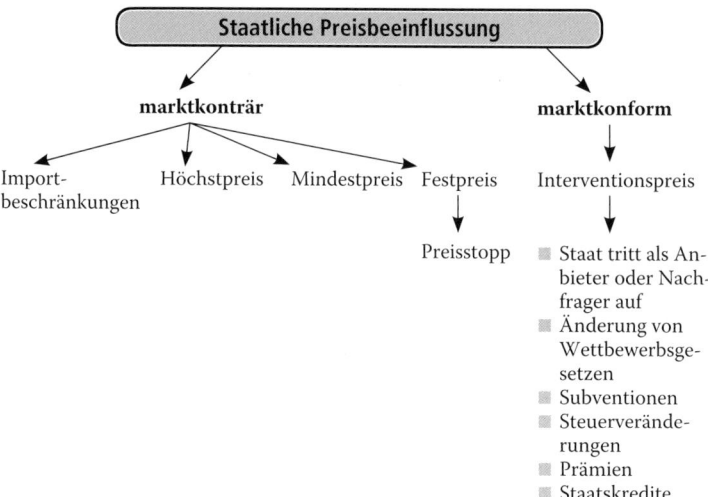

5.3 Wirtschaftskreislauf

Der Wirtschaftskreislauf stellt alle ökonomischen Leistungen und Gegenleistungen in ihren gegenseitigen Beziehungen dar.
- Jede Transaktion aller Wirtschaftssubjekte in einer arbeitsteiligen Wirtschaft setzt sich aus einer Güterbewegung (**Güterstrom**) und einer entgegengesetzten Geldbewegung (**Geldstrom**) zusammen.
- Gleichartige Wirtschaftssubjekte werden zu **Wirtschaftssektoren** zusammengefasst:
  - private Haushalte
  - private Unternehmen
  - öffentliche Haushalte
  - Banken
  - Ausland

Erweiterter Wirtschaftskreislauf

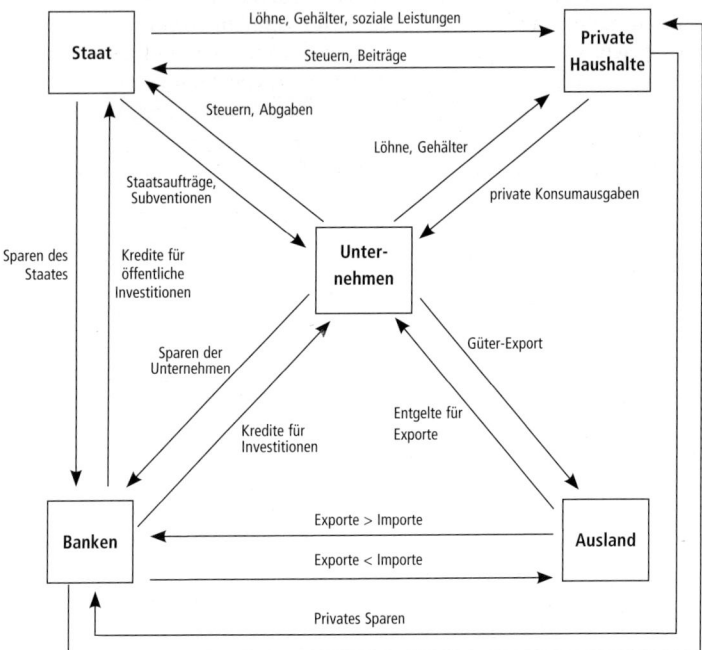

5.4 Volkswirtschaftliche Gesamtrechnung und Volkseinkommen

Definition:

- wirtschaftliches Geschehen einer Volkswirtschaft, i.d.R. in einem Jahr (Periode)
- Wert aller Güter und Dienstleistungen, die in einer Volkswirtschaft im Inland in einem Jahr erstellt und gegen Entgelt veräußert werden (Bruttoinlandsprodukt (BIP) = Produktionsergebnis
- Gesamtergebnis volkswirtschaftlicher Tätigkeit
- Maßstab der wirtschaftlichen Leistungskraft einer Volkswirtschaft

Funktionen:

- Feststellung der Veränderung des Wirtschaftswachstums
- Auskunft über Wirtschaftsstruktur einer Volkswirtschaft
- Vergleich wirtschaftlicher Leistungsfähigkeit der Volkswirtschaften untereinander (z. B. Pro-Kopf-Einkommen/Lebensstandard)

$\Rightarrow$ Bruttoinlandsprodukt zu Marktpreisen (Netto-Produktionswert)
+ Primäreinkommen von Inländern aus dem Ausland
− Primäreinkommen von Ausländern aus dem Inland

= **Bruttonationaleinkommen zu Marktpreisen** (Bruttosozialprodukt)
− Abschreibungen

= Nettonationaleinkommen zu Marktpreisen (Primäreinkommen)
− Produktions- und Importabgaben (Transferzahlungen an die übrige Welt, z. B. Subventionen, Steuern)
+ Subventionen

= **Nettonationaleinkommen zu Faktorkosten =**

> Volkseinkommen[1]

− Einkommens- und Vermögenssteuern und Sozialversicherungbeiträge
+ Transferleistungen (empfangen von der übrigen Welt)

= **Verfügbares privates Einkommen/Volkseinkommen**

$$\text{Lohnquote} = \frac{\text{Arbeitnehmerentgelt} \cdot 100}{\text{Volkseinkommen}}$$

$$\text{Gewinnquote} = \frac{\text{Unternehmens- und Vermögenseinkommen} \cdot 100}{\text{Volkseinkommen}}$$

5.5 Zahlungsbilanz/Außenwirtschaftliche Gesamtrechnung

Zahlungsbilanz:

- statistische Gegenüberstellung aller Transaktionen im internationalen Waren-, Dienstleistungs- und Kapitalverkehr innerhalb einer Wirtschaftsperiode

---

[1] *Volkseinkommen = Entlohnung der Produktionsfaktoren*

- systematische Aufstellung aller außenwirtschaftlichen Beziehungen
- Überblick über Leistungen und Zahlungen zwischen In- und Ausland als Unterlage für wirtschaftspolitische Entscheidungen der Regierung und der Notenbank

Ziel: Aktive Zahlungsbilanz → Zahlungsbilanzüberschuss (Export > Import)

Die Zahlungsbilanz besteht aus verschiedenen Teilbilanzen:

	I	**Handelsbilanz**
+	II	**Dienstleistungsbilanz**
	III	**Leistungsbilanz**
+	IV	**Übertragungsbilanz**
	V	**Bilanz der laufenden Posten**
+	VI	**Kapitalbilanz**
+	VII	**Devisenbilanz**

Zahlungsbilanz

Aktive	Zahlungsbilanz	Passive
Handelsbilanz	Kapitalbilanz	
Dienstleistungsbilanz	Devisenbilanz	
Übertragungsbilanz		

Zahlungsbilanzaufgliederung in Teilbilanzen

I.	Handelsbilanz:	<ul><li>Erfassung des außenwirtschaftlichen Güterverkehrs durch Gegenüberstellung von Güterex- und Güterimporten</li><li>Aktive Handelsbilanz: Export > Import</li><li>Passive Handelsbilanz: Export < Import</li></ul>
II.	Dienstleistungs-bilanz:	<ul><li>Erfassung des außenwirtschaftlichen Dienstverkehrs durch Gegenüberstellung von Dienstex- und Dienstimporten</li><li>Kapitalerträge (Zinsen aus Kapitalanlagen im Ausland)</li><li>Transportleistungen international</li><li>Versicherungsleistungen international</li><li>Telekommunikationsleistungen international</li><li>Auslandsreiseverkehr</li><li>Patente, Montagen</li></ul>

III. Leistungsbilanz:	Außenbeitrag einer Volkswirtschaft (I + II)
IV. Übertragungs- bilanz:	Bilanz der unentgeltlichen Leistungen (Güter, Dienstleistungen oder Kapitalbewegungen): ■ Zahlungen an internationale Organisation (UNO, EU) ■ Entwicklungshilfe ■ Private Renten- und Unterstützungszahlungen ■ Wiedergutmachungszahlungen ■ Heimatüberweisungen der Gastarbeiter
V. Bilanz der laufenden Posten:	■ Bilanzwert der Aktivseite der Zahlungsbilanz (III + IV)
VI. Kapitalbilanz:	■ Erfassung der Kapitalex- und Kapitalimporte ■ Gegenüberstellung von Forderungen und Verbindlichkeiten gegenüber dem Ausland (Gewährung und Rückzahlung von Krediten) ■ Kauf und Verkauf von Renten- und Beteiligungspapieren (Aktienfonds) ausländischer Unternehmen ■ Niederlassungsgründungen im Ausland (Finanz- und Immobilienbeziehungen) ■ Kauf von Auslandsunternehmen (Direktinvestitionen)
VII. Devisenbilanz:	■ Erfassung des Zu- und Abflusses von Gold- und Devisenbeständen/Währungsreserven ■ Die Devisenbewegungen führen zur Veränderung der Nettoauslandsaktiva.

5.6 Konjunkturphasen und Konjunkturindikatoren

Konjunktur: Die wirtschaftliche Entwicklung vollzieht sich nicht regelmäßig, sondern in „Schwankungen", weil die Güter- und Geldströme ständigen Veränderungen unterworfen sind, durch die Veränderungen von Angebot und Nachfrage, durch die Maßnahmen des Staates (Fiskalpolitik) und die Entwicklung des Außenhandels.

5.6.1 Arten von Wirtschaftsschwankungen

1. Saisonale Schwankungen
- kurzfristige, jahreszeitlich bedingte wirtschaftliche Veränderungen
- betreffen nur einzelne Wirtschaftszweige, z. B. Bekleidungs-, Sportartikel-, Lebensmittel- und Bauindustrie; sie sind vorhersehbar und begleiten die normalen Konjunkturschwankungen

2. Konjunkturelle Schwankungen
- rhythmisch, periodisch wiederkehrende Schwankungen im Wirtschaftskreislauf (i. d. R. 4–5 Jahre)
- betreffen die Gesamtwirtschaft (Produktion, Beschäftigung und Absatz)
- werden mithilfe des Konjunkturindikators „Auftragseingänge" erkannt
- nicht vorhersehbar, ranken sich entlang des Wachstumstrends

3. Wachstumstrend
- langfristiges Wirtschaftswachstum, gemessen an der Entwicklung des realen Sozialprodukts
- Beschäftigung und Arbeitsproduktivität bestimmen die Trendrichtung.

4. Strukturelle Schwankungen
- tiefgreifende Krisen in Teilbereichen der Wirtschaft, bedingt durch völlige Nachfrageveränderungen (z. B. Kohle-, Stahl- und Werftkrise)
- bedingen die Auflösung zahlreicher Unternehmen der jeweils betroffenen Branche
- sind von langer Dauer und erfordern schwierige Anpassungsprozesse.

5.6.2 Konjunkturzyklus und Konjunkturphasen

Konjunkturverläufe werden an den Schwankungen des realen Bruttoinlandsproduktes gemessen und lassen sich in vier Konjunkturphasen gliedern, die in einem Konjunkturzyklus aufeinanderfolgen.

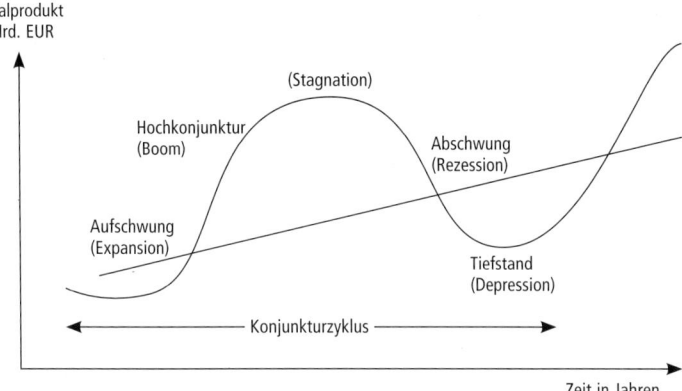

Expansion

- ▨ verstärkter Auftragseingang
- ▨ Produktionsausweitung, bessere Kapazitätsauslastung, Neuinvestitionen
- ▨ Rückgang der Arbeitslosigkeit (Überstunden, Einstellungen)
- ▨ geringe Preissteigerungen
- ▨ abnehmende Sparneigung
- ▨ steigendes Steueraufkommen

Boom

- ▨ Auftragsüberhang, längere Lieferzeiten
- ▨ voll ausgenutzte Kapazitäten
- ▨ Vollbeschäftigung (Überstunden, Gastarbeiter, Rationalisierung)
- ▨ starke Preissteigerungen, hohes Zinsniveau
- ▨ niedrige Sparneigung (Flucht in die Sachwerte)
- ▨ hohe Gewinne und Löhne
- ▨ hohes Steueraufkommen (Steuerprogression)

Rezession

- ▨ Absatzabnahme (höhere Lagerbestände)
- ▨ abnehmende Kapazitätsauslastung (nur Ersatzinvestitionen)
- ▨ Beschäftigungsabnahme, Kurzarbeit, Entlassungen
- ▨ sinkende Preise (Konkurrenzdruck)
- ▨ sinkende Zinssätze
- ▨ steigende Sparneigung (Zukunftsangst)
- ▨ Abbau übertariflicher Zahlungen
- ▨ sinkendes Steueraufkommen

Depression
- Absatzstockung (überfüllte Lager)
- unausgelastete Kapazitäten
- Betriebsstilllegungen, Massenarbeitslosigkeit
- Preistiefstände, Preiseinbrüche
- niedrige Zinssätze, niedrige Aktienkurse
- hohe Sparneigung (Notgroschen)
- geringe Gewinne und Löhne, Verluste
- niedriges Steueraufkommen

Ursachen konjunktureller Schwankungen

- Optimismus und Pessimismus von Unternehmern und Verbrauchern
- Veränderungen in der Zusammensetzung der Bevölkerung
- Know-how, technische Erfindungen
- Ungleichgewicht zwischen Investitions- und Konsumgüterindustrie sowie zwischen Verbrauch und Produktion

Faktoren für Konjunkturaufschwung

- Ausweitung des Kreditangebotes bei sinkenden Zinssätzen
- Ausweitung der staatlichen Investitionsgüternachfrage
- steigende private Konsumgüternachfrage aufgrund des Niedrigpreisniveaus
- Zahlungsbilanzüberschüsse (Export > Import)

Konjunkturindikatoren

Daten und Fakten, die den Konjunkturverlauf messen, ihn einschätzbar machen sowie Konjunkturprognosen ermöglichen:
- Entwicklung der Arbeitslosenzahlen
- Entwicklung der offenen Stellen
- Entwicklung der Konsumgüternachfrage
- Entwicklung der Investitionsgüternachfrage
- Entwicklung des Außenhandels
- Entwicklung der Lagerbestände
- Entwicklung der Staatsausgaben und -einnahmen
- Geldpolitik der Notenbank
- Unternehmererwartungen

5.7 Wirtschaftspolitische Ziele

Wirtschaftspolitik
- Summe aller Maßnahmen des Staates und der Notenbank zur Beeinflussung der Struktur und des Ablaufs der Wirtschaft, um bestimmte ökonomische Ziele zu erreichen
- § 1 des Gesetzes zur Förderung der Stabilität und des Wachstums der Wirtschaft (**Stabilitätsgesetz**): „**Verwirklichung des gesamtwirtschaftlichen Gleichgewichts**", d.h. Marktgleichgewicht auf allen möglichen Märkten herstellen

Ziele der Wirtschaftspolitik: § 1 Absatz 2 Stabilitätsgesetz

1. **G**eldwertstabilität (Preisniveaustabilität)
2. **Z**ahlungsbilanzausgleich (außenwirtschaftliches Gleichgewicht)
3. **V**ollbeschäftigung (hoher Beschäftigungsgrad)
4. **W**irtschaftswachstum (stetig und angemessen)

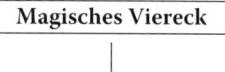

Magisches Viereck

⇨ **quantitative Ziele** der Wirtschaftspolitik: Alle Maßnahmen, die zu dieser Zielerreichung eingesetzt werden, bezeichnet man als Konjunkturpolitik.

5. **E**inkommens- und Vermögensverteilung (gerecht, sozialverträglich)
6. **Ö**kologie (Umweltschutz und Lebensqualität)

Magisches Sechseck

⇨ **qualitative Ziele** der Wirtschaftspolitik

5.7.1 Geldwertstabilität (Preisniveaustabilität)

Absolute Geldwertstabilität: Das Preisniveau (der gewogene Durchschnitt aller Güterpreise) verändert sich überhaupt nicht.
Beachte: Einzelpreise können sich ändern.

Relative Geldwertstabilität: maximale Preissteigerungsraten von 2–3 %

Kaufkraft und Preisindices

Geldwert = Kaufkraft

- Die **Kaufkraft wird in PREISINDICES gemessen.** Sie drücken (bezogen auf ein Basisjahr) aus, wie sich die Kaufkraft im Zeitablauf verändert hat (Messung der Entwicklung der Konsumgüterpreise),
- die Geldsumme, die einem Wirtschaftssubjekt zur Verfügung steht (Einkommen und Kredit),
- die Gütermenge, die mit einer Geldeinheit (GE) gekauft werden kann.

Statistisches Bundesamt

- Preisindex für Lebenshaltung
- Preisindex für Industrieprodukte
- Preisindex für Grundstoffpreise
- Preisindex für Importgüter

Kaufkraft und Preisniveau

Definition Preisniveau: durchschnittliche Höhe aller Preise in einer Volkswirtschaft

Kaufkraft und Preisniveau verhalten sich umgekehrt proportional:

Steigende Kaufkraft = sinkendes Preisniveau = steigender Geldwert
Sinkende Kaufkraft = steigendes Preisniveau = sinkender Geldwert

Der Wert des Geldes

Er wird durch das Verhältnis der vorhandenen Geldmenge zur produzierten Gütermenge bestimmt. **Fishersche Verkehrsgleichung** (Quantitätsgleichung):

$$\boxed{P \cdot H = G \cdot U} \left.\right\} P = \frac{G \cdot U}{H}$$

P = Veränderungsfaktor Preisniveau   G = Geldmenge
H = Wert des Handelsvolumens   U = Umschlagsgeschwindigkeit

Inflation

Definition: Signifikanter Preisniveauanstieg/Geldentwertung

Folgen:

- anhaltendes Steigen des Preisniveaus
- ständiges Sinken der Kaufkraft
- gesamtwirtschaftliche Nachfrage nach Gütern übersteigt das gesamtwirtschaftliche Angebot (Aufblähung der Geldmenge)
- Überversorgung einer Volkswirtschaft mit Geld

Arten der Inflation

Offene Inflation	Für alle Marktteilnehmer erkennbar: steigendes Preisniveau
Verdeckte Inflation (zurückgestaute Inflation)	Staat schreibt Höchst- und Festpreise vor; das offizielle Preisniveau wirkt relativ stabil, obwohl Güterangebot zu gering Folge: Rationierung von Gütern
Schleichende Inflation	Geringe, aber lang anhaltende Preissteigerungen Inflationsrate i. d. R. < Zinssatz für Spareinlagen
Galoppierende Inflation (Hyperinflation)	Preissteigerungsrate über Zinssatz für langfristige Geldanlagen (6 bis 8 %) > 50 % Rate = Hyperinflation
Geldmengeninflation	Durch Geldschöpfung steigt die Geldmenge stärker als die Gütermenge.
Nachfrageinflation	Wirtschaftssubjekte finanzieren verstärkt durch die Aufnahme von Krediten, Güterverbrauch steigt schneller als Angebot, Staatsausgaben steigen schneller als Staatseinnahmen
Importierte Inflation	Exporte > Importe = Reduzierung der Gütermenge im Inland bei gleichzeitiger Aufblähung der Geldmenge durch die Bezahlung durch das Ausland
Kosteninflation	Verteuerung der Produktionsfaktoren im Inland, z. B. durch hohe Lohnabschlüsse, durch höhere Rohstoffkosten und Steuern
Gewinninflation	Erhöhung der Verkaufspreise auf Kosten der Verbraucher durch Ausnutzung einer starken Marktstellung Folge: Lohn-Preis-Spirale

Auswirkungen der Inflation

- Kaufkraftschwund
- steigende Umlaufgeschwindigkeit (Kaufvorwegnahmen)
- Vertrauen in das Geld schwindet
- Flucht in die Sachwerte
- Schädigung von Sparern und Gläubigern durch die Entwertung
- Entschuldung des Staates durch überhöhte Steuereinnahmen
- steigende Sparquote (Angst vor Arbeitslosigkeit)
- Gefährdung der sozialen Sicherheit, der sozialen Gerechtigkeit und des Wohlstands

Deflation

Definition: Dauerhaft sinkendes Preisniveau/steigender Geldwert

Folgen:

- Unterversorgung einer Volkswirtschaft mit Geld
- ständiges Steigen der Kaufkraft
- Schrumpfung der Geldmenge, Güterangebot > Güternachfrage

Arten der Deflation

Offene Deflation	Rückgang der Nachfrage, sinkendes Preisniveau, Lohnsenkungen
Verdeckte Deflation (zurückgestaute Deflation)	Preis- und Lohnniveau relativ starr, Freisetzung von Produktionsfaktoren, Arbeitslosigkeit
Geldmengendeflation	Gütermenge > Geldmenge
Nachfragedeflation	Güternachfrage < Gütermenge Staatsausgaben < Staatseinnahmen

Auswirkungen der Deflation

- geringe Auslastung der Produktionskapazitäten (Rückgang der Nachfrage)
- sinkende Preise (Geldwertsteigerung)
- Kaufentscheidungen werden hinausgeschoben (Verschärfung: Abschwung).
- Beschäftigungsrückgang/Massenarbeitslosigkeit
- Begünstigung von Sparern und Gläubigern bei gleichzeitiger Benachteiligung von Schuldnern, da der reale Wert des zurückzahlbaren Kredites steigt
- Kreditscheu der Unternehmen: fehlende Investitionsneigung
- Gefahr politischer Radikalisierung

5.7.2 Außenwirtschaftliches Gleichgewicht/System der Wechselkurse

- Währung ist die gesetzliche Geldordnung eines Staates; da es keine Weltwährung gibt, müssen die Preise verschiedener Länder vergleichbar gemacht werden.
- Der Wechselkurs ist der Preis, der für i. d. R. 100 Einheiten ausländischen Geldes in Inlandswährung zu zahlen ist.

- Der Außenwert einer Währung wird durch den Wechselkurs bestimmt (Valuta).
- Der Wechselkurs hat entscheidenden Einfluss auf die außenwirtschaftliche Tätigkeit und damit auf Wohlstand und Stabilität einer Volkswirtschaft.

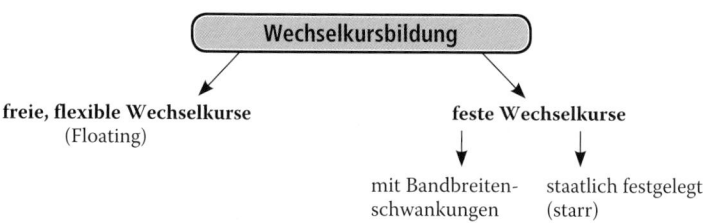

Flexible Wechselkurse

Flexible Wechselkurse bilden sich durch das freie Spiel von Angebot und Nachfrage auf den Devisenmärkten.

Devisenangebot > Devisennachfrage
- Wechselkurs der Fremdwährung sinkt
- Außenwert der Inlandswährung steigt

Folge: Exporte werden teurer. } entspricht einer **Aufwertung**
Importe werden günstiger.

Devisenangebot < Devisennachfrage
- Wechselkurs der Fremdwährung steigt
- Außenwert der Inlandswährung sinkt

Folge: Exporte werden billiger. } entspricht einer **Abwertung**
Importe werden teurer.

Feste Wechselkurse

- werden durch den **Staat festgelegt**
- Die Handelspartner (Staaten) einigen sich auf ein festes Austauschverhältnis (Parität) bzw. auf eine einseitige Bindung an eine Leitwährung, z. B. US-Dollar.
- Im Europäischen Währungssystem (EWS) wurden **Bandbreiten** festgelegt, deren Überschreiten die Zentralbank zur **Intervention** verpflichtet.

Devisenkurs fällt unter den unteren Interventionspunkt
(Devisenangebot > Devisennachfrage)

↓

Zentralbank kauft Devisen an
⇨Devisenkurs steigt

Devisenkurs steigt über den oberen Interventionspunkt
(Devisenangebot < Devisennachfrage)

↓

Zentralbank verkauft Devisen
⇨Devisenkurs sinkt

Beachte: Reichen die Maßnahmen der Zentralbank nicht aus, so ist eine Auf- bzw. Abwertung der betreffenden Währung durch den Staat erforderlich.

Wechselkursänderungen: Aufwertung und Abwertung

Während sich Wechselkursänderungen (Paritätsänderungen) in einem System flexibler Wechselkurse fließend darstellen (Kursänderungen aufgrund von Devisenangebot und -nachfrage), erfolgen im System der festen Wechselkurse die **Paritätsänderungen durch staatlichen Eingriff:**

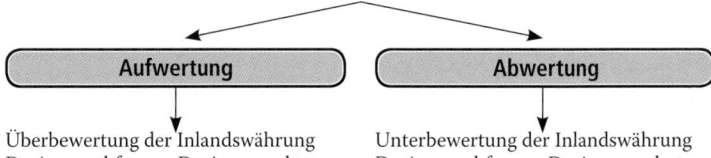

Aufwertung	Abwertung

Überbewertung der Inlandswährung
Devisennachfrage < Devisenangebot

■ **Der Preis einer ausländischen Währungseinheit in Inlandswährung sinkt.**
Beispiel:
vorher: 1 USD = 1,00 EUR
nachher: 1 USD = 0,75 EUR

■ **Der Außenwert der Inlandswährung steigt.**
Beispiel:
Preis für ein Gut in Deutschland:
vorher: 100,00 EUR = 100,00 USD
nachher: 100,00 EUR = 133,33 USD

↓

Unterbewertung der Inlandswährung
Devisennachfrage > Devisenangebot

■ **Der Preis einer ausländischen Währungseinheit in Inlandswährung steigt.**
Beispiel:
vorher: 1 USD = 1,00 EUR
nachher: 1 USD = 1,25 EUR

■ **Der Außenwert der Inlandswährung sinkt.**
Beispiel:
Preis für ein Gut in Deutschland:
vorher: 100,00 EUR = 100,00 USD
nachher: 100,00 EUR = 80,00 USD

↓

↓ ↓

Gründe für Aufwertung
- steigende Auslandsaufträge
- abnehmendes Güterangebot auf dem Inlandsmarkt (durch Exporte)
- Investitions-, Beschäftigungs- und Einkommenssteigerung führen zu verstärkter Inlandsnachfrage.
- Lieferfristen, Preiserhöhungen
- schleichende Inflation
- Gefahr der importierten Inflation
- politischer Druck der benachteiligten Staaten

Gründe für Abwertung
- steigende Inlandsaufträge für das Ausland
- steigendes Güterangebot auf dem Inlandsmarkt (durch Importe)
- Investitions-, Beschäftigungs- und Einkommensrückgang führen zu sinkender Inlandsnachfrage.
- Notwendigkeit zur Stärkung von Exporten, d. h. Wiederherstellung der eigenen Wettbewerbsfähigkeit
- politischer Druck durch Arbeitgeber und Gewerkschaften

Folgen der Aufwertung
- Exportrückgang
- Importanstieg
- Gesamtnachfragerückgang
- Rückgang des Handelsbilanzüberschusses
- Erreichung von Geldwertstabilität
- außenwirtschaftliches Gleichgewicht
- finanzieller Vorteil bei Auslandsreisen

Folgen der Abwertung
- Exportsteigerung
- Importrückgang
- Gesamtnachfragesteigerung
- Rückgang des Handelsbilanzdefizits
- Erreichung von Geldwertstabilität
- Außenwirtschaftliches Gleichgewicht

5.7.3 Vollbeschäftigung

Sie ist dann gegeben, wenn die Arbeitslosenquote unter 2 % sinkt.

Arbeitslosenquote:

$$\frac{\text{Zahl der Arbeitslosen} \cdot 100}{\text{Zahl der Erwerbsfähigen}}$$
(= Erwerbspersonen + Arbeitslose)

Überbeschäftigung: **Zahl der offenen Stellen liegt erheblich über der Arbeitslosenzahl**

Auswirkungen:
- Abwerbung von Arbeitskräften
- starke Lohnzuwächse (Produktivität hinkt hinterher)
- Preiserhöhung
- Verringerung von Exportchancen

■ abnehmende Produktqualität durch sinkende Leistungsbereitschaft der Arbeitnehmer
■ hoher Krankenstand (schlechte Arbeitsmoral)

Unterbeschäftigung: **Arbeitslosenquote > 2 % und Zahl der offenen Stellen < Arbeitslosenzahl**
Auswirkungen:
■ Rückgang der Nachfrage
■ verstärkte Arbeitslosigkeit
■ finanzielle Schwierigkeiten der Arbeitnehmer
■ sinkende Steuereinnahmen
■ Verstärkung sozialer Konflikte

Arten der Arbeitslosigkeit

■ **Saisonale Arbeitslosigkeit:** jahreszeitlich bedingt, z. B. Baugewerbe
■ **Technologische Arbeitslosigkeit:** durch Automation und Rationalisierung bedingt
■ **Friktionelle Arbeitslosigkeit:** zwanghafte Arbeitslosigkeit durch Betriebsauflösung
■ **Strukturelle Arbeitslosigkeit:** bezogen auf bestimmte Wirtschaftssektoren, z. B. Kohlebergbau
■ **Konjunkturelle Arbeitslosigkeit:** in den Konjunkturphasen Abschwung und Depression

5.7.4　Ökologie

Wirtschaften verlangt zwangsläufig die Nutzung des Produktionsfaktors Boden/Natur; dies führt zur Verknappung der Ressourcen und zur Umweltzerstörung. Die **Ursachen für Umweltzerstörung** liegen in den Vorstellungen und **Zielsetzungen einer Gesellschaft** begründet:

■ **Wettbewerbsgesellschaft**　→ Ökonomisches Prinzip
■ **Konsum- bzw. Wegwerfgesellschaft** → Verschwendungsverhalten
■ **Wachstumsgesellschaft**　→ Wachstumszwänge, z. B. durch die Notwendigkeit der Schaffung zusätzlicher Arbeitsplätze
■ **Wohlstands- und Freizeitgesellschaft**　→ Ziel: umweltverträgliche Wirtschaft

Ökologisch-soziale Marktwirtschaft

Maßnahmen

- Schaffung eines Umweltbewusstseins in der Bevölkerung
- Anwendung des **Verursacherprinzips** (derjenige trägt die Kosten, auf den sie zurückzuführen sind)
- Beachtung des **Vorsorgeprinzips:** Umweltverträglichkeitsprüfung
- Verwirklichung des Kooperationsprinzips: Kooperation aller Wirtschaftssektoren beim Umweltschutz
- Erhebung von Ökosteuern und Steuerentlastungen
- Verbot/Substitution umweltschädigender Produkte
- Vorgabe und Beachtung von Grenzwerten
- Umweltzertifikate
- Rücknahmeverpflichtung der Produzenten
- Gebote zur Verwendung umweltschonender Güter

Folgen

Positiv

- Kostenbewusstsein beim Einsatz des Faktors Natur
- Verhinderung von Raubbau an der Natur
- Vorsorge reduziert Folgekosten für Umweltschädigung
- Entstehung einer Umweltindustrie

Negativ

- verminderte Konkurrenzfähigkeit bei nationalen Alleingängen durch einseitige Kostennachteile
- Kostensteigerungen durch Umweltschutzauflagen verhindern Wachstum und führen zur Arbeitslosigkeit im Inland.

5.8   Konjunkturpolitik

Definition: Summe aller Maßnahmen zur Steuerung des Konjunkturverlaufes

Bundesbank, Europäische Zentralbank
(EZB) in Frankfurt am Main

↓

monetäre
Konjunktursteuerung

Staat

↓

fiskalpolitische
Konjunktursteuerung

Gradmesser für die Gestaltung der Konjunkturpolitik

- Lebenshaltungskostenindex (Entwicklung der Kaufkraft)
- Arbeitslosenquote
- Lohnquote (prozentualer Anteil der Einkommen aus unselbstständiger Arbeit am Volkseinkommen)
- Sparquote (prozentualer Anteil des Sparens der privaten Haushalte am Volkseinkommen)
- Veränderung des realen Volkseinkommens
- Zahlungsbilanz

Ziele der Konjunkturpolitik

- Die Ziele des magischen Vier- bzw. Sechsecks sollen weitestmöglich erreicht werden.
- Gleichgewicht von gesamtwirtschaftlichem Güterangebot und -nachfrage
- gleichmäßiger Wirtschaftsablauf, verbunden mit Wirtschaftswachstum
- Anschübe zur Stärkung oder Überwindung von Konjunkturphasen

5.8.1 Mittel monetärer Konjunktursteuerung

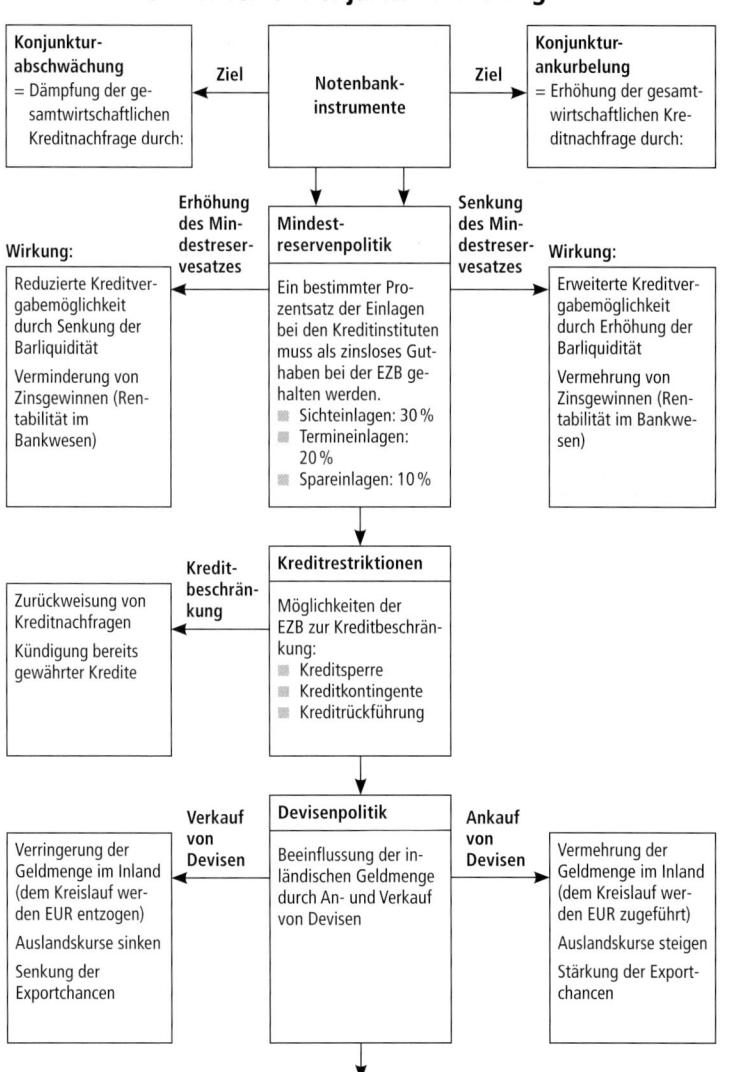

Konjunktur-abschwächung
= Dämpfung der gesamtwirtschaftlichen Kreditnachfrage durch:

Ziel ← **Notenbank-instrumente** → **Ziel**

Konjunktur-ankurbelung
= Erhöhung der gesamtwirtschaftlichen Kreditnachfrage durch:

Erhöhung des Mindestreservesatzes

Mindest-reservenpolitik

Senkung des Mindestreservesatzes

Wirkung:
Reduzierte Kreditvergabemöglichkeit durch Senkung der Barliquidität

Verminderung von Zinsgewinnen (Rentabilität im Bankwesen)

Ein bestimmter Prozentsatz der Einlagen bei den Kreditinstituten muss als zinsloses Guthaben bei der EZB gehalten werden.
- Sichteinlagen: 30 %
- Termineinlagen: 20 %
- Spareinlagen: 10 %

Wirkung:
Erweiterte Kreditvergabemöglichkeit durch Erhöhung der Barliquidität

Vermehrung von Zinsgewinnen (Rentabilität im Bankwesen)

Kredit-beschränkung

Kreditrestriktionen

Zurückweisung von Kreditnachfragen

Kündigung bereits gewährter Kredite

Möglichkeiten der EZB zur Kreditbeschränkung:
- Kreditsperre
- Kreditkontingente
- Kreditrückführung

Verkauf von Devisen

Devisenpolitik

Ankauf von Devisen

Verringerung der Geldmenge im Inland (dem Kreislauf werden EUR entzogen)

Auslandskurse sinken

Senkung der Exportchancen

Beeinflussung der inländischen Geldmenge durch An- und Verkauf von Devisen

Vermehrung der Geldmenge im Inland (dem Kreislauf werden EUR zugeführt)

Auslandskurse steigen

Stärkung der Exportchancen

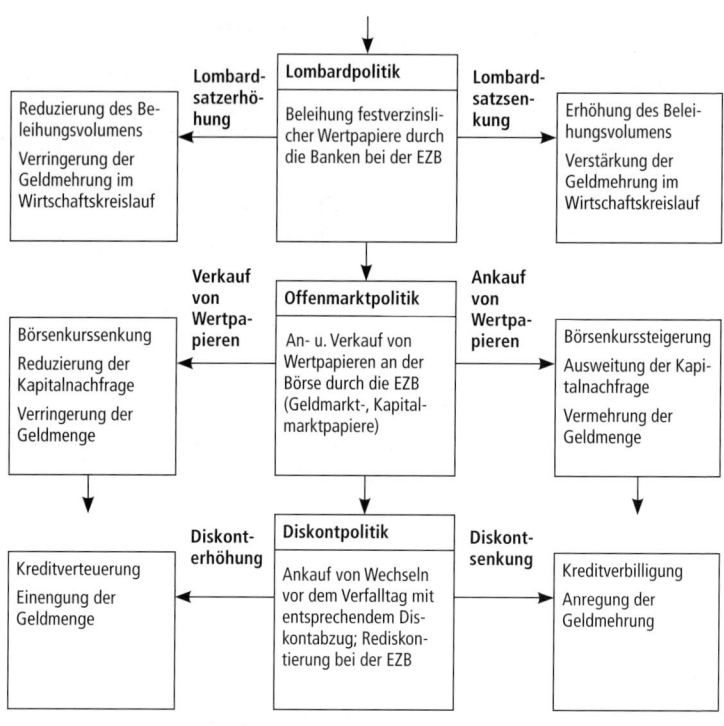

Lombardpolitik

Beleihung festverzinslicher Wertpapiere durch die Banken bei der EZB

Lombardsatzerhöhung

Reduzierung des Beleihungsvolumens

Verringerung der Geldmehrung im Wirtschaftskreislauf

Lombardsatzsenkung

Erhöhung des Beleihungsvolumens

Verstärkung der Geldmehrung im Wirtschaftskreislauf

Offenmarktpolitik

An- u. Verkauf von Wertpapieren an der Börse durch die EZB (Geldmarkt-, Kapitalmarktpapiere)

Verkauf von Wertpapieren

Börsenkurssenkung

Reduzierung der Kapitalnachfrage

Verringerung der Geldmenge

Ankauf von Wertpapieren

Börsenkurssteigerung

Ausweitung der Kapitalnachfrage

Vermehrung der Geldmenge

Diskontpolitik

Ankauf von Wechseln vor dem Verfalltag mit entsprechendem Diskontabzug; Rediskontierung bei der EZB

Diskonterhöhung

Kreditverteuerung

Einengung der Geldmenge

Diskontsenkung

Kreditverbilligung

Anregung der Geldmehrung

5.8.2 Fiskalpolitik

Definition: Summe aller steuerpolitischen Maßnahmen des Staates, um durch Variation der Steuereinnahmen und -ausgaben konjunkturelle Wirtschaftsschwankungen zu beeinflussen und bestimmte konjunkturpolitische Ziele zu erreichen

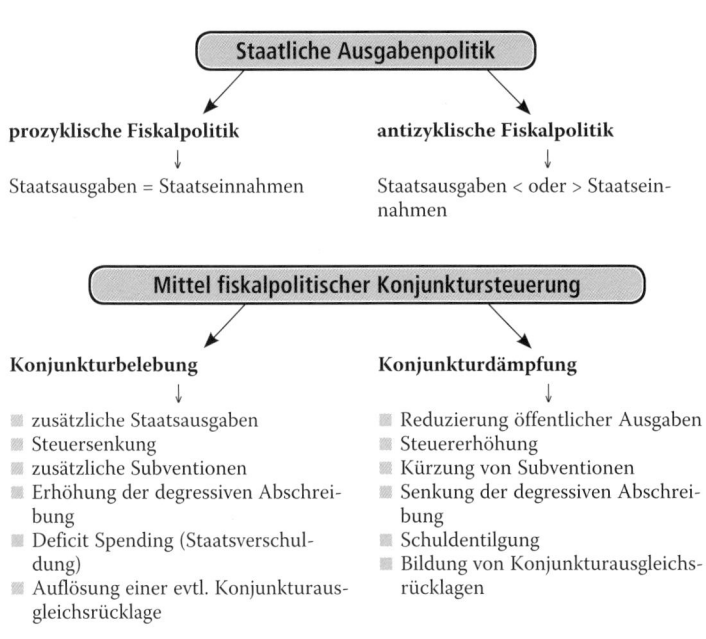

Staatliche Ausgabenpolitik

prozyklische Fiskalpolitik

Staatsausgaben = Staatseinnahmen

antizyklische Fiskalpolitik

Staatsausgaben < oder > Staatseinnahmen

Mittel fiskalpolitischer Konjunktursteuerung

Konjunkturbelebung

- zusätzliche Staatsausgaben
- Steuersenkung
- zusätzliche Subventionen
- Erhöhung der degressiven Abschreibung
- Deficit Spending (Staatsverschuldung)
- Auflösung einer evtl. Konjunkturausgleichsrücklage

Konjunkturdämpfung

- Reduzierung öffentlicher Ausgaben
- Steuererhöhung
- Kürzung von Subventionen
- Senkung der degressiven Abschreibung
- Schuldentilgung
- Bildung von Konjunkturausgleichsrücklagen

Grenzen der Fiskalpolitik

- Kürzungen der Staatsausgaben und Steuererhöhungen stoßen stets auf erheblichen Widerstand von Interessenverbänden und Gruppen.
- Großteil der Staatsausgaben ist bereits langfristig gebunden.
- Fiskalpolitische Maßnahmen wirken mit zeitlicher Verzögerung.
- Wirkungen der Fiskalpolitik entsprechen weitgehend Signalen für Investition, Konsum und Sparen.
- Fiskalpolitik korrespondiert mit der Wirtschaftspolitik anderer Staaten.

Sachwortverzeichnis